JN139831

近現代神道の法制的研究

河村忠伸

弘文堂

序説　近現代神道史における法制度の重要性

一　はじめに

神社本庁が制定した「敬神生活の綱領」では、神道を「天地悠久の大道」と表現する。確かに神祇を畏敬し、祭祀を営むことは我国上代からの風習である。「道」と表現しているところが肝要で、神道の「悠久」とは精神的・信仰的根幹が永続不変であることを称しているのであって、神祇・神社に関する国家制度、神道思想、神社・神職の社会的地位、神社の経済的基盤、神社組織などは時代に適合し常に変化している。例えば、本書で述べる営造物法人は神社の国政上の地位に関する大変化であり、上地事業は神社景観の看過すべからざる変貌である。上古から通史的に概観すれば内部的（神職から発する）変化よりも外部からの影響に呼応した変化の方が圧倒的に多い感がある。

神社神道は社会環境の変化に絶えず適応してきたからこそ、今日までの永きにわたり存続しているのであり、それ故に神道史学[1]という学問領域が発生する。社会と隔絶した世界を構築しその影響を受けず、変化もせずに今日まで至ったのであれば、歴史的な沿革を考究する必要はない。そして神社神道が「伝統」に根差した「悠久」の道である限り神道史学という営みも永続しなくてはならない。恣意独断や歴史的事実の誤認から間違った伝統を主張すれば「創られた伝統」[2]との批判を受けるのは言うまでもない。神道の不易流行を弁えずして中今へ適切に処することは出来ないのであるから、神道史学研究を放棄した時点で神道は衰微することを免れない。そのため神道史学は神道教学を形成する上での基盤と位置付けられよう。

近現代の神道史は近い時代で中近世に比較すれば記録も多く現存し、或は存命の人物もいて歴史的な謎は少ないように思いがちである。しかし実際には不明な点は多々あり、近い時代であるが故に主観的な経験や伝聞情報に基づいたイメージで語られてしまっている傾向すらある。近現代故の特殊な条件もある。そこで筆者の問題意識を述べて本書全体の序に代えたい。

二　神道史における近代と現代の歴史的区分

明治維新から大東亜戦争終結までを近代とし、それ以降を現代とするが一般的であるが、神道史学の上では国家との関わりをもって近世・近代・現代を区分するのが妥当であると筆者は考える。いわゆる「国家神道」、神社に関する国家制度こそが近代神道史の最大の特色であり、それは思想を含め神社神道に関するあらゆる分野に影響を及ぼした。

すなわち本書でいう近代とは神社が「国家ノ宗祀」、国家行政の営造物法人とし扱われた時期である。「国家ノ宗祀」の法令としての初出は、明治四年五月十四日太政官布告第二三四[3]の「神社ノ儀ハ国家ノ宗祀ニテ一人一家ノ私有ニスヘキニ非サルハ勿論ノ事ニ候処（後略）」であり、本布告に基づき社格制度・神官職制が設けられた。しかし本布告の前にも上知令などの重要法令が発令されており、制度樹立のための調査準備期間もあったので明治政府が神社に関する行政権を掌握した時点、つまり大政奉還を始点として考察する必要がある。終点は神祇院が解体され国家行政の一部門としての「神社行政」が終焉した昭和二十一年二月二日と明確である。この間、神社行政を担った官衙は神祇事務科・神祇事務局・神祇官・神祇省・教部省・内務省社寺局・内務省神社局と変遷し、昭和十五年に内務省の外局として設立された神祇院を最後とする。

現代についてはポスト神祇院時代、昭和二十一年二月三日をもって神道史における現代の始点としたい。(4) この区分は国家が神社を営造物法人として扱った「国家ノ宗祀」時代を近代、宗教法人時代を現代と言い換えることもできる。法制の観点から神道史上の近現代の区分は前述の通り昭和二十一年二月二日としたい。(5)

三　神社の明治維新

近代の神道の最大の特色は、神社を「国家ノ宗祀」と位置づけ「神社行政」として扱い、国家が神社を国もしくは他の公共団体の営造物として管理し神職が待遇官吏として扱ったところにある。当然のことながら「神道史」という以上は「国家ノ宗祀」に含まれない教派神道をも含めて考察する必要がある。神社神道と教派神道とは、制度上区別されたが、思想信仰的な繋がりの他に神官教導職を兼ねた時代もあり、また昭和四年から活動した内務大臣の諮問機関である神社制度調査会の委員に神道大教の管長である神崎一作(6)が委員として名を連ねているなど、両者は没交渉ではなく、総合的にかつ比較しながら検証していく必要がある。ただ教派神道の概念は、「国家ノ宗祀」に相対する区分であるから、「国家神道」研究は教派神道を研究するための基盤研究にもなる。

では近代神道史を決定づける神社行政・神社制度とはいかなるものか。一般において悠久の神道というイメージから神社における近代の変化を過小評価する傾向にあり、「鎮守の森」たる神社境内は、俗世の近代化とは無縁で近世の体制が漠然と連続しているかのように思われがちであるが、封建社会から近代法治国家へと移行する過程で空前絶後というべき制度刷新、「神社の明治維新」が断行されたのである。

幾つか事例を紹介すると、例えば封建的領土である社寺領は明治四年の上知令によって解体された。歴史的には領民から年貢を納められていた社寺が存在したのである。その発端は古く古代の荘園制に遡る。豊臣・徳川の両政権によって形骸化されていたとはいえ、古代の初期荘園から性質を変えつつも継続して来た社寺領の歴史が終焉したことで社寺の領主としての性質は消滅し、経済的な打撃も小さくなかった。同時に土地制度の近代化によって境内地も改めて所有権を確定することになった。社寺へ年貢を納めていた田畑の所有権をその耕作者へ移行させるだけではなく、新しい基準で社寺境内を区画し直したのである。社寺の私有に属さない境内地は官有地化された。知行権を社寺から召上げる上知が近代土地制度形成過程において上地事業へと展開していったのである。この政策は例外なく施行されたから基準・状況によって差はあるものの、明治期に再区画されていない境内は存在しない。この区画は地租改正と並行して実施されたが、当時の基準は山林を原則「境外」（境内の外、社寺の所有権の外）とするものであったから社寺林のほとんどが境内から切り離された。そして神代以来の神体山すらも行政上の禁足地にはならず、大神神社ですら三輪山を上地されかねない状況に追い込まれている。神社景観という観点からみれば上知令から地租改正によって歴史的に特筆すべき変貌を遂げているのである。

神職の在り方も大きく変容した。前述の明治四年五月の第二三四布告によって世襲制が廃止され[7]、精選補任制に切り替わったが、それにより祀職を離れる家系、累代奉仕の神社から離れた社家も少なくなく、結果として神社と社家の組織と会計を分断し、特殊神事などの祭祀形態にまで影響を及ぼした。第一章で詳述するように、神社を法人として考えた場合にその構成要素を物的施設と人的施設に分類することができる。神社が公法人、簡単に言えば国営化された以上、人的施設である神職の人事権も国家が掌握するのは当然のことである。

これに伴い、山野路傍の塞ノ神や地蔵、いわゆる「叢祠」も維新とは無縁ではいられなかった。幕藩体制下においては領主の関知しない小規模の神社、山野路傍の神祠も多数存在した。塞ノ神、地蔵堂などである。こうした祠堂の祭祀・管理はそれまで村落住民（氏子）内で意思決定が完結していたが、これらも近代的な神社制度・宗教制度のなかに取り込まれていく。小規模神社も法制度に従って運営しなくてはならなくなった。これが無格社・私祭神祠の問題へと発展していく。

この他に神仏判然、神社整理などの一般にも知られた政策もあり、大政奉還から神祇院の廃止までの間に神社組織や関連諸制度の近代化が図られ大きく変容している。これは神社の運営面を抜本的に刷新するものであったが、近代合理主義一辺倒に実施されたものではない。近代神社制度の根本部分が形成された教部省時代には国学の素養のある官吏が採用され、その後も神社にかかる考証の必要性が認識されて内務省神社局で専門官が設置されている。近代化を迫られる中で神社・神道の根本を再確認しながら神社行政は進展していったのである。

四　制度研究の重要性

「国家ノ宗祀」時代における行政学上の通説では神社は「営造物法人」として理解された。この営造物法人について「神社」以外に該当する団体は存在せず、その点からいえば神社の行政上の地位は唯一特殊であったのである。第一章で述べるように営造物法人という説が学問上の通説に止まり、政府・神社関係者内でも異論が存在したが、それに代わる概念は遂に登場しなかった。営造物法人とは一般的に「公の財団法人」と解される(8)。近世以前の朝廷・幕府・各領主が神社を統制・保護し運営・造営・人事に介入することはあったし、朝廷と伊勢神宮や幕府と東照宮のような特別の関係もあったが氏神神社まで残らず国営化したのは近代国家が最初で最後である。神社が国家の営造物であり、「待遇」とはいえ、神職は官吏なのであるから神職個人や氏子・崇敬者の信仰・

思想・信条よりも法制度を優先して神社が運営される。近世以前から神社や神職の活動が領主から制約を受けたが、近代の神社・神職は国家の法制度に依拠して活動せざるを得なくなったのである。第一章・第二章で述べるように、御祭神を増祀するにあたっても行政の許可を必要とし、祭祀・作法に至るまで法令が定められ、それに準拠して執行されていた。そのため近代神道史の信仰面や特殊神事の研究を行うに際しても法制度を前提としなくては充分な考察は不可能である。同時代の法制度や社会環境・条件等を研究の前提として踏まえることの必要性はどの時代にも共通していえることであって、例えば吉田家の神職支配を考慮せずに江戸時代の地方神職の実態を解明することは困難であろう。しかし神社の明治維新により神社が国家の営造物とされ、神職が待遇官吏とされた「国家ノ宗祀」体制下において、法制度を検証せずに神社神道に関するあらゆる事象を正確に理解するのは不可能であり、制度研究の比重は他の時代と比較して相当高いと言わざるを得ない。そのため神社行政官衙や法制度、関係人物に関する研究は近代神道史を正確に理解するための基盤研究と位置付けられる。研究史としてはこれまで、葦津珍彦[9]、阪本是丸[10]、村上重良等により国家と神社の関係性を明らかにすることの重要性は指摘され、行政文書を基礎史料とした実証的研究も蓄積されているのであるが未開拓の研究分野も多い。

戦後の神道史を論じる上で近代神道史は前史として必ず踏まえる必要があり、かつ制度的な連続性を考えると現代神道史研究における制度の重要性も高い。一般には神祇院が解体されたことにより戦前期の神社行政に関する法制度は失効し戦後は宗教法人制度に移行したため近代と現代は不連続であるとの見方が強いが、神社を法人として運営することは近代の発明であり、営造物法人から宗教法人に移行したのであるから全く無関係ということはあり得ない。顕著なのが国有境内地問題である。本書で詳述する通り、戦前期の神社・寺院境内の大多数は国有地を無償で貸与されていた。終戦直後の宗教行政における最大の課題がこの国有境内地の無償払下処分であった。仮に国有境内地が社寺に譲与されなかったらその社寺は移転せざるを得ない。そこには官国幣社をはじめ千年以上の歴史をもつ古社も多く含まれる。神宮、熱田神宮、石清水八幡宮など特殊な御鎮座伝承のある神社や大神神社、諏訪大社、金鑽神社など神体山を祀る神社をはじめ神社は悉く鎮座地と深い結びつきがあり、御神体を遷座し社殿を移築したとしても甚大な信仰上の被害を蒙ることになる。国有境内地を有償譲与という形で処分するとしても支払うだけの経済的余裕がある神社ばかりではなかった[11]。こうしたことから譲与せず、有償譲与、いずれにせよ、信仰に確実に大打撃を与え、最悪の場合は神社が消滅する危険性すらあった。国有境内地処分の重大性から鑑みてこれを無償譲与へと帰結させたのは現代の神道史に記すべき功績であると評価できよう。無償譲与という結果だけ見ると神社側に都合のよい話であるが、そもそも境内地が国有地にされた経緯を考えると無償譲与には妥当性がある。この点は第六章、第七章で検証したい。

五　「国家神道」に関する問題

近代神道史はいわゆる「国家神道」の時代である。「国家神道」定義について近年研究者間では定義が二つに分かれている。国家と神社との関係に重点をおく立場を「狭義の国家神道」とし、思想・言説などを含めて考察する立場を「広義の国家神道」とする。筆者は前述の通り法制度を基盤研究として信仰・思想などに取り組むのが近代神道史研究の手順としては妥当であると考えているのであるが、同時に「国家神道」の議論についても「狭義の国家神道」からその実態を明確にすべきと考えている。なぜならば戦後七十年が経過した今日でも「国家神道」という言説には次のような評価が伴うからである。

「国家神道」への回帰を願う「国家神道復古派」（澁川謙一が座談会で用いた表現）も現れたようだ。この立場の特徴は戦前の国家神道についての反省がなく、明治憲法の復元や国家神道の再現を目指すことだろう。[12]

このように「国家神道」という用語そのものには「反省すべき」もの、戦争を開始し推進した原因という意味を含めて語られることが多い。だがそこで論じられる「国家神道」の主体は漠然としている。これは問題であって、神社行政官衙である内務省神社局等は営造物法人たる神社は所管したが、「神道」に関する言説すべてを検閲した訳ではない。在野の神道家や『古事記』、『日本書紀』から引用した神道的な思想・言論・主張は神社行政官衙[13]の関知しないものであった。思想・言論を含める「広義の国家神道」では国家神道そのものの主体が特定できない。また神職は行政により任命され、その指揮に従って祭祀と神社運営に従事したが、かといって行政と神職が一体化していた訳ではない。全国神職会を結成して上地官林の払下げや特別官衙設置などの請願運動を展開したように神職は行政にただ従う存在ではなく、行政に要望することも多かった。かつ行政としても神社・神職の要望を無条件に採用していた訳ではなく、当時の最大の要求であった神祇に関する特別官衙の設置は昭和十五年に内務省の外局として神祇院が設置されることでようやく妥結した。この点を見れば神職の要望はむしろ採用されなかったと評せる。

更に神社行政を管掌した内務省神社局等が政府内においてどれだけ権限を有したかという点も検討せねばならない。「神社・神道のため」という名目が国政において絶対無敵の大義名分になったか否かという点の確認作業である。こちらは予算や他の官庁部局との折衝を検証することで明らかになってくるであろう。

従って国家・神社行政官衙（内務省神社局等）・神職が一枚岩であったか、「国家神道」に関して神社行政官衙・神社・神職が国政上どのような権利を有し、どのような政策に関与したか「国家神道」と呼ばれる現象の主体と権限を明確にすることで議論を発展深化させることができる。法制度が基盤研究となるというのは「国家神道」

に関する研究においても通用するものと思料する。

六　法制研究の課題

これまで述べてきた通り近現代の神社神道を分析するにあたり制度史を基盤研究に据える必要がある。神社に関する法制度・行政の実証的研究が蓄積されてきたとはいえ、未だ不明な点の方が多い。具体例をいくつか紹介すると、まず「国家ノ宗祀」という用語は神道国教化を宣言した重要な布告であると評する向きもある一方で、その後の法令や行政の中でどのように用いられたかという検討はほとんどされていない。また戦前期の神社が営造物法人であるということは、児玉九一や岡田包義などの官吏の著書に明記されており、公然の事実であるかの如く論じられているが、神社が営造物法人であるという説を初めて唱えた人物、また行政上にその説がいつ採用されたかという詳細についてはほとんど論じられていない。このように「国家神道」を論じる上で不可避なはずの「国家ノ宗祀」、「営造物法人」という概念説明に根本的な検討課題が残されているのである。

神社行政官衙の職掌について、どのような案件が存在しどのように処理したかという研究も少ない。また主導した官吏がどのような経歴で如何なる思想信条をもって制度策定にあたったかについても藤本頼生[14]の研究があるが不詳な点が多く残されている。教部省時代には神仏判然という神学的な問題を行政が判断し、内務省（神祇院）でも法人運営だけではなく信仰に関する重要案件を取り扱った。そのため信仰的に見ても官衙の業務は重要である。例えば御社号・御祭神名に関して、近世以前には同一神社の御社号や御祭神名に通称や異説が存在したのに対し、今日では公式の名称が歴然としている。この転換点となったのが「神社明細帳」である。営造物法人たる神社を行政官衙では「公認神社」と通称するが、行政としては公認神社を把握する必要があり、そのための台帳として作成されたのが神社明細帳であり、明細帳に記載された御社号や御祭神名がその後の公式な名称として用いられるようになった。[15] 近世以前において全国網羅した台帳が存在しなかったことを考えれば、神社制度上の画期的な発明であるが、その加除訂正に関する業務内容について詳細な考証はなされていない。

戦前期の神社運営の実態については、先人の談話など主観的な情報は散見するが、史料に基づく客観的な情報は少ない。存命の人物や関係者も多く、神社の運営面に関する文書は未だ史料として扱い難いという史料上の問題もある。この傾向は神社経済や人事・俸給などについて顕著であるが、現時点であっても公開・公刊済の史料から断片的な情報を統合することで実態解明に近づくことは可能である。客観的な史料検証をせずに論じられている歴史的事件として神社整理がある。神社整理は内務省が主導して小規模神社を合併させた政策であり、とくに明治末年から大正初期にかけて実施した神社整理は南方熊楠が大々的な反対運動を展開したことで有名である。しかし、その時に対象となった小規模神社が如何なる状況にあったのかという点を明らかにしないまま政策の功罪が論じられ、単純に神社数を減少させたことに負の評価下す傾向があるのは公平性を欠くものであると思料する。この点について、社殿がなく石碑をもって神社と崇めたと地域も思料から確認できるから、今日吾人が想像する「神社」が合祀されたという前提で議論をすると瑕疵が生じる。同様に「一村一社の制」（「一村一社」にせよという行政の指示）があったという説も多く、また神社由緒にも「一村一社」という言説が多用されるが、実際に一村一社になっていない地域も多数存在している。当時、国家の中枢官庁である内務省が主導し、法令として「一村一社」が命じられたのであれば一村に二社以上が存置されているのは違法状態となり説明がつかない。実際にそのような法令・命令が存在したかどうか検証を要する。

神社が鎮座する境内地や景観についても不明な点が多い。上知令と地租改正が近代的な境内地を形成し、それが上地官林払下げや風致林野、国有境内地処分へと繋がっていくのであるが、この間の神社境内の変遷について個別神社の神社史の中で言及されることはあっても如何なる法令がどのように適用されたかという通史的・実証的研究は従来ほとんどされてこなかった。そもそも研究史としては国有境内地処分が完了したことで政治的、法律的に上知令を研究する意味が喪失してしまい下火状態になっていた。しかし上知令を精査して神社と寺院に適用の差が存在したのか検証することは「国家神道」の議論において益となるし、土地所有権の異動は神社景観の歴史を論じる上では不可避の事象である。また近代境内形成過程のなかで「鎮守の森」「神体山」はどのように扱われたか、神社に公園的設備が存在するのはいつからかという点についても従来ほとんど考証はされていなかった。こうした境内地や神社林に関する研究は平成二十年頃より藤田大誠の公共空間に関する研究や明治神宮御創建史の研究において再び脚光を浴び、近年研究が進展している[16]。

この他にも氏子制度、講社をはじめ現代の神社に関わる問題の源流が不詳のままに置かれている。近現代神道史研究において基盤研究となるべきはずの法制度の研究が決して充分ではなく、基盤が確立していないで状態で「国家神道」や近代神道史が論じられ、或は歴史的評価を下されてしまっているというのが学問・言論上の現状であるといえる。

七　本書の構成

このように近代の神社に関する制度には、不詳な点が多いのであるが、本書では、「公認神社」の管理運営と近代における神社の境内地の形成に焦点を絞った。両者は制度のなかでも公認神社の、ひいては「国家ノ宗祀」の根幹となった重要部分である。「国家ノ宗祀」が布告されたからといって、神棚や個人や商店が祀る神祠（稲荷大明神が多かったであろう）にまで制度上の保護を与え、或は営造物化・国有化することはできない。そこで国有化する神社と私有に留める神社を区別する必要があり、営造物法人たる公認神社と私祭神祠及び教会講社などが区別された。その区別方法と法的地位はどうだったのか。そして営造物法人とは、公の財団法人であり、神社財産のうち最大のものが境内地であるから境内地の沿革は営造物法人の扱いに大きく影響する。そのため公認神社の性質として「国家ノ宗祀」の法令上の意義、営造物法人の概念、社格制度と各社格の待遇、境内地制度の沿革として区画、税制、管理、風致、公益性・公共性を考究することは近代神道史の基盤研究となるが、未着手の面の多い分野である。

本書第一章では、法令上の「国家ノ宗祀」の用例や神社制度調査会の議論及び神祇院の設立過程等から公認神社の法的地位と「営造物法人」という説の発生とその評価について考究する。「国家ノ宗祀」の内容について行政の中で統一見解が形成されていたのか、国政において内務省神社局・神祇院の権限が絶対的なものであったのかについても検証したい。第二章では神社行政が所管した事案のうち、御祭神に関する事項について別格官幣社の配祀神を中心に考証を試みた。現代では御祭神名の正式名称があって当然と思われているが、中近世の由緒を見ると社家により異説が存在したことがわかる。どのようにして祭神名の統一が図られたのか、そこに行政がどのように関与したのかが判る事例である。第三章、第四章は無格社と私祭神祠の法的性質について昭和十八年頃に神祇院で推進した神社整理を中心に考証した。維持基盤が弱く、活動困難な神社（神社本庁では「不活動神社」と呼称している）の問題は過疎化や価値観の多様化など戦後発生の事由が原因として論じられることが多い。しかし戦前期（明治三十九年、昭和十八年）においても神社護持のために神社整理が実施されている。現在の小規模神社の護持問題が果たして過疎化や価値観の多様化だけに起因するものなのか、それとも戦前戦後に共通した神社護持上の問題が存在したのかという点に焦点を当てた研究はほとんどなされていない。この観点から主たる合併対象とされた無格社と問題視された私祭神祠についてその法的性質を考証する。無格社は、公認神社であるが神社整理の際に合併対象とされた小規模神社であり、私祭神祠は公認神社に含まれない邸内神祠のことであり、両者の性質を明らかにしていくことで当時の小規模神社の実態や公認神社の状況が判明していく。当時の「神社」の実態が判明することで南方熊楠の主張もより鮮明になってくるであろう。第五章には第三・四章の補論として近代神道史の考証成果が現代の訴訟問題でどのように活用できるか検討した小論を掲載した。

第六章以降は第二編として境内地について論じていく。境内地は維新から神祇院解体まで変遷していくため、第六章では「上知令・山林・租税・公園」に着目して法制度を概説した。その上で、第七章では近代境内地形成の発端となる上知令と地租改正による境内外区画について、法令と京都府所蔵史料を照らし合わせて検証を試みた。神社と寺院の適用具合を比較しつつ、どのような基準で区画したのか、調査はどのように進展したのか、境内は拡大したのか縮小したのか考察したい。区画の結果、境内には残されず「境外」として官有地化された名所旧跡のなかには上野公園や富岡公園のように公園として活用されたものがあった。「神社公園」の発生であり、神社と公園の性質上の区別や境内の公共性を論じる上で重要な事象である。第八章では近代における神社公園の変遷を概観し、第九章では神社公園の起点である明治六年太政官布告について更に詳しく検討した。また近代境内地形成過程において信仰上、景観上重要な要素である神社の山林（鎮守の森）は境外として官有地化されてしまう。そこで第十章では山林が境外に区画された根拠法令について考証し、政府の意図を明らかにするとともに、行政における境内林に関する意識の変遷を概観する。山林が官有地化されることで存続の危機に面したのが本殿を設けず山林を神体山として崇める神社である。第十一章では大神神社、諏訪大社、金鑽神社、秋葉山本宮秋葉神社の事例を基に行政において「神体山」がどのように扱われたかを検証する。

八　おわりに

神道の歴史を公正・中立・客観の立場から史料に基づき歴史的事実を考証することが神道史学である。対して学術研究の成果に自己の信仰や経験などを加味して信仰者として考究し実践するのが神道教学であるというのが筆者なりの見解である。つまり護教学としての神道教学と、考証学としての神道史学では学問的目的と性質が異なるのである。更に踏み込んで述べれば、神道史学が考究するのは歴史的事実であり、神道教学が探求するのは「神道として如何あるべきか」という問いに対する答えである。そして誤った歴史認識に立脚して樹立させた護教学は恣意独断の所産で脆く、到底、社会の批正に耐えうるものではない。ゆえに神道史学なくして確固たる神道教学を樹立することは至難である。また事実誤認ではないものの客観的に批判検証ができない個人の経験や信仰のみに立脚した主張は教条・信条であっても神道教「学」とはいえない。神道史学として学問に取り組むのであれば信仰者であっても、一旦護教学の立場を離れて中立・客観の視座から史料を公正に分析し歴史的事実を明らかにせねばならない。

本書は神道史学として近現代神道史を考究するものである。近代における神社は国家行政の営造物となり、神職の人事権が官に帰属した。この体制は「国家ノ宗祀」と布告される。かかる特殊事情があるため、例え祭祀・信仰・思想・作法・習俗（慣習）であっても法制度研究（神社行政研究）が近代神道史研究の基盤として重要となる。先学により制度研究の重要性が指摘され実証的研究が蓄積されているものの、未だ制度の全容解明には至っていない。神社に関する法制度の中でも根幹となるのが公認神社の法的地位と境内地の問題であり、本書では、近現代神道史研究の基盤研究となすべく、公認神社と境内地に関する法令と具体的行政措置を検証する。

註

(1)実証的な歴史学の一分野であり、内務省神社局考証課長、東京帝国大学神道講座の主任教授を務めた宮地直一（一八八六〜一九四九年）を先駆とする。
(2)エリック・ホブズボウム、テレンス・レンジャー編『創られた伝統』（紀伊國屋書店、平成四年）。
(3)阪本健一編『明治以降　神社関係法令史料』（神社本庁明治維新百年記念事業委員会、昭和四十三年）、二九—三〇頁。
(4)同日は神社本庁設立日であるが、あくまで「国家ノ宗祀」体制が終焉し宗教法人として神社が活動を開始した日を始点にしている。神社本庁を現代神道史の中心とする意図は筆者にはない。
(5)法制に基づく区分であるが、本説で述べる通り、近代国家は法治国家であり、神社、教派神道ともに法令を遵守し祭祀・宗教活動を営むのであるから法制の影響は全てに及ぶ。ただし本書で述べるように連続する制度、問題も多く、神道における近代と現代は連続するものとして考察するのが妥当と思料する。
(6)神崎一作（一八六七〜一九三八）は神道大教（昭和十五年に「神道」（本局）より改称）第五代管長。大山阿夫利神社（石尊権現）に累代奉仕する家系に生まれ、権田直助に師事。哲学館、東洋大学、國學院大學に学び、明治二十九年神道本局に出仕、宗教制度調査委員も務める。
(7)「世襲禁止」と表現されることも多いが、第一章で詳述するように同一家系から連続して祀職が輩出することを禁止したのではなく、神職の地位を特定の家系が独占する制度を廃止したと解釈するのが適切である。
(8)第一章で述べるように神社を営造物法人と見なすのは戦前期の通説であったが、異論もあった。営造物法人の定義についても研究者により差異がある。なお、宗教法人と公益法人の沿革については宮澤佳廣「公益法人制度改革と宗教法人制度―公益性という視点からの検討―」（『神道宗教』第二三一号、平成二十五年）を参照した。
(9)葦津珍彦『国家神道とは何だったのか』（神社新報社、昭和六十二年）。
(10)阪本是丸『国家神道形成過程の研究』（岩波書店、平成六年）。
(11)本書で詳述する通り神社境内全てが国有境内地ではない。官国幣社は残さず国有境内地であり、村社、無格社に列格する小規模神社には民有境内地も存在した。社格が上であるほど国有境内地の傾向にある。しかし社格と神社経済は別問題であって社格が上で国有境内地上に鎮座するからといって経済的な余裕があるとは限らない。
(12)小林正弥『神社と政治』(株式会社KADOKAWA、平成二十八年)、三八九頁。
(13)内務省神社局関係者も「神社行政」と称し「神道行政」とは称しなかった。
(14)藤本頼生『神道と社会事業の近代史』(弘文堂、平成二十一年)。
(15)明治以降、全ての「神社」が国の営造物とされた訳ではなく、邸内社や営造物化漏れの神社が存在した。法制上の「神社」とは営造物化された神社のことをさすが、信仰上、一般の認識の上ではそれ以外も「神社」であった。そこで神社制度調査会等では法制上の、営造物法人化された神社を「公ノ神社」、「公認神社」と呼称し区別した。本書では「公認神社」を便宜上用いる。神社本庁編『神社制度調査会議事録③』(近代神社行政史研究叢書Ⅲ、平成十三年)参照。
(16)藤田大誠・青井哲人・畔上直樹・今泉宜子編『明治神宮以前・以後―近代神社をめぐる環境形成の構造転換―』(鹿島出版会、平成二十七年)。

目次

第五章　補論　邸内社の法的性質——現代の政教問題を論じる上での近代神社行政研究の意義——

第二編　鎮守の森の近代化

終　章　近現代神道史研究の課題と展望　317

第一編　国家の宗祀と公認神社

第一章　神社行政における「国家ノ宗祀」

一　はじめに

神社行政官衙は維新以降、神祇事務科、神祇事務局、神祇官、神祇省、教部省、内務省社寺局、内務省神社局と変遷し、昭和十五年には内務省の外局である神祇院が設立された。昭和十五年十一月九日勅令第七三六号[1]により定められた神祇院官制では管掌する事務として「神宮ニ関スル事項」、「官国幣社以下神社ニ関スル事項」、「神官及神職ニ関スル事項」、「敬神思想ノ普及ニ関スル事項」を掲げた。人員を見ると総裁（内務大臣兼任）、副総裁（勅任）、局長（二名・勅任）、秘書官（一名・奏任）、書記官・事務官・理事官・考証官・祭務官・教務官・調査官・技師（各専任二名・奏任）・属（選任十一名・判任）・考証官補・祭務官補・教務官補（各専任二名・判任）・技手（専任一名・判任）である。このうち事務を司るのが書記官・事務官・理事官であり、これとは別に専門性の高い考証官・祭務官・教務官（臨時職員から常置へ）・調査官・技師が設置されている。村上重良[2]は神祇院設立を所謂「国家神道」の絶頂期と評価したが、行政組織としての実態については阪本是丸[3]、櫻井治男[4]、藤田大誠[5]、藤本頼生[6]らにより行政文書等に基づく実証的研究が蓄積されているものの、未だ実態の不詳な点も多い。

神祇院は神社局の単なる組織拡張ではなく、敬神思想の普及への取り組みが正規事業として取り込まれ、考証課・造営課など専門性の高い部署が設置されており、行政刷新を目指したものであった。その理念について神祇院書記官兼神祇院総裁秘書官兼造神宮主事の武若時一郎[7]は、

　神社は国家の宗祀であつて、神社に対する国家の崇敬は、国家の祭祀として現はれる。故に国家は、其の祭祀に関して種種の法令を定めて拠るべき基準を示すと共に、自ら神職を任命して之を執行せしめる。

と述べている。神社局員は内務省の文官であり、元より神祇祭祀の専門家として国家に採用されたものではない。にもかかわらず神社制度を概説し、神祇信仰について私見を述べた著書を残した官吏が少なくなく、当時の官吏の研究心と国民に通底する神祇信仰の篤さを伺い知ることが出来る。武若は「国家ノ宗祀」を諸法令の根源たる行政理念と述べるが、これは神祇院時代に限らず神社行政に携わった者が一貫してその理念と掲げるもので、例えば内務省神社局総務課長児玉九一は「神社の本義は、国家の宗祀たる点に存し、国家が之を崇敬祭祀し、人民亦、国家の一員として国家と共に信仰崇敬すべき性質を有する[8]」と述べている。

　そもそも「国家ノ宗祀」の法令上の初出は、明治四年五月十四日太政官布告第二三四[9]の「神社ノ儀ハ国家ノ宗祀ニテ一人一家ノ私有ニスヘキニ非サルハ勿論ノ事ニ候処（後略）」である。この場合の神社には物的設備・人的設備の二つの面が想定され、それを国家が管掌することを宣言した布告と評価できる。この布告は明治四年五月十四日太政官布告第二三五「官社以下定額、神官職制等に関する件[10]」の社格制度並びに職員規則の制定と連動していることは明らかで、例えば社格制度は国家が神社を行政的に管掌しなくては定められない点であり、また神官職制[11]には「若官幣国幣社共従前ノ神官ヲ補スベクハ神孫相承ノ族タリト雖モ一旦世襲ノ職ヲ解キ改補新任タ

ルベシ」とあって世襲廃止が徹底されている。おそらく政府は意識していなかった可能性が高いが、この布告を以て神社の物的・人的両面における私有性を否定したものと解釈せねば、第二三五布告及びその後の神社制度は説明できない。

この他に大正期までに「国家ノ宗祀」を用いた法令としては、明治二十四年八月十四日内務省訓令第一七号「官国幣社神職奉務規則」[12]、明治二十八年四月十六日社甲依命通牒第一七号「官国幣社宮司職務の曠廃を戒むるの件」[13]、明治三十五年二月十日勅令第二七号「官国幣社職制」[14]、大正二年四月二十一日内務省訓令第九号「官国幣社以下神社神職奉務規則」[15]があるが、これらは神職の奉務に対する規則である。

本章では「国家ノ宗祀」という理念がどのように制度化され神祇院設立に至るかを法令と行政組織を中心に考察する。まず布告第二三四が要求するのは「神社（物的設備）の国家管理」、「神職（人的設備）の任免」であり、次に「奉務規則」、更に布告上は直接定めがないが村上重良のように第二三四を神道国教化を宣言したものと評価する向きも存在するため「敬神思想の普及に関すること」という四項目の制度がどのように構築されていったかを考察し、「国家ノ宗祀」の実現という視点から見たときに神社局から神祇院への刷新がどのような意味を有するか考究を試みたい。

二　神社の国家管理に関する制度

神祇を奉斎する施設には神職の常駐する「神社」もあれば、山野路傍の神祠、個人宅にある邸内社、更には神棚も含まれる。これら全てを国家管理することは不可能であり、また私的信仰を妨げるものとして不都合であるため、まずは神祇を祀る施設を「国家ノ宗祀」と私的信仰に分類する制度が必要となる。後述する神社制度調査会等、行政上、慣例的に「国家ノ宗祀」たる神社を「公認神社」、それ以外を「非公認神社」と通称するので本書でもその名称を用いる。

非公認神社の中には私祭神祠、無願神社がある。まず私祭神祠とは邸内社・神棚など個人や特定の集団の信仰のために奉斎する施設である。一概に「神社」といっても近代以前の状況は多種多様で、延喜式所載の式内社などの古社や広大な社領を有した大規模神社もあれば、山野路傍の神祠（中には本殿もなく石碑を以て拝礼対象とするものも存在した）や個人若しくは特定の一族が奉斎する邸内社や神棚も存在し、維新直後の「神社」は極めて渾沌たる状態にあった。そうした神祇を祀る施設の中から「国家ノ宗祀」たる神社（公認神社）と私的信仰の対象としての祠（私祭神祠）とを区別する必要がある。政府は明治九年十二月十五日教部省達第三七号[16]で山野路傍の神祠について、同日教部省達第三八号[17]で邸内社について、それぞれ制度的に公認神社とするか、私祭神祠とするかを通達した。私祭神祠とした場合、法人格は付与されず、不特定多数の参拝や祈祷などの行為は許可されない。「非公認神社」の第二である無願神社とは無許可にて創立された神社であるが、社寺を無許可で創立することは明治五年八月晦日大蔵省第一一八号達[18]で禁止されている。無願神社には二種類が想定され、故意に神社類似の施設を設け神職としての活動を行う場合[19]と、私祭神祠が周辺住民の信仰を集め参拝公開などの活動を行うようになった場合である。いずれにせよ無願神社は制度上違法であり、手続きを経て公認神社とするか、私祭神祠としての体裁を保つかどちらを選択する必要がある。

そこで公認・非公認を明確にする台帳として発明されたのが「神社明細帳」である。神社明細帳とは神社の戸籍というべきもので、児玉九一はその性質を、

故に実質上如何に神社たるの要素を具備するとも、明細帳に登録せられざる限り其の神社は法律上の「神

社」に非ず、単に所謂無願神社たるに止り、神社行政の対象たることを得ず、神社としての法令上の権利義務を有せざるものである。即、之を逆に考ふる時は、行政上の神社の形式的定義は「神社とは神社明細帳に登録せられたるものなり」とも言ひ得るであらう。[20]

と評している。つまり明細帳に登録されることではじめて公認神社として法律上の権利義務を得、神社行政の対象となるのである。児玉の見解によれば明細帳の制度は明治五年正月神祇省第一号「府県郷村社社格区別帳を調査提出の件」[21]がその嚆矢とされ、明治十一年九月九日内務省達乙第五七号「社寺取扱概則」[22]、明治十二年六月二十八日内務省達乙第三一号[23]にて漸次整備された。最終的に大正二年四月二十一日内務省令第六号[24]（以下、「省令六号」と略す）により戦前期の明細帳の制度は一応の完成を見るが、本省令はそれまでの各法令を集約整備したものである。これによると、

第七条　神社、建物アル遙拝所及官修墳墓ニ付テハ地方長官ハ別記様式ニ依リ其ノ明細帳ニ通ヲ調製シ一通ヲ内務大臣ニ進達スヘシ

第一〇条　神社ハ明細帳ノ記載事項ニ変更ヲ生シタルトキ又ハ其ノ訂正ヲ要スト認ムルトキハ之ヲ地方長官ニ申出ツヘシ

と定められている。神社明細帳の様式は第一号（官国幣社）、第二号（府県社以下）の区別があるが、記載内容はほぼ同じで、鎮座地・社格・神社名・祭神（主祭神・配祀神・座数）・例祭（特別由緒ある祭典）・本殿（建坪・主要建物も記載・造営の沿革）・境内（坪数）・氏子戸数・境内神社（祭神・由緒・社殿・造営の沿革）であり、地方長官

が正副二通を調製し正本を内務大臣へ進達、副本は府県にて備え付ける。第一〇条によればこれらの記載事項に変更が生じた場合は申出ることとなっており、新規創立・廃合・移転、祭神・社格・例祭・本殿・境内・境内などの異動に関する事務（承認を含む）は明細帳の修正を以て完了するのであって、公認神社の行政上の管理は神社明細帳に集約されるといっても過言ではない。

神社明細帳は神道史上画期的な発明であり、明治神社行政の一大業績と言える。それまで明細帳に類する台帳は存在せず、神階授与に関与していた吉田家ですらその状況を完全に把握していなかった(25)。明細帳ができたことで神社名・祭神名の統一が図れ、独断で神社の登録事項の変更ができなくなるといった効果があり、神社護持という面で極めて有効な制度である。例えば歴史的に御祭神に関し複数の説が存在し、或は表記が不統一、または通称や俗称がある神社は多かったが、近代以降、明細帳への記載をもって正式名称が定まった。

このように公認神社に関する法制度は、明治十二年頃に凡そ構築され、その定義は論者によって若干の異同があるものの概ね次の二つに集約される。

（一）帝国の神祇を斎祀し、公に祭典を執行し、公衆参拝の用に供する設備(26)

（二）国家の営造物かつ公法人で神社明細帳に記載された施設

（一）が実際上、（二）法律上からの定義であり、両者は視点の相違で対立するものではない。

三　神職任用に関する制度

布告第二三四に連動する明治四年五月十四日太政官布告第二三五の神職職制により官幣社は神祇官、国幣社は地方官を経て弁官、府県社以下は地方官においてその職員の進退が管掌されることとなったが、後に教部省の発足により官国幣社は教部省が管掌し、府県社以下は地方官において専行し教部省に届けることとなった。これ以降、官庁の改組はあるものの神職の任免は神祇院廃止まで行政の管掌するところとなる。任用制度で大きく変わるのは、神官神職の待遇である。明治五年二月二十五日太政官布告第五七号[27]における神官官等では神宮祭主から郷社祠掌までの官等を定めたが、官幣大社宮司ですら七等と神官の官等は高いものとはいえない。しかも村社・無格社は規定がなく、府県社以下神官では辛うじて府県社祠官が十五等となったものの府県社祠掌、郷社祠官・祠掌は等外である。府県社以下神官にとって決して満足のいく待遇ではなかったであろうが、この時点ではまだ官社同様の扱いであり、後年から見ればまだ優遇されていた。明治十年十二月八日太政官達第九一号[28]の官等は神宮と官国幣社を対象とし、明治十二年十一月十一日太政官達第四五号[29]で府県社以下祠官祠掌の等級が廃止されて「身分取扱ハ一寺住職同様タルヘシ」とされる。そのため明治十五年九月二十一日太政官達第五五号[30]では神宮及び官社（官国幣社）のみで民社（府県社以下）はない。

明治二十年三月十八日閣令第四号[31]で官国幣社の神官を廃し、「宮司ハ奏任ノ待遇ヲ受ケ禰宜主典ハ判任ノ待遇ヲ受ク」と「待遇官吏」であることが定められた。府県社以下神職の待遇については明治十二年より「一寺住職同様」とされていたが、明治二十七年二月二十八日勅令第二二号[32]で祠官・祠掌が改められて社司・社掌となり、更に「社司及社掌ハ判任官ノ待遇トス」と扱いが明記された。併せて功績顕著なる者一七〇名を上限として奏任官待遇となすことができるようになった。ここで神宮のみが官吏（神官）となり、官社以下は待遇官吏（神職）となる。神宮神官については明治二十九年十一月三十日勅令三七一号「神宮司庁官制」並びに明治二十九年十一月三十日勅令第三七二号「神宮司庁官等俸給改正の件」[33]で制度が整備され、次いで明治三十三年三月三十一日勅令第九〇号[34]にて官等俸給が改正される。府県社以下神職については明治三十五年二月十日勅令第二七号「官国幣社職制」[35]、同年同日勅令第二八号「官国幣社及神宮神部署神職任用令」[36]、同年二月十八日内務省令第四号「府県社以下神社神職任用規則」[37]によって制度が確立され、神官神職の任用制度は明治三十五年には神祇院廃止までの基本的な体制が構築されている。

この制度を任用から見ると、神宮司庁の神官及び官吏は普通の文官同様に文官任用令（大正二年勅令二六一号）が適用される。神宮司庁と神部署は任用制度が異なり、神部は内務大臣奏請により内閣において任免し、神部補及び伶人は神宮大宮司の具申により内務大臣が任免する。官国幣社神職のうち宮司・権宮司は神部同様の取り扱いで、禰宜・主典・宮掌は地方長官にて任免する。府県社以下の神職については氏子総代・崇敬者総代の推薦により地方長官が任免する。

官国幣社以下神職の任用制度を見ると、官社と民社で完全に同一ではない。例えば官国幣社では「其ノ神社祭神ノ一族臣下ノ内祭神在世中ニ於テ之ヲ補佐シ功績顕著ナル者若ハ其ノ相続人ニシテ祭式及国典ヲ修メタルモノ」（「官国幣社及神宮神部署神職任用令」第八条第一号）は神職高等試験の銓衡を経て奏任待遇の神職に任用することができるとしているが、府県社以下にはこの規程が存在しない。官国幣社に限り世襲を復活させたかのような規程であるが、明治四年の制は世襲社家の排除ではなく、改めて補任することを認めていた。任免権が国家に属することが重要なのである。また特殊神事の問題もあり、内務官僚としても「実際に於ては社家の間に神職を求めることが望ましい場合も少くなく、従つて現在社家にして神職に補任されてゐるものが相当に多い」[38]と認めざるを得ない状態であったことも考慮しなくてはならない。このように国家として任免するという点は、明治四年以来一貫しており、明治三十五年には神祇院廃止まで続く体制が構築されている。

四　奉務規則

明治二十四年八月十四日内務省訓令第一七号「官国幣社神職奉務規則」第一条「官国幣社神職ハ国家ノ宗祀ニ従事シ国家ノ礼典ヲ代表スル職務タルヲ以平素国体ヲ弁シ国典ヲ修メ躬行ヲ正シクシテ以テ本務ヲ尽スヘシ」と定められた。この法令は神社が国家管理された公法人であり、その人的設備たる神職に対して職責を規定したもので、国家による神職任免を補強する法令と評価すべきである。次いで明治二十八年四月十六日社甲依命通牒第一七号「官国幣社宮司職務の曠廃を戒むるの件」では「官国幣社宮司ハ国家ノ宗祀ニ従事スル職ニアルヲ以テ」として管外出張を制限し、明治三十五年二月十日勅令第二七号「官国幣社職制」第二条「宮司ハ内務大臣地方長官ノ指揮監督ヲ承ケ国家ノ宗祀ニ奉仕シ祭儀ヲ司トリ庶務ヲ管理ス」としたのも趣旨は同様である。

以上は官国幣社に限定してのものであり、明治二十四年七月六日内務省訓令第一二号「府県郷村社神官奉務規則[39]」第一条には「神官ハ神明ニ対シ尊崇悃誠ヲ主トシ典例ニ従ヒ各其本務ヲ尽スヘシ」と「国家ノ宗祀」の語が存在せず、「国家ノ宗祀ト云フノハ官国幣社ニツイテ云フノデアルト云フ説モアツタ[40]」のである。のちに、大正二年四月二十一日内務省訓令第九号「官国幣社以下神社神職奉務規則[41]」では官社民社が統一されて「神職ハ国家ノ礼典ニ則リ国家ノ宗祀ニ従フヘキ職司ナルヲ以テ平素国典ヲ修メ国体ヲ弁シ操行ヲ正シクシテ其ノ本務ヲ尽スヘシ」と定められた。

このように任免の補強として奉務規則が位置付けられるのであるが、江見清風[42]は、明治四年太政官布告第二三四号と大正二年奉務規則の「国家ノ宗祀」が国家の祭祀・礼典を意味していると分析している。大正二年奉務規則第三条には「祭典ハ制規ニ拠リ之ヲ行ヒ」とあって制度的に祭祀に関する規程と奉務規則は関連している。そこで祭祀に関する規程を見ると明治四十年六月二十九日内務省告示第七六号「神社祭式行事作法」(43)、大正三年一月二十六日勅令第九号「神宮祭祀令」、同日勅令第一〇号「官国幣社以下神社祭祀令」、同年三月二十七日内務省令第四号「官国幣社以下神社祭式」、同日内務省令第五号「官国幣社以下神社神職斎戒に関する件」、同日内務省訓令第二号「神宮並官国幣社以下神社において行ふ恒例式」、同日内務省訓令第四号「官国幣社以下神社遙拝及大祓次第」が定められた(44)。作法については昭和十七年に改正されているが、祭祀執行に関する規程も大正三年の時点で概ね神祇院廃止までの体制が整備されていた。

五　敬神思想の普及

前述の通り、明治四年太政官布告第二三四が直接定めるところは、神社の物的・人的設備が国家に属することである。しかし時代背景として推進されてきた大教宣布運動と絡めて「国家ノ宗祀」を考察することは、神社関係者及び国民の受容態度を理解する上で有効であろう。行政的に見た場合、内務省社寺局の設置以降は敬神思想の普及を国家として推進しようとする姿勢は後退していく。明治五年三月十八日太政官無号(45)に定められた事務章程を見ると、

教部省事務章程

教部ハ教義ニ関スル一切ノ事務ヲ統理スルヲ掌ル其事務ノ綱領ヲ掲クル左ノ如シ

第一条　教義並教派ノ事
第二条　教則ノ事
第三条　社寺廃立ノ事
第四条　祠官僧侶ノ等級社寺格式ノ事
第五条　祠官ヲ置キ僧尼ヲ度スル事

とある。事務章程は明治九年一月十五日の太政官達第一号(46)で更に詳細にされ、第九条には「教義上ノ論争ヲ判決スル事」とあって社寺の信仰・教義上の問題にまで強く介入することを業務として想定していた。教部省には社寺課・考証課（元編輯課、明治五年十一月に諸陵課・庶務課歌吹掛を合併）・庶務課・往復課があったが、このうち考証課では「皇祖天神の大道を明にし、皇統の紹運神祇の功徳、顕幽の微旨、祭祀の儀範、陵墓の制度、列聖の政謨、経世の要務より、総て天下の風教、人倫の礼法に関り、民を化し、俗を成す、日用の事理に至るまで、古を稽へ、今に求めて天地の公理の基き、大道の要を発揮し天下士民の智識を啓き、生口化育の神恩を感戴し、天壌無窮の至尊に奉仕して祭政一致の盛治に帰向せしむる所以の教書を編輯することを目的とし」(47)ており、組織的にも敬神思想普及のための専門部署が設けられていた。しかし明治十年一月十一日太政官布告第四号(48)により教部省そのものが、同十五年には神官教導職の兼補も廃止された。社寺行政を継承した内務省社寺局には「教義上ノ論争ヲ判決スル事」に類する事務や考証課に類する組織はなく、三条の教則も教導職廃止と共に自然消滅しているとの見解を後年神祇院副総裁飯沼一省が述べている(49)。内務省神社局に改組されてからも敬神思想に関する施策は見られず、中川友次郎が「神社に対する正しき観念と云ふものを普及せねばならぬと云ふので、それに付いて神社協会と云ふ会を起したのであります。さうして其の会で成るべく広く雑誌等を配布して、神社の性質を明かにすると云ふことを及ばずながらしたのであります。又各神社は祭神御事歴書（一枚摺）を作り、参拝の人々に渡すことなどを奨めたのであります。[50]」と述懐している通り『神社協会雑誌』発行と今日でいうところの「由緒略記」の作成勧奨の他実施されていないというのが実情である。

六　神社制度調査会と神社経済

大正末までに明治四年の太政官布告第二三四の求める神社の国家管理体制はほぼ確立されていた。物的設備に関する規定も省令六号で整備された。本令で統一整理された諸則七五件、地方長官に委任された事項一二件と明細帳の新調も伴うものであったため施行上の注意が通達され、数度の改正を経ている。[51]神社局関係者に於いても一応の成果と評価されており、担当した長野幹が「それで丁度此の神社の明細帳なり、其の他祭神、神社名、社格とかさう云ふやうなものに関する事柄は一応相当に纏まつたものが出来たのでありました[52]」と述懐している。また官有地化された社寺境内について大正十年四月八日法律第四三号「国有財産法[53]」により神社境内を公用財産、官有寺院境内を雑種財産と定められ、曖昧だった法律上の地位が確定した行政上の意義は大きい。任用制度は明治三十五年、祭祀をどのように執行すべきかについても大正三年で整備されており、「国家ノ宗祀」の意味を布告第二三四の文言通り神社の国家管理と理解するのであれば大正期には終戦まで実用に耐えうる制度が完成していた。また社寺局・神社局は敬神思想普及をその使命と考えてはいなかった。少なくとも国家管理ほど重点を置いていなかったことは、教部省廃止により三条の教則が自然消滅していたと当局に認識されていたことから明らかである。人員的にも考証課だけで二十名定員がいたのに対し、社寺局全体で十数名、神社局も同様に十数名であり（ただしこの人数は嘱託雇員などを除いた人員である）、水野錬太郎の述懐[54]によれば他局との兼務もあったという。ここで神社局が「イデオロギーとしての敬神崇祖観念とは無縁の、純粋に行政的な機関[55]」として「国家ノ宗祀」の実現を神社明細帳と任用令・奉務規則・祭祀諸規則による物的・人的設備の管理で足りると考えるのであれば神社行政の刷新は不要であった。

しかし大正期の神祇に関する特別官衙設置運動の成果として昭和四年に神社制度調査会が設置され、神社行政刷新へと向かっていく。神社制度調査会は全国神職会（明治三十一年十一月十五日発足）をはじめとする朝野の要請を受け、昭和四年八月二日内務大臣安達謙蔵の閣議請議により設置された内務大臣の諮問機関である[56]。第一回総会は昭和四年十二月十七日に開催され、第二回総会より官国幣社の経済状況といった具体的審議に入る。昭和四年六月末時点で官国幣社が一九三社、昭和三年度の一九三社の収支決算は収入の総額は四二〇万四三二一円で、支出の総額は三七九万三三三七円である。一社当たりの平均支出額一万九六五五円となる。収支の内訳を見ていくと社入金が二四三万七八四三円、国庫供進金七三万円、支出では俸給一〇六万七六九三円が最大で、次が営繕費の五八万五七五九円である。内務省神社局の調査では官国幣社のうち経済的に独立し得るのは僅か三〇社程度で、年間社入金の最小は一二〇円（ちなみに当時米一俵が一〇円四〇銭である）と報告される。こうした状況で国庫供進金に頼る神社も多く、神社局では当該神社の経済状況で供進金の金額を変えている。例えば社入金が多い稲荷神社（現・伏見稲荷大社）への国庫供進金は三八〇円と少額に抑えられている[57]。

次に府県社以下の状況について昭和四年六月末時点で総数一一万一六九九社（うち無格社が約六万社[58]）、過去の統計で最も多いのが、明治二十二年時点で総数一九万三二九一社であり、神社整理後の明治四十二年には一四万七四四〇社、大正八年に一一万五一九三社である。全く神職が置かれていない神社が昭和三年十二月末日時点で総数四万二六五三社（内、府県郷社一二九社、村社五三九五社、無格社三万七一二九社）である[59]。官国幣社以下神社の運営は公費ではなく社入に依存していたのであり、多くの神社が維持運営に苦慮していた。この報告をはじめとして調査会では神社運営について厳しい現状報告が相次いだ。

府県社以下の半数を占めるいわゆる無格社について、第八三回特別委員会に於いて当局は教部省達第三七号及び社寺取扱概則により神社明細帳に登録されたものの未だ社格を付与されていない神社であると見解を示した上で、「一坪程度ノ本殿ニ鳥居ヲ備ヘテ居ルヤウナモノハ寧ロ整ツタ方デハナイカト思フノデアリマス」(60)と石の祠や石碑のみの事例もあるという状況を報告した。府県社以下神職の俸給について各府県で俸給令が定められていたが、そもそもが充分な金額ではない上に月額四十円のところ年額九十円しか支給されていないなどの違法状態も横行していた。俸給のみで生計を立てられぬ場合、兼務・兼業とならざるを得ない。兼務については第三回総会で富山県に於いて百数社兼務している事例が報告されている。兼業については大正十二年の調査(61)だと官国幣社宮司を含め兼業総数六五一三名、職種としては農業が最大で三九七五名、次いで教職員が一一六三名、市町村吏員が七七〇名であり、其の他質屋業、旅館業、商業、紙屑回収業などもある。調査結果は『神社協会雑誌』に掲載されたが、そこに掲載されていない「遊芸稼ギ人」という例も二三あったと神社制度調査会では報告されている(62)。おそらく編集段階で削除したのであろう。

七　神社整理から見る行政の神社観

調査会の最初の諮問事項として掲げたことが象徴するように、神社局の問題意識は神社の自立経済の確立にあった。それは調査会に始まったことでなく、神社整理もまた神社の維持経営に主眼を置いた政策である。明治九年以前の小規模神祠の状況及び何社公認されたかについては史料に乏しいが、法制度の状況から多くの神祠が公認神社化することを望んだものと推測される。まず精神的な面から見るに村中の合意若しくは個人の信仰にて勧請され、氏神として仰がれた神社が「国家ノ宗祀」として「公認」されることは信仰上大きな意味をもつ。次に制度・経済的な恩典も存在した。明治六年三月二十五日第一一四号布告[63]「地所名称区別」、翌年十一月七日太政官布告第一二〇号[64]「改正地所名称区別」により地種、租税が定められるが、それによると、

神宮・官国幣社・府県社・官有神社境内地―地租地方税ともに賦課せず。
官有寺院境内地―地租地方税ともに賦課せず。
民有郷村社地―地租地方税を賦課する。
　↓地租地方税を賦課しない（明治八年七月二日太政官布告第一一四号[65]）。
民有無格社地―地租地方税を賦課する。
　↓地租は賦課するが、地方税は賦課しない（明治二十一年四月二十五日法律第一号「市制」第九七条、「町村制」第九八条[66]、明治四十四年四月七日法律六八号「市制」第一二条、同日法律第六九号「町村制」第一〇一条）。
民有寺院境内地―地租地方税を賦課する。
　↓地租は賦課するが、地方税は賦課しない（「市制」、「町村制」）。

地租法第二条[67]には非課税対象として「府県社地、郷村社地、護国神社地」とあって無格社を含めないため、公認神社のうち無格社のみ地租を課せられる。しかし民有地として地租地方税共に賦課される私祭神祠と比較すれば、公認神社の方が税制上有利であることは明らかで、公認性や経済上の観点から公認神社化を志向するのは自然の流れであろう。

神社整理とは維持運営の困難な小規模神社の合併整理策である。整理対象が小規模神社であることは「神社局に於て神社の統一整理を要望したのは、それは顧みらざるが如き形無しの御宮、即ち台帳面のみの神社がある、それを整理せよと云ふことであつたのであるが[68]」という中川望の述懐でも明らかなように、その多くは山野路傍の神祠を公認神社化した無格社であったと思料される。そのため明治九年教部省達第三七、三八号は神社整理の遠因でもあり、近代神道史において重要な意味をもつ。制度としては明治三十九年八月九日勅令第二二〇号[69]により合併跡地の官有境内地が合併後の神社の基本財産に組み込むこと、つまりそれまで甲社に乙社が吸収合併された場合に乙社境内は官有地であるから没収されていたものを合併後の神社の財産とすることを可能とし、更に神饌幣帛料供進の指定条件に神社設備と氏子数などを加えることで合併を促進した[70]。法令上の定めはないものの政府・内務省には神社及びその祭祀に「国家ノ宗祀」に相応しい体裁を整えさせるべく必要な財政措置を講じるべきという考えが存在した。例えば明治十九年「神社改正之件[71]」では「皇大神宮ハ帝室ノ根本国家之宗祀奉祀ノ禮宜ク最鄭重ナル可シ而シテ官国幣社経費営繕ノ如キハ永久保続シ得可ラサルモノナルヲ以テ今ニ於テ処分ノ方法ヲ講セサル可カラス（後略）」と上奏し、翌年官国幣社保存金制度が設けられた。また昭和九年に調査会から「神社ハ国家ノ宗祀」であるから地方公共団体から府県社以下神社に公費を供進するのは妥当と答申し制度化されている。

八　「神社の本質」問題

官国幣社以下神社の維持経営は厳しいものがあり、当初の諮問事項として「官国幣社以下神社ノ維持経営ヲ確立スル方策」が掲げられるなど、当局は経済的面から神社の国家護持を図るという問題意識が強かった。しかし審議は水野錬太郎より「其前ニ官国幣社以下ノ神社ニ関シテ政府ハ如何ナル方針ニ出デテ居ルノデアルカ」[72]と切り出され、「国家ノ宗祀」を法律的にどのように解釈するかという方向へ移行する。これは「神社の本質」問題として議論が重ねられるが、法律問題だけではなくその前提として神学的な議論が展開され審議は難航する。

「神社の本質」とは、多岐に亘る事案であるが、法律学上の主眼の第一は神社崇敬と大日本帝国憲法二八条「日本臣民ハ安寧秩序ヲ妨ケス及臣民タルノ義務ニ背カサル限ニ於テ信教ノ自由ヲ有ス」との調和にある。政府・内務省の見解は「神社非宗教」という理論であり、神社局員岡田包義[73]はそれを「神社ハ国家ノ宗祀デアツテ憲法第二十八条ニ依ツテ信教ノ自由ヲ保障セラレタル宗教デハナイ　国民ハ斉シク神社ニ対シテ、崇敬ノ誠ヲ致スベキモノデアル」と概説している。これは法律学上の問題にとどまらず、他宗教より神符守札の授与・祈祷は宗教行為であるから止めるべしという批判が出されるなど実際の行政問題に発展した。他宗教からの批判要旨[74]は、

現在神社は神札、護符の授与或は祈願、祈祷其の他の宗教的行為をなしてゐる。

然るに政府は一方に於ては之を認め、他方に於ては神社は宗教に非ずとの建前の下に、神社に対し国費を支出し、神職を官吏として国家之を任免し、祭祀に当つては幣帛供進使を参向せしむる等のことをなし、神社をして他宗教に比し特別の地位に立たしめ、国民に対しては斉しく神社を崇敬すべきものとなす。之れ憲法第二十八条信教自由の条文に照し不可解なることである。

神社は宗教に非ずとの建前を固執せんとするならば、政府は宜しく神社よりその宗教的行為を除去すべし、神社の宗教的行為を其の儘認めむとするならば国家は神社より手を引き一般宗教と同等に之を取扱ふべし。

というもので、神社の存亡に関わる事案である。各神社の神符を調査し審議を進めたが、神社非宗教論を超える

見解は示されなかった。法律上の主眼の第二は神社の法人格である。そもそも神社は国もしくは地方公共団体の「営造物法人」であるという考えは市村光恵(75)の説を先駆とし、織田萬、美濃部達吉、水野錬太郎、中川友次郎、清水澄、佐々木惣一らが同様の学説を発表した。(76)神社行政において広く膾炙されていたが、調査会の審議ではこの定義が学説に止まって行政上はその地位と範囲が確立されていなかったが明らかになる。昭和九年四月十三日の神社制度調査会第四回総会に於いて府県社以下神社は府県、市町村の営造物かという塚本清治委員の質問があり、水野錬太郎委員長は、

ソレデ個人ノ説カラ言ヘバ私ナンカナリ、清水博士等ハ小学校等ト同様ニ国家ノ営造物デアリ、施設ナリハ地方公共団体デスルノダト云フ私見ヲ有ツテ居ルノデアリマスガ、ソレヲ正式ニ決議シタカト云フト決議シタノデハナイ、ソレハ学者ノ説ニ任セタラ宜カラウト云フヤウナコトデ決メタノデアリマス(77)

と回答している。更に「即チ国家ノ……営造物ト云フ言葉ハ適当デナイト思ヒマスガ(78)」と「営造物法人」という名称に疑義を呈している。

法律の前提となる概念としても充分な定義がなされておらず、「国家ノ宗祀」の範囲について無格社まで含めるか議論もあった。昭和十六年に神社局関係者の談話を作成した際に神祇院調査官梅田義彦が大正二年奉務規則の「国家ノ宗祀」について無格社迄含めるか否かを質問し、荻野仲三郎は「奉務規則第一条に判然と明示されてあるから、神社は一切之を国家の宗祀と見らるるのであると思ふ」と内務省訓令を根拠として回答している。是非の二択で回答可能な質問であり、荻野の回答は曖昧な印象を受ける。また昭和五年の調査会において水野は府県社以下神社には「国家ノ宗祀」と定める勅令が存在しないと指摘し、制度上は官国幣社までが「国家ノ宗祀」

ではないかと疑義を呈している。[79]つまり神社局経験者でも統一された見解が存在しないまま法令に用いられていたのである。

このように「神社の本質」の審議は神社行政の根幹を定めるものであったが「神社ノ本質問題ヲ中心ニシテ論ズルコトガ極メテ長キ日時ヲ要スルコト〻考ヘラレマスノデ、一応先ヅ此程度デ神社ノ本質問題ハ打切リ、具体的ノ維持経営ニ直接関係ノアリマス事項ニ付テ調査研究ヲ進メラル〻コト〻ナリマシタ[80]」と打ち切りとなって維持経営策へ審議の重心が移行し神祇院設立に至る。

九　神祇院の発足

神社制度調査会では神社の本質や「国家ノ宗祀」たらしめる神社経済の確立が審議されたことから、国家が神社の物的・人的設備を管理するだけでは「国家ノ宗祀」を制度的に実現したと評価していなかった神社関係者が多かったことがわかる。特に「神社の本質」問題に対する水野の対応から神社局のなかにもその姿勢に満足していなかった者がいたことがわかる。

神祇院設立は「国家ノ宗祀」の実現をどのように解釈し実施されたのか。刷新された点として、敬神思想の普及を業務として掲げた他に考証調査・指導監督機能の充実がある。昭和十五年十一月十一日官報「神祇院分課規程[81]」からみると神祇院の機構・組織は総裁官房（秘書課）、総務局（庶務課・考証課・造営課）、教務局（指導課・祭務課・調査課）に分課した。考証課は明細帳記載事項である御祭神や社格に関する事項を取り扱うに際し、由緒・神道史・有職故実の確認を行う部署であり、造営課は官社の修繕事務だけではなく神社の伝統に則した建築、神社に相応しい造園への要請に応える部署で共に専門的知識を要求される。専門性の充実は神祇院により始められたことではなく、大正期より漸次採用されてきた。まず明治神宮御造営に際して考証と造園・建築の専門性の重要性が認知され、(82)考証官・考証官補・技師・技手が採用された。その理由は内務大臣からの閣議請議に「神社行政ノ充実ヲ図ルハ方今ノ時勢ニ鑑ミ最モ喫緊ノ事ニ属ス依テ神社行政ニ関スル各般ノ要務ヲ掌理セシムル為メ書記官及属ヲ、神社ニ関スル考証調査ニ当ラシムル為メ考証官及考証官補ヲ、社殿ノ建築修築及境内ノ整理等ニ関スル事務ニ従事セシムル為メ技師及技手ヲ増置スルノ必要アリ」(83)と説明されている。大正十三年には神社局内に考証課が設置。更に昭和十一年には「神社ノ祭祀、由緒、林苑及神職並ニ氏子崇敬者ノ指導監督等ノ事項ニ関シテハ慎重ナル調査考究ト周密ナル指導監督ノ必要アルヲ以テ増置スルノ要アルニ由ル」として考証官の増員と内務省官制に祭務官設置が、同時に「神職ノ素養ヲ向上セシメ」るため臨時職員として教務官が設置され、(84)昭和十四年には六月三日勅令第四三一号による増員に伴い造営課と指導課が増設されている。(85)この考証・造営の分野は行政に高度な神社神道の特殊性を取り込むものと評価できる。

次に地方神社の実態を当局が把握していない実情を憂慮し、祭務課・調査課や地方祭務官の制度(86)により実態調査や指導監督の機能が強められた。特に地方祭務官には昭和十六年二月二十一日付で髙橋城司・中村春雄・手塚道男・三井孝助・香西大見・宮西惟喬・三浦重義ら七名が任官され、(87)昭和十六年四月十七日、十八日には初の打合会が実施されたが、その打合せ事項には総務局や指導課から出されたものもあり、その任が祭祀に限定されず神社行政全般に亘っていたこと、地方神社の実態を詳細に把握しようとする意図が窺い知れる。(88)神祇院では専門的な学識、経験を有する者をして大いに調査研究せしめると述べており、(89)全国の神社の実態を調査し、神社について深く考究することなくして「国家ノ宗祀」は実現し得ないとの方針が示された。特に考証官設置以前には法律学を専攻してきた内務省官吏が祭式の調査を命じられることもあったことを考えると、(90)専門家を専属で登用できる制度を設けた意義は大きい。

このように神祇院の体制は従来の物的・人的設備の国家管理を確実に充実させている。しかし「神社の本質」に関する審議を打ち切りとしたままではそれすら砂上の楼閣となってしまう。その点について神祇院では早々に無格社の整理に着手したことが神社の本質問題解決に向けての一手ではなかったかと思われる。大規模な行政刷新を果たした上でどの課題に優先的に取り組むかに官衙の問題意識が示される。無格社について「国家ノ宗祀」、法律的には国家の営造物に含めるか明確な規程もなく、梅田が疑問を呈し荻野も断言し得なかったことは前述の通りである。無格社を「国家ノ宗祀」ではないとする理由として、水野はそれを規定する勅令が存在しないことを例に挙げたが、税制上も無格社のみ地租が賦課される状態にあり児玉九一がその著書で問題視している。昭和九年地方公共団体から府県郷村社へ公費供進が可能となったが、その制度の切欠となる神社制度調査会答申に「府県社以下神社ノ維持経営ハ主トシテ氏子及崇敬者ノ報賽ニ俟ツヘキモ神社ハ国家ノ宗祀ナルヲ以テ府県及市町村等ノ地方公共団体ヨリ公費ヲ供進シテ崇敬ノ誠ヲ致スハ当ニ然ヘキ義ナリトス」とありながら実務的に無格社は供進対象にされていなかったのも問題である。(91) 従って無格社問題の解決は「神社の本質」と無関係ではない。

また法令には明文化されていないが、「神社改正の件」や公費供進から政府・内務省が「国家ノ宗祀」に対し国はその維持運営に対する行政上の責任があると考えていたことは明らかである。もし無格社を「国家ノ宗祀」に含めることを明文化すれば、六万社に及ぶ境内地の地租や公費供進について何等かの対応を迫られる。そのため少なくとも無格社を「国家ノ宗祀」に含めるや否かの議論は財政上の問題と絡んでくるのであり、審査会での水野の指摘や荻野の明瞭ならざる回答はこの点を念頭に置かなければその真意が見えてこない。つまり行政における「国家ノ宗祀」の議論には財政問題が伴うのである。そこで財政優先に考えるならば、先に実態調査と整理を行い必要な予算が確保できるか検討した後に「国家ノ宗祀」の定義と範囲について議論するという手順が想定される。この方針は神職の立場からすれば本末転倒に見えるが、予算を考慮しなければならない行政官としては堅実な手法と評価できる。そうなると神祇院が無格社整理から着手したのは実に官吏らしい非常に慎重な「国家ノ宗祀」実現の一手ではなかったかと思料されるのである。

十　おわりに

昭和期までに法令上に用いられた「国家ノ宗祀」の意図するものは神社の物的・人的設備の国家管理とその補完としての職掌の明示である。その直接命じるところは大正期までに制度化が果たされたが、「国家ノ宗祀」の実現を神社明細帳と任用令・奉務規則・祭祀諸規則による神社の物的・人的設備の国家管理で足りるとの評価を神社関係者は下さなかった。その不満部分の最たるものが根幹たる「神社の本質」が不明確であった点である。「国家ノ宗祀」は一貫して神社行政の理念として掲げられたが、神社制度調査会の審議から見て行政官衙に統一した定義が存在しなかったことは明らかである。更に行政の想定する「国家ノ宗祀」には維持経営基盤の確立が含まれ、内務省神社局としてはそちらに重点をおいて業務が推進されており、実際に神社制度調査会の第一の諮問事項として維持経営方法が掲げられている。全ての政策に予算が伴うように、行政における「国家ノ宗祀」の議論には公費支出とその財源確保が伴うという前提で考察する必要がある。

調査会の審議を経て発足した神祇院は、単なる神社局の拡張ではなく、考証調査・指導監督の機能が強化され、行政として質的な刷新が図られている。従来の神社行政の行ってきた物的設備・人的設備の管理の面でより高度な神社の特殊性を要求し専門的な研究機関を設けた。神社の本質問題を解決するためにも「慎重ナル調査考究ト周密ナル指導監督」は不可欠であった。神社制度の研究の必要性を述べた神社局ＯＢの一人である塚本清治は「国家ノ宗祀」を評したのち「大学等で法律を学んだ者は小さい所に入り込んでしまつて居るが、あゝいふ達観が必要ですな」と述べた。[92] 確かに水野錬太郎の指摘するような勅令での規程が存在しないという理論は些末な問題との感が拭えない（しかし趣旨としては府県社以下神職の心情を汲んだ発言ではある）。しかし無格社を含めるや否かについて余りに概念が大まか過ぎては行政上支障が生じるのであり、少なくとも政府・内務省内部の共通見解が形成されていなかったのは問題である。このように理念の共通見解が形成されていない神社行政を研究するに際しては、藤本頼生のように個々人の内務官僚の神社観を考察する意義は大きい。[93]

「国家ノ宗祀」について本章では法令と行政組織に重点をおき考察を試みたが、法律学上の営造物法人に関する学説の整理や神社経済の問題など課題が多く確認された。これら諸問題については別稿を期したい。本章では大正期までに明治四年太政官布告第二三四の趣旨は制度上実現されていたにもかかわらず、昭和期において行政上の公的見解としての「国家ノ宗祀」の定義が確立されていなかった点、行政における「国家ノ宗祀」には財政問題が伴う点、「国家ノ宗祀」実現には専門的な調査考究が不可欠であると考えられていた点を指摘するに留める。

註

（1）阪本健一編『明治以降　神社関係法令史料』（以下『法令史料』と略す。神社本庁明治維新百年記念事業委員会、昭和四十三年）、二四三―二四四頁。
（2）村上重良『国家神道』（岩波書店、昭和五十年）。
（3）阪本是丸『国家神道形成過程の研究』（岩波書店、平成六年）。
（4）櫻井治男「神祇政策の展開と神祇院」（『悠久』五八号、鶴岡八幡宮、平成六年）。
（5）藤田大誠「国家神道体制成立以降の祭政一致論―神祇特別官衙設置運動をめぐって―」（阪本是丸編『国家神道再考―祭政一致国家の形成と展開―』所収、弘文堂、平成十八年）。

(6)藤本頼生「無格社整理と神祇院―「国家ノ宗祀」と神社概念―」（『國學院雑誌』第一一三巻一一号所収、平成二十四年）。
(7)武若時一郎『神社法』（良書普及会、昭和十八年）、一二頁。
(8)児玉九一・有光次郎『神社行政　宗教行政』（地方自治叢書第一巻、常磐書房、昭和九年）、四頁。
(9)『法令史料』、二九―三〇頁。法令に号番が付されるのは明治五年以降であり、「二三四」は内閣官報局『法令全書』（明治二十一年）等の編纂にあたり分類上付された数字である。本書でも便宜上用いる。
(10)『法令史料』、三〇―三三頁。
(11)内閣官報局『法令全書　明治四年』（内閣官報局、明治二十一年）、一九八頁。
(12)『法令史料』、一四二頁。
(13)『法令史料』、一四七頁。
(14)『法令史料』、一六一―一六三頁。
(15)『法令史料』、一九三―一九四頁。
(16)神祇院總務局監輯『最新神社法令要覧』（京文社、昭和十六年）、三二四頁。
(17)国立公文書館所蔵、「人民私邸内ニ自祭スル神祠仏堂処分」、太政類典・第二編・明治四年～明治十年・第二百五十二巻・教法三・神社一、［請求番号］本館 -2A-009-00・太00475100［件名番号］018［作成部局］太政官［年月日］明治09年12月15日。
(18)皇典講究所『現行神社法規』（水穂会、明治四十年）、五一五頁。
(19)国立公文書館所蔵、「中西源八皇大神宮衆庶参詣ヲ禁ス」、太政類典・第二編・明治四年～明治十年・第二百五十九巻・教法十・神社八、［請求番号］本館 -2A-009-00・太00482100［件名番号］035［作成部局］太政官［年月日］明治09年11月21日。
(20)前掲『神社行政　宗教行政』、二三〇頁。
(21)『法令史料』、四四頁。

(22)大蔵省営繕管財局国有財産課『社寺境内地ニ関スル沿革的法令集』(以下、『法令集』と略す、大正十五年)、一三三―一三五頁。
(23)『法令史料』、一一七頁。
(24)『法令史料』、一八七―一九三頁。
(25)井上智勝『近世の神社と朝廷権威』(吉川弘文館、平成十九年)。
(26)宮尾詮・稲村貞文『神社行政法講義』(中川友次郎・塚本清治・荻野仲三郎校閲、集成堂、明治四十四年)、一〇頁。
(27)『法令史料』、四四―四五頁。
(28)『法令史料』、一一一―一一二頁。
(29)『法令史料』、一一七頁。
(30)『法令史料』、一二〇―一二一頁。
(31)『法令史料』、一二八頁。
(32)『法令史料』、一四六頁。
(33)『法令史料』、一五〇―一五一頁。
(34)『法令史料』、一五九―一六〇頁。
(35)『法令史料』、一六一―一六三頁。
(36)『法令史料』、一六三―一六五頁。
(37)『法令史料』、一六五―一六六頁。
(38)岡田包義『神祇制度大要』(大日本法令出版、昭和十一年)、一七九頁。
(39)『法令史料』、一四一―一四二頁。
(40)神社本庁編発行『神社制度調査会議事録①』(近代神社行政史叢書I、平成十一年)、一二四頁。
(41)『法令史料』、一九三―一九四頁。
(42)江見清風『神社者国家之宗祀也』(国晃社、大正四年)。

(43)『法令史料』、一七二―一七七頁。
(44)『法令史料』、一九五―二一一頁。
(45)『法令史料』、四六―四九頁。
(46)『法令史料』、一〇五―一〇六頁。
(47)内務省神社局編「維新以降に於ける神社行政機関の沿革調(二)」(『神社協会雑誌』第二十三年第四号所収、大正十三年)。本稿では神宮文庫所蔵本『神社協会雑誌』全三十七巻(国書刊行会、昭和五十九年〜六十年)及び復刻神社協会雑誌編纂委員会編『別巻神社協会雑誌総目次・総索引』(国書刊行会、昭和六十年)を参照した。
(48)『法令史料』、一〇八頁。
(49)神社本庁編発行『神社制度調査会議事録③』(近代神社行政史研究叢書Ⅲ、平成十三年)、四二五頁。
(50)前掲『神社局時代を語る 全国神職会沿革史要』前段二四頁。
(51)前掲・神祇院総務局編輯『最新神社法令要覧』参照。
(52)神祇院教務局調査課『神社局時代を語る』昭和十七年。本稿では神社本庁編・発行『神社局時代を語る 全国神職会沿革史要』(近代神社行政史叢書Ⅴ、平成十六年)、前段三〇頁。
(53)『法令類纂』、六七五―六七七頁。
(54)前掲『神社局時代を語る 全国神職会沿革史要』、前段四頁。
(55)前掲『国家神道形成過程の研究』、三五六頁。
(56)全国神職会については全国神職会編『全国神職会沿革史要』(全国神職会、昭和一〇年、本稿では前掲『神社局時代を語る 全国神職会沿革史要』)、藤本頼生「照本亶と『皇国』―大正期・昭和初期の神社人の言説」(國學院大學研究開発推進センター編・阪本是丸責任編集『昭和前期の神道と社会』弘文堂、平成二十八年)を参照した。
(57)前掲『神社制度調査会議事録①』、一〇―一一頁。
(58)前掲「無格社整理と神祇院―「国家ノ宗祀」と神社概念―」及び前掲『神社制度調査会議事録③』四九三頁。
(59)前掲『神社制度調査会議事録①』、一四―一五頁。

(60)前掲『神社制度調査会議事録③』、四九四頁。
(61)『神社協会雑誌』第二四年第四号、大正十四年。
(62)神社本庁編・発行『神社制度調査会議事録②』(近代神社行政史叢書II、平成十二年)、七〇三頁。
(63)『法令集』、一八〇―一八一頁。
(64)『法令集』、一八一―一八四頁。地租・地方税の沿革は宮澤佳廣が「宗教団体「非課税」措置の沿革と宗教の特殊性」(神社本庁教学研究所『神社本庁教学研究所紀要』第一号所収、平成八年)にて精緻に分析している。
(65)『法令集』、一八七頁。
(66)『法令史料』、一二九頁。
(67)文部省文化局宗務課監修『明治以後宗教関係法令類纂』(第一法規出版、昭和四十三年)、二四二―二四五頁、昭和六年三月三十一日法律第二十八号。
(68)前掲『神社局時代を語る　全国神職会沿革史要』、前段一六頁。
(69)『法令集』、三四六頁。
(70)土岐昌訓「明治以降に於ける神社整理の問題―神社法令を中心とした其の経過に就いて」(『神道宗教』第一七号所収、昭和三十三年)、森岡清美『近代の集落神社と国家統制―明治末期の神社整理―』(吉川弘文館、昭和六十二年)。
(71)『法令史料』、一二四頁。
(72)前掲『神社制度調査会議事録①』、一四頁。
(73)前掲『神祇制度大要』、二五頁。
(74)前掲『神社制度大要』、二六頁。
(75)市村光恵著・織田萬評『行政法原理』(宝文館、明治三十九年)。
(76)前掲『神社行政法講義』。
(77)前掲『神社制度調査会議事録②』、一五六頁。
(78)前掲『神社制度調査会議事録②』、一五五頁。

(79)前掲『神社制度調査会議事録①』、一二四頁。
(80)前掲『神社制度調査会議事録②』、一五二頁、神社局長石田馨発言。
(81)『法令史料』二四四―二四五頁。
(82)前掲『神社局時代を語る　全国神職会沿革史要』前段五四頁、吉田茂述懐。
(83)国立公文書館所蔵、「内務省官制〇高等官官等俸給令〇大正六年勅令第百十五号内務省ニ軍事救護法施行ニ関スル職員臨時増置ノ件中ヲ改正ス」公文類聚・第四十三編・大正八年・第三巻・官職一・官制一、［請求番号］本館-2A-011-00・類01300100［件名番号］028［作成部局］内閣［年月日］大正08年。
(84)国立公文書館所蔵、「内務省官制中〇内務部内臨時職員設置制中〇高等官官等俸給令中〇警視庁官制中ヲ改正ス（神社祭祀、由緒等ノ為祭務官、教務官等設置、刑事警察機関ノ充実ノ為職員増置）」公文類聚・第六十編・昭和十一年・第五巻・官職三・官制三（内務省二）、［請求番号］本館-2A-012-00・類01948100［件名番号］003［作成部局］内閣［年月日］昭和11年。
(85)『皇国時報』七一三号、昭和十四年七月十一日。
(86)国立公文書館所蔵、「地方官官制中改正ノ件・御署名原本・昭和十六年・勅令第四三号」、御署名原本（昭和22年5月2日以前）、［請求番号］分館-KS-000-00・御24520100［作成部局］内閣［年月日］昭和16年。
(87)国立公文書館所蔵、「高橋城司外六名地方祭務官任官ノ件」、任免裁可書・昭和十六年・任免巻二十二、［請求番号］本館-2A-021-00・任B02870100［件名番号］016［作成部局］内閣［年月日］昭和16年。
(88)『皇国時報』七七八号、昭和十六年五月一日。
(89)『皇国時報』七六二号、昭和十五年十一月二十一日。
(90)前掲『神社局時代を語る　全国神職会沿革史要』、前段三一頁。
(91)前掲『神社制度大要』、三五七頁。
(92)前掲『神社局時代を語る　全国神職会沿革史要』、前段八一頁。
(93)藤本頼生『神道と社会事業の近代史』（弘文堂、平成二十一年）。

第二章　御祭神に関する神社制度
――別格官幣社配祀神　殉難戦没之将士を例として――

一　はじめに

近代神社行政は御祭神に関する事項も管掌したが、具体的にどのような制度であったか不詳な点も多い。本章では御祭神に関する制度がどのようなものであったか、別格官幣社藤島神社・名和神社・菊池神社等の配祀神である「殉難戦没之将士」の裁可の事例から考察したい。

二　公認神社の誕生

近代神社制度に於いて「国家の宗祀」(1)と位置付けられ、神社は地租の免租など各種の恩典を蒙ることになる。しかし、それは国家の管理に属すことでもあり、当然ながらそれまで全国に鎮座していた神社が無条件に、近代制度下の神社と認められた訳ではない。明治維新頃、全国には式内社をはじめとする古社や神職が常駐し参詣者で賑わう神社だけではなく、寺院内の鎮守や近隣住民が崇敬する山野路傍の小祠や一族で奉斎する屋敷神（邸内社）など神の社が無数に鎮座し、それぞれ祭祀が営まれていた。そうした中、一定の条件を満たす神社のみが国家の宗祀たる神社（以下、便宜上「公認神社」とする）となり、それ以外は個人崇敬の祠（私祭神祠）とされた。この公認神社について内務省神社局總務課長児玉九一《くいち》(2)はその著『神社行政』(3)の中で次のやうに述べた。

「何等之を明にした明文も無く、之が定義は一に従来の沿革、行政上の取扱等を参酌し、所謂社会通念に従つて決定し得るに過ぎない。故に法律的には充分に神社の意義を明にする定義を下し得ないのは已むを得ない所であるが、現在学者並に実務家の通説としては、神社を定義して、「神社は帝国の神祇を祭祀し、公の祭典を執行し、公衆参拝の用に供する設備であって、神社明細帳に登録されたものを謂ふ」とするに略一致して居る。」

右の定義は表現こそ異なるものの、当時の神社行政に携わった者に共通する理解である。つまり（一）帝国の神祇を祭祀、（二）公の祭典を執行、（三）公衆参拝の用に供する設備、以上三点の条件を満たし、「神社明細帳」に登録された神社のみが営造物法人（公法の財団法人）として各種恩典に浴する公認神社たり得るのである。別の視点から見ると、一家個人の為の祭祀を行う邸内社は、公衆に参拝させることができず、法律的にも神棚同様の位置づけという考えになる(4)。

三　御祭神に関する神社制度

神社行政には御祭神に関する事項も含まれる。そもそも江戸時代まで「祭神不詳」や祭神につき諸説ある場合、同一祭神であっても表記が統一されていなかった場合の方が多数であった。社名についても同様であるが、神社明細帳に記載するために由緒を考証し正式名称を確定させたことは、近代神社行政の功績と評価すべきで、恣意独断による改変や狐を稲荷神と錯誤するなどの俗信、荒唐無稽な祭祀の予防装置として機能した。これは公認神社が「国家ノ宗祀」であるためには不可欠な制度である。逆の見方をすれば神社明細帳に登録された神社の中にはもともと個人が勧請した邸内社や由来不明の叢祠もあったが、国家により御祭神、祭祀を含めて公の神社として公認されたということでもある。この措置は「国家ノ宗祀」として一定の保護を与える以上当然のことであり、私祭神祠として存続する方途が許されていたことと考えあわせるならば信仰の弾圧とはなりえなかった。

あらゆる神社制度についていえることであるが、維新以降、試行錯誤を経て行政措置が蓄積されて法令として整備された。御祭神に関しては大正二年四月二十一日内務省令第六号(5)第一条、第一一条がそれまでの行政措置を集約し終戦まで法的根拠として機能している。

第一条　祭神ノ決定、変更又ハ訂正ヲ請ハムトスルトキハ官国幣社ニ在リテハ地方長官ヲ経由シ内務大臣ニ、府県社以下ノ神社ニ在リテハ地方長官ニ具申スヘシ

第一一条　北海道ヲ除クノ外祭神ノ決定、変更又ハ訂正ヲ為サムトスルトキハ地方長官ニ於テ内務大臣ニ稟請スヘシ

以下、大正以降の具体的な御祭神に関する措置を見ると大きく決定、変更、訂正に分類される。尚、この制度を解説するにあたり児玉は、「祭神は神社の主体・根本を為す最も重要なる要素であるから、之が取扱を誤まるに於てはその神社成立の事由を失ひ、或ひは神社の尊厳を害する等の事無きを保し難い。故に当局者は此の点に注意し最も慎重に考慮すべきは言を俟たない。(6)」と述べている。祭神の決定とは従来「祭神不詳」など祭神名がわからなかった神社に就いて由緒考証の結果、祭神名を確認することをいう。次に変更とは合祀などにより祭神が増える場合や御祭神が変わる場合をいう。訂正とは祭神名に誤字などがあった場合にこれを改めることをいう。

ただし変更・訂正の意味・範囲について、児玉九一、岡田包義[7]、武若時一郎[8]など当局者間に見解の相違があって、児玉は変更と増減を別とし、武若は祭神名に関する誤字修正は、明細帳記載の修正であって訂正に当たらないと解する。

神社がこれらの行為をする場合、官国幣社の場合は地方長官を経由して内務大臣に具申し、府県社以下は地方長官に具申し、地方長官はこれを内務大臣に稟請してその指揮に従い処分することとなっていた。ただし官国幣社御祭神についいては勅裁を経て内務大臣が奉行する慣例が存在していたと武若は述べている[9]。

四 「帝国の神祇」の範囲

「帝国の神祇」という言葉の意味と範囲を制度を踏まえて考えた場合、近代神道史上で非常に重い意味をもつ。先述の行政措置の他に神社の新規創設や、神仏判然や神社明細帳作成時の祭神名考証でも機能したものと推測されるが、「帝国の神祇」という考えが神社行政の中でいつどのように発生し、更に効力を発揮したかほとんど研究がなされていない。児玉も「神社の祭神は我が国家と密接なる関係を有し、国家国民の尊崇すべき帝国の神祇である。併し如何なる祭神を以て帝国の神祇と認むべきやに就ては、現行神社法規上別段の規定を見ないが、国家国民のによつて等しく尊崇せらるべき祭神は、皇祖皇宗の尊霊を始め奉り、下忠節勲功の士の英霊とすべきは云ふを俟たない[10]。」と述べており、戦前ですら明文化された定義は存在しなかった。今日これを研究するには具体的な行政処置の考証を蓄積するより他ない。ちなみに当局者の理解を整理すると、児玉は前述の定義のあと帝国の神祇を（一）皇統の祖神を祀りたるもの、（二）歴代の天皇を奉祀せるもの、（三）皇族を奉祀せるもの、（四）皇室に勲功ありし神、（五）国家に勲功ありたる神、（六）氏族の祖神及び氏神を祀りたるもの、と大別した。尚、（五）は国土全体と地方とに分類され、前者として大国主命、後者として敢國神社・寒川神社を例示している。次いで岡田は「祭神とは神社に斎祀せられてゐる帝国の神祇を謂ふ。如何なる神祇を以てこゝに所謂帝国の神祇と認むべきやは我国古来の沿革によつて自ら定まつてゐるのであつて」[11]とし、（一）皇祖皇宗及其の系統に属する神、（二）国土成立以来我民族の信仰に成れる神、（三）皇室及国家に功績のあつた神、（四）国利民福の守護神、（五）氏族の祖神、（六）国土鎮護の産土神、に分類した。最後に武若[12]は、

神社は寺院・教会其の他の宗教施設と異なり、国家の宗祀として、国家及び国民全体に依つて崇敬せらるべきものであるから、祭神も亦宗教的施設に於けるものとは異なり、国家及び国民と密接なる関係を有し、国家及び国民に依つて斉しく尊崇せらるべき神祇であらねばならぬ。世に神祇として尊崇せらるるものは多いが、古来神社の祭神として奉祀せられるのは、皇祖・皇宗を始めて、皇室又は国家に勲功ありし皇族及び臣民、氏族の祖先等に限られてゐる。

と解説した上で「淫祠」を神社として祀ることはあってはならないと結んでいる。

このように、神社行政及び当局者は独自の祭神観を有していたのであり、それが実体化された制度を考究することは所謂「国家神道」を検討する上で不可避である。そこで御祭神に関する神社制度の一端として別格官幣社藤島神社他の配祀神である「殉難戦没之将士」を例にその分析を試みたい。

五　配祀神の定義

配祀神について児玉は「祭神には又主祭神と配祀神（相殿神或は合殿神）の別がある。祭神二柱以上を祀れる場合に、当初から一社の主体として祀られたるもの、又は後より増加せられて之と同等の待遇を受くるものを其の神社の主神と言ひ、此の主神に付随して祀られたる神を配祀又は相殿（合殿）神と称し主神を区別する名称に用ひられる。[13]」とし、岡田は「一神社に祭神数柱ある場合に於て、其の数神が何れも当該神社の主神として対等なることがあり、或は主神に従として他の神を併せ祭れる場合がある。後者の場合之を配祀又は相殿の神と謂ふ[14]」と述べ、武若も従祀の神を配祀神と解説した。このように行政として主祭神に従属する配祀神の存在を認めていたが、その行政上の扱いについては概説書では何等言及がなされていない。

六　別格官幣社藤島神社の列格まで

南朝方の中心的武士の一人であった新田義貞は恒良親王を奉じて北陸に至り藤島の地で戦没した。明暦三年（一六五七）新田義貞殉難の地である藤島で古兜が発見され、万治三年（一六六〇）福井藩主松平光通が石碑を建立し地元の崇敬を集め、福井藩知事松平茂昭が碑を改建し、明治三年（一八七〇）十二月に国家の祀典に列することを建白した[15]。その趣旨は「神祖以来上公卿ヨリ下庶民ニ至マテ皇国ニ功労アル者ヲ御褒賞アラレ或ハ神号ヲ賜リ或ハ恤典ヲ蒙リ候儀実ニ以テ聖明ノ至リニシテ千載ノ一時ト難有御事ト存シ奉リ候」という中、新田義貞の事歴も「忠貞義烈ニ至リテハ古忠臣ニ愧ス」ものであり、贈位等の賞典及び祀典に列することを請願するものであった。

南朝功臣については楠正成が先行していた為、新田、名和、菊池、児玉らの顕彰の気運が高まってきていた。明治三年四月四日兵部省では招魂社へこれら「王事ニ勤労ノ諸賢士」を配祀することを弁官に上申するも許されなかった。(16)

歴朝功臣の顕彰運動は各地で行われており、教部省では明治五年七月九日正院に対し神号宣下に付伺をたてた。(17)

歴朝諸功臣ノ儀御一新以来地方諸向ヨリ人民ノ情願ヲ以テ新社造立神号　宣下等願出候ニ付過日相伺候処人民ノ祈願ニ不拘諸功臣位列至当ノ処分取調可差出旨御達有之候ニ付尚勘考ニ及候処上古以来歴世幾多ノ功臣ヘ新ニ各社創営一般ノ御処分有之候儀ハ素ヨリ不容易儀ニ付現今衆庶追慕ノ厚志ヲ以神社造立神号等願出候中其生前王事ニ勤労功徳尤著キ分ノミ差向先左ノ通リ神号　宣下有之可然哉尚其他類似ヲ以願出候向有之候ハヽ其節々事歴取調其功業ノ厚薄ニ依リ御取捨有之可然儀ト致商議此段相伺候也

教部少輔黒田清綱

壬申七月九日　　教部大輔宍戸璣

教部卿嵯峨實愛

正院御中

鎌倉宮始六社社格ノ儀并但書共　御沙汰ニ不被及候新田義貞社始六社神号　宣下不被仰付候条神号願出候向ハ其省ニ於テ取糺シ不都合無之候ハヽ可聞届事

七月二十九日

〈後略〉

ここで「鎌倉宮始六社」とは鎌倉宮・井伊谷宮・湊川神社・豊栄神社・建勲神社（ただし「健功神社」と記載）・豊國神社・東照宮の「右各社贈官位神号　宣下有之」神社であり、「新田義貞社始六社」とは新田義貞社（「藤嶋神社」）・新田義興社・名和長年社（氏殿権現）・菊池武時社・上杉謙信社・島津斉彬社のことである。藤島神社の項を見ると、

新田義貞社
越前国吉田郡藤嶋郷燈明寺村義貞戦没ノ地ニ松平慶永新社ヲ造立ス神号　宣下願ニ付藤嶋神社ト　宣下可有之哉
義宗　義助（脇屋）(18)
右義貞合祀

となっている。このように社号まで原案が作成されていたが、別格官幣社として列格には至らず、松平茂昭に対して沙汰は無かった。列格するということは別格官幣社として承認するだけではなく、維持管理の方法、祭典費なども定めなくてはならない。明治五年は近代神社制度の草創期であり、次々と請願が出される功臣を祀る神社を受け入れる体制が出来上がっていなかったことが列格に至らなかった原因と思料される。また明治五年に無願での社寺創立が禁止され、明治九年に境内坪数が制限された通り、維持管理と財政上の理由から政府は神社及び境内が無制限に増大することを懸念していたことも無関係ではないだろう。

何等回答の無い状態に対し、松平茂昭は東京府を通じ再度の請願を出し、また敦賀県からも建白がなされた(19)。明治八年十二月の松平茂昭の請願趣旨は前回とほぼ同様であるが、彦五瀬命（竈山神社）、和気清麻呂（護王神社）など「皇国ニ勲労アル者ハ追々官幣社ニ被列続テ今春去戊辰以来苟モ国事ニ斃レ候者マテヲモ府下招魂社へ御合祭被為在候折柄独義貞ノミ御遺漏相成候テハ千載ノ遺憾ト奉存候間」と同様の別格官幣社が認められたことを理由に進展を願っている。ここで着目すべきは「皇国ニ勲労アル者」として招魂社についても言及している点であり、当時の招魂社観が伺える。この再願は東京府を通じ教部省へ上申されたのであるが、東京府では次の添状を付した。

当府華族正四位松平茂昭ヨリ越前国吉田郷燈明寺村ニ有之新田義貞戦没所叢祠大楠神社ノ例ニ準シ更ニ贈神号永御祭典奉幣使ヲ下賜候様去ル庚午十二月旧福井藩知事奉職中致建議置猶又去ル壬申二月中旧足羽県参事邨田氏寿ヨリモ仝様出願イタシ候処未タ何等ノ御沙汰モ無之候ヘトモ昨年以来追々官幣社ニ被列候類例モ有之候間義貞叢祠モ外同様御祭祀方特別ノ御沙汰有之忠壮義烈ヲ表旌イタシ度旨別紙ノ通リ申出候間可然御指揮有之度此段上申候也

松平と同時に敦賀県の方でも明治八年三月二十三日付で建白書、同年八月二十二日付再申を上申した。再申に「左中将新田社々格」とあり、また東京府の添状から明治五年の伺から検討は重ねられてきたであろうが事態は進展していなかったことがわかる。これらを受けた教部省では明治八年十二月十八日付で「特命ヲ以テ社格御治定相成候様イタシ度」と再度の上申した。

七　藤島神社の列格

この再度の上申を受けた太政官では列格に向け動き出し、明治八年十二月二十四日付で「申請ノ通御聴許可然哉」との議案が作成された。方針としては明治九年三月二十九日には史官第一科より式部寮宛に「教部省伺新田義貞御崇祀ノ儀別紙ノ通御裁下被付即御廻シ申候　宣命等於御寮可然御取計有之度候也」と文書が発せられているから早々に決定したことは明らかである。この間、列格に向けて教部省・式部寮では神社創立・祭式・予算・修繕について精査を重ねた。教部省が最も苦慮したのは予算の問題であり、二月中の教部省回答（第一科、第二科宛）では別格官幣社は官幣小社に準じた金額が支出されることを確認しつつも、九年六月までは予算決済につき「定額通御下渡難相成訳ニ付」として一時的に例祭の延期や神官人員・出張費・修繕費の制限を試算していることを述べている。当初の予算は百五十円余であったが、三月十三日検査寮より神社費額の内、宿代などの減額分から捻出見込との回答があり解決した。

また社号については鎌倉・井伊谷など地名を用いる類例があることを理由に明治五年の伺通りに「藤島神社」とすることとし、配祀は「新田義宗脇屋義助両名ノミニテ可然存候」ということとなった（三月二十四日、教部省発第二科宛回答）。このように着々と準備が進められる中、四月十九日付で松平茂昭より藤島より発掘された兜を霊代として献納したいとの願が宮内省宛に出され、五月一日宮内省より教部省へ照会、五月五日教部省より太政官へ上申された。霊代については既にこの時点で神鏡を鋳造し奉納することで決定し、式部寮で準備が進められていた為、神鏡を霊代に、兜を宝物とすることとなった。

かくして明治九年十一月七日付で敦賀県及び各省へ列格のことが通達された。

教部省へ達

藤島神社（越前国吉田郡三ツ屋村　新田義貞祠）

右ノ通社号新定別格官幣社ニ被列候条此旨相達候事

但新田義宗脇屋義助配祀可致事

敦賀県へ達

前同文

内務大蔵両省へ達　各通

藤島神社々格ノ儀別紙ノ通被定候条此旨為心得相達候事

大蔵省へ達

石川県下越前国別格官幣社藤島神社へ神鏡鋳造霊代御納付相成候条為心得此旨相達候事

祭典は明治九年十二月十五日に斎行され、[20]霊代については式部寮十等出資飯田正巳が神饌幣帛料金十五円を副えて護送した。[21]次いで楠正行と併せ贈位がなされたため、翌十年一月十二日石川県令桐山純孝が勅使を拝命して祭典が執行された。[22]序列については湊川神社の次とし、[23]例祭日については談山神社の例に従い薨日を太陽暦に換算して定められた。[24]

八　名和神社・菊池神社の列格と配祀神

藤島神社は主祭神を新田義貞、配祀神を新田義宗・脇屋義助とする別格官幣社に列した。一方、同じく南朝忠臣を御祭神とし、明治五年時点では同様の審議が進められていた氏殿神社（名和神社）・菊池神社はそれぞれ県社に列していた。両社の御祭神の事歴を見ると、氏殿神社の御祭神である名和長年は、伯耆国の豪族で後醍醐天皇を隠岐より船上山に迎えて挙兵し六波羅探題攻めに功績があった。建武の新政では記録所・武者所の寄人、因幡・伯耆の守護となるが、足利尊氏を迎え撃って三条猪隈にて殉難。名和氏を慕う住民により小祠が建立され、延宝五年（一六七七）藩主池田光仲が小路山に社殿を造営し、社領を寄進したという由緒をもつ。菊池武時は肥後の豪族で南朝方として挙兵し鎮西探題北条英時と戦って殉難、その子武重・武光はその遺志を継ぎ、一族は九州南朝方の中心となって戦った。この赤誠を明治天皇が褒賞され、藩主細川氏に祭祀をお命じになり、祠が建立されたのが創祀である。このような事歴を考えた時、楠正成、新田義貞同様に南朝に忠義を尽くした武士として、これを追慕する郷里の住民が同等の待遇を求めるのは当然のことであった。ここで両社の明治五年の申請状況を確認すると、

名和長年社
伯耆汗入郡船上山下名和荘ニ神社アリ氏殿権現ト称ス貞享中造立元鳥取藩知事池田慶徳神号　宣下願ニ付名和神社ト　宣下可有之哉
長重
右長年合祀
菊池武時社
肥後菊池郡隈府菊池氏代々ノ故址タルヲ以テ元熊本藩知事細川氏新社ヲ造立ス旧神祇省へ伺ノ上菊池神社ト号ス更ニ　宣下可有哉

武重　武光　武朝

右武時合祀

となっている。(25)

制度が整備されていくにつれ、神社の待遇が社格によって定まることが漸次明らかになっていく。そこで地元の熱誠は昇格の請願という形で表れてくる。(26)まず氏殿神社については、明治九年六月二十二日鳥取県参事伊集院兼善より上申書、同年十月二十八日氏殿神社祠官兼権少講義糟谷末枝より建白書、十二月十六日には島根県令佐藤信寛代理として七等出仕星野輝賢より上申書がそれぞれ教部大輔宍戸璣宛に提出される。また旧藩主池田慶徳からも宮内卿徳大寺実則を通じて昇格の願が出されるが、明治五年時も慶徳の請願が元となっている。菊池神社については明治八年十月二十四日（白川県権令として）、同九年十月十三日熊本県令安岡良亮より教部大輔宍戸璣宛に伺が出されている。

以上の請願は社格昇進であることは同じであるが、鳥取県は国幣社、糟谷・池田・星野は別格官幣社、安岡は官国幣社という相違がある。このうち糟谷末枝は「試ニ社格ヲ以テ官等ニ比較スルニ官幣社ハ勅任官ノ如ク国幣社ハ奏任官ノ如ク而シテ県社以下ハ判任官ノ如シ又試ニ社格ヲ以テ属族ニ比較スルニ官幣社ハ華族ノ如ク国幣社ハ士族ノ如ク而シテ県社以下ハ平民ノ如シ且判任平民官給或ハ家産アツテ朝臣ノ霊饑餓ヲ免カレス若シ県社平民比較不倫トナシ仮ニ官幣社ヲ進メテ皇族ニ比較シ以下之レニ準シ各一等ヲ進ムルモ亦無禄士族タルニ過ス豈遺憾ナラスヤ仰願クハ御論議ノ上氏殿神社ヲ以テ別格官幣社ニ被加朝臣ノ霊ヲシテ無給判任無禄士族ノ地位ヲ脱セシメンコトヲ(27)」と述べており、当時社格が神職にどのように認知されていたかを知る一端を示す史料であって興味深い。

昇格願いの趣旨としては「楠氏既ニ官幣社ニ被列菊池氏ハ遙ニ下テ県社ニ列シ候而ハ少シク不公平ニ属シ可申候」であり、昇格によって「忠義御勧奨ノ道弥彰ニシテ関係ノ人民感戴興起所向ヲ知リ一層忠愛ノ心ヲ奮勉スルニ至ラン」[28]（共に明治八年星野）というものである。因みに池田慶徳は本件が審議されている明治十年八月二日に逝去したため、同年十一月二十八日その志を継いだ池田輝知より改めて別格官幣社昇格の建白書が徳大寺実則宛に出されている。これらの請願につき内務省は十月二十日時点で「湊川藤島両社既ニ官祀ニ被列候上ハ両神社モ同様別格官幣社加列当然ノ儀ニ被存候」と伺いを立てており、昇進の方針は既に固まっていた。

両社の昇格願いが藤島神社の事例と全く異なっていたのは、糟谷末枝が建白書に名簿を副えて名和長年に従った一族郎党をも配祀されたいと願ったことである。明治五年段階では氏殿神社は名和長年を主祭神とし名和長重を配祀神とする予定であった。そこに糟谷末枝は「朝臣一門族党前後殉国ノ者通計四十一人其精神魂魄天地間何レノ方位ニ漂泊スルヲ知ラス朝臣ノ霊ニシテ幸ニ稍々其所ヲ得ハ右四十一人別紙ノ如ク亦タ廟庭ニ配食シテ永ク其余栄ヲ分タシムルヲ得ン」[29]と四十一人を加えて配祀神としたいと願い出たのである。この四十一人とは義高、高光、泰長、行泰、義重、高通、高政、長氏、貞氏、高長、高年、行重、秀村、某（長村孫惟村嫡男五郎兵衛尉）、重村、興村、信貞、廣貞、廣次、助貞、助重、長信、高直、行實、助國、高國、内河眞信、内河眞親、内河眞員、内河右眞、内河右弘、内河義法、内河右景、内河武景、内河國時、河迫義元、河迫忠頼、荒松忠成、香原林元親、小鴨幸清、土屋宗清であり、明治五年時点で既に配祀神として名前の挙がっている名和長重は含まれていない。この名和一門の名簿で特筆すべきは姓名のみならずどの戦にて殉難したかを明記している点である。他方、菊池神社についても星野輝賢の明治九年の伺に「伏テ願クハ楠新田両氏ト同轍官幣社ニ列シ以テ祀典ヲ隆ニセラルレハ上ハ同氏一門殉難ノ霊ヲ慰シ下ハ民庶明世ノ徳輝ヲ仰クニ足ランコト日夜企望ノ至ニ堪ヘス」[30]とあり、「一門殉難ノ霊」が意識されている。

この両社の状況と同じくして明治十年八月愛媛県士族脇屋義篤より脇屋義助の一族郎党二十六名を祀ってほしいとの請願が出された。愛媛県より請願が出された理由は脇屋義助が兄義貞の没後、軍勢を指揮して四国に渡り伊予にて病没したことによる。「新田家一族遺跡御追弔之儀ニ付上申」[31]と題する脇屋の請願の主旨は「僻境ニシテ其跡サヘシル人稀ナリ原祖義貞の微忠ハ相顕レ既ニ御賞誉ヲ賜リ　御聖断御仁恤ヲ以祭典之道相行レタリ因テ右類族之寸志ヲモ御賞誉ヲ賜リ義貞之如ナラストモ相当之祭典御執行セラレ候半々　聖恩之厚衆庶感銘シ奉ルヘクト存奉リ候」と新田義貞没後、伊予に渡って南朝に尽くした将士へも義貞に準じて「相当之祭典」を執行されたいというものである。ここで脇屋義篤が「脇屋義治新田義宗へ随従人名如左」と明記したのは、堀口貞範、里見義氏、天野政長、堀貞政、宇都宮定綱、児嶋正光、小山田家久、太田基行、林源秀、大江田義政、羽川直重、細屋義信、酒匂安元、中條経俊、篠塚範能、亘理直家、金子元忠、河嶋氏則、田中義俊、一ノ井義綱、大館氏清、鳥山義尭、児嶋正綱、畑時忠、栗生俊員、舩田氏春の二十六名である。

この愛媛県からの請願は名和神社、菊池神社の列格と同時に検討され、既に官国幣社列格済の功臣を祀る神社の配祀神・摂社について調査がなされた[32]。

摂社并ニ配祀ノ事

鎌倉宮

村上義光　南ノ方　摂社

護王神社

法均　配祀　百川　摂社　豊永　摂社

湊川神社

正行以下配祀
藤島神社
義宗義助配祀
右祭式祝詞等総テ各社神官取扱来候ニ付今般藤島神社ヘ右二名ノ外将士配祀ノ分モ其式神官ヘ被付候筈ニ可有之事

ここで「祭式祝詞」とあるが、配祀神増加となれば当然霊代や勧請のことが問題となる。前後に出された列格報告の祭典次第などにも勧請のことは記載されていない。つまり太政官に於いて列格及び配祀神として奉斎することの是非は議論するが、具体的勧請方法については当該神社の神官に一任されていたということが窺い知れる。

このように調査を進めた上で太政官では明治十年十月二十六日付「氏殿菊池両神社社格并新田義宗義助ノ外一族ノ者藤嶋神社ヘ配祀等ノ儀(33)」を作成し参議、太政大臣回議の上、上奏をして御裁可を仰いだ。本件は御裁可を賜ったことを示す「聞」が捺印されている。

別紙内務省伺氏殿菊池両神社別格官幣社ニ被列長重武重以下殉難戦没ノ将士配祀相成度并先般新田義宗脇屋義助藤島神社ヘ配祀相成候ニ付其他ノ将士モ同一ニ配祀相成度且又氏殿神社社号被改度趣ハ湊川藤嶋両神社等ノ例モ有之御採用相成可然ト存候右制可ノ上ハ御祭文等ハ式部寮ニ於テ取調候様可致依テ御達案等ヲ具シ仰高裁候也

このように列格と併せて、「殉難戦没ノ将士」を配祀することの御裁可を仰いでいる。三社所在の三県に対する達[34]は内務省案の通り御裁可の上、明治十一年一月十日付で施行された。

島根県

名和神社（伯耆国汗入郡名和村鎮座　氏殿神社祭神名和長年）
右之通社号改定別格官幣社ニ被列候条此旨相達候事
但長重以下殉難戦没之将士配祀可致事
明治十一年一月十日　太政大臣

熊本県

菊池神社（肥後国菊池郡正観寺村鎮座　菊池神社祭神菊池武時）
右別格官幣社ニ被列候条此旨相達候事
但武重以下殉難戦没之将士配祀可致事
明治十一年一月十日　太政大臣

石川県

其県管下藤島神社社格被相定候節新田義宗脇屋義助等配祀相成候処其他殉難戦没之将士一同配祀可致此旨相達候事
明治十一年一月十日　太政大臣

かくして列格した名和神社は三月二十日、[35]菊池神社は一月三十一日[36]に列格の祭典が斎行された。祭典の勅使は各県権令（島根県鏡二郎・熊本県富岡敬明）が仰せつかった。[37]例祭日は他社同様に御祭神の卒日を太陽暦に換算してそれぞれ決定。[38]また別格官幣社の順序も明治十二年十月二十一日内務大臣から太政官に伺い出されて、談山神社、護王神社、菊池神社、湊川神社、名和神社、藤島神社と定められた。[39]

別格官幣社の創建について村上重良は「特定の人間のつよい霊を鎮め祀る御霊信仰の伝統を受けつぐ特異な性格の神社だった。（中略）天皇制的国民教化のねらいを雄弁に物語っていた。[40]」とその政治的操作性を指摘した。この説に対し白山芳太郎[41]は各社の個別研究史と比較して公平でないと再検討し、中村聡[42]は福羽美静、矢野玄道、座田惟貞らの主張から当時の霊魂観の多様性を確認しつつ、別格官幣社創建が「神道国教化」では括りきれない「長い歴史的・精神的連続性をもっていたこと」を指摘した。本研究でも太政官・教部省が創建を主導したのではなく地元関係者の追慕の念が原動力となったこと、中央官庁の対応または地元関係者の請願共に顕彰と慰霊が中心で御霊信仰は見受けられないことが前掲史料より確認できる。

九　「殉難戦没之将士」の範囲と配祀神の取扱

このように勅裁により「殉難戦没之将士」が配祀されることとなったが、具体的な祭式方法が神官に任されたことにより各神社の配祀神名には各社の斟酌の余地があった。名和神社にあっては名簿に基づき四十二名を配祀神として列記されるのに対し、藤島神社では義宗・義助に加えて「明治十一年十一月廿二日新田義顕新田義興以下殉難将士ヲモ配祀スヘキ旨達セラル[43]」と理解した。かかる状況に対し熊本県より確認のための伺が出される。[44]

菊池神社殉難戦没之将士配祀之儀伺

先般菊池神社別格官幣社ニ被列武重以下殉難戦没之将士配祀可致旨御達之趣謹承仕候右ハ去ル明治元年七月旧藩主細川越中守ヘ御達ニ菊池氏之義ハ曩祖武時以来累代皇室ニ勤労シ其誠忠臣子之模範ト相成候段兼々御嘉尚被為在固ヨリ御旌表被為在度候処今般長岡左京亮建言之義御採用相成候付テ右祭祀之義於其藩執行可致旨被仰出候ニ付右建言之趣ト御達トニヨリ旧藩ニテ武時ヲ主トシ武重武士武光武政武朝ヲモ配祀仕来リ候処今般更ニ武重以下殉難戦没之将士配祀可致旨御達之趣右ハ武重以下武朝ニ至迄ノ五代ハ戦没ニハ無之候得共其誠忠大節凛然トシテ皇威ヲ一方ニ維持シ実ニ絶世之大勲臣子ノ亀鑑タルヲ以テ是迄之通配祀仕リ尚武村頼尚隆舜武吉武敏武義等ヲ始メ其一族ニシテ殉難戦没著名之者迄ヲ配祀致候義ニ候哉将又元弘ヨリ弘和九年南北御平和ニ至迄同氏ニ属シ殉難戦没セシ他家之将士ニ至ル迄配祀致候義ニ候哉此段相伺候条速ニ御指令被下度候也

明治十一年二月七日

熊本県権令富岡敬明

太政大臣三條實美殿

太政官ではこれを内務省へ照会した。

明治十一年二月十八日

本局

内務省へ照会案

菊池神社殉難戦没ノ将士配祀ノ儀ニ付熊本県ヨリ別紙ノ通伺出候処該件ハ御省ニ於テ取調稟議ノ上御発令相成候末ニ付御見込承知イタシ度此旨及御照会候也

明治十一年二月十八日　書記官

内務書記官

御中

これに対し内務省では、

太社第四十九号

菊池神社配祀之儀ニ付熊本県伺出之旨ヲ以御照会之趣了承右武重以下ノ五代ハ是迄之仕来ニ為任置尚一族他家ニ拘ラス殉難戦没之将士ハ渾テ配祀相成可然存候仍テ該県伺書返却此段及御回答候也

明治十一年二月廿日

内務省内局

大書記官　品川弥次郎

太政官書記官

御中

と回答し、それに基づき太政官書記官より熊本県に対し、別紙菊池神社配祀ノ儀御伺出ノ処右ハ従前配祀ノ武重以下五代并全氏ニ属シ殉難戦没ノ将士ハ一族他家ニ拘ハラス渾テ配祀相成可然候条此旨及御回答候也

明治十一年二月廿八日　　書記官

熊本県権令富岡敬明殿

と回答した。「殉難戦没将士」が主祭神に属し殉難戦没した将士全てを対象とすることは本回答により明白である。そもそも史料が少ない中で殉難した将士全ての氏名を遺漏なく確定させるのは不可能であり、また際限なく配祀の請願が提出されるのを防ぐためには個人を区別せず広く将士を対象とする方が理に適っている。かかる考え方は徳川慶勝の楠社建立の建言に既に示されており、先の達に際し鎌倉宮や湊川神社の配祀神を調査していることからも前例を参考にしているものであろう。

次に「戦没」が必須の要件であるかどうかであるが、内務省と太政官書記官のやりとりは武重以下五代の配祀神の資格確認と「殉難戦没之将士」の範囲の範囲確認の二段構えで論じられている。前者について武重以下五代は戦没者とは別にその勲功を特別の思召しにより褒賞され配祀神として祀られているのであるから、そのまま祭祀を継続することを確認した。従って内務省の意図は戦没者を対象としており、それ以外については熊本県同様に改めて上申するのが妥当であると考えていたものと推察する。

この「殉難戦没之将士」が同様の別格官幣社に自動的に波及するものではなく、その都度上申を要するものであることはこの後明治十五年八月十六日付で別格官幣社結城神社宮司川口常文より御祭神結城宗広の子である結城親光及び「一族殉難ノ士」を配祀したいと請願が出されていることから明らかである。(45) この際も内閣書記官議案には「上奏済」と記されている。川口及び内閣書記官の議案には「殉難ノ士」とあって「戦没」が欠如しているが、『太平記』・『梅松論』を見る限り結城親光は討死しており、内務省達案及び太政類典では「殉難戦没之将士」として記録されていること、及び明治二十二年十二月十六日付で四条畷神社が別格官幣社に列格する際も「配祀　楠正時和田賢秀以下殉難戦没ノ将士」(46)とされていることから先の熊本県の伺いにより「戦没」が条件として否定された訳ではないことがわかる。但し一連の公文書中「戦没」の範囲については糟谷末枝提出の名和一門の名簿から「討死」のほか「自害」が含まれていることが認められるが、判然としない点も多い。

以上から行政の達する「殉難戦没之将士」は不特定多数の「渾テ」の将士を対象とする趣旨であったが、「某以下」と個人を例示しており、不特定多数を徹底するものではなかった。そのため達の内容理解に相違が生じ、祭祀方法を一任された各神社の裁量が働いた。これはこの時期だからこそ認められたと解釈すべきである。神社明細帳制度の確立以降であったならば達と神社明細帳の記載、実際の祭祀が一致しなくてはならない。名和神社を例にとると「但長重以下殉難戦没之将士配祀可致事」が達せられた時点で配祀神「長重以下殉難戦没之将士」一座を指すのか、名簿記載の四十二名が配祀神として認められたという意味であるのか達の内容の確認をしなくては神社明細帳の記載も祭祀も不可能である（ただし名和神社の場合、名簿提出の上で御裁可賜ったのであるからどちらとも可であろう）。更に一旦不特定多数の「殉難戦没之将士」として配祀した後に、特定の個人を手続なしで別扱いすることを禁止する明確な規程及び事例は管見の限り存在しないのであるが、次の二点から上申が不可欠であると判断できる。第一に神社合祀に際し祭神が同一の場合、一柱に合霊することができた。この時、同一神かどうか異説のある場合には地方長官に上申し、地方長官は内務大臣に稟申する取扱いとなっていた(47)。これから類推するに「祭神不詳」を「決定」する場合と同様の手続きを踏む必要がある。第二に、仮に「殉難戦没之将士」から特定の個人を抜き出すことは変更に当たらないとしても、神社明細帳には配祀神の項目があり（大正二年内務省令第六号第七条及び別記第一号・第二号様式）、第一〇条に「神社ハ明細帳ノ記載事項ニ変更ヲ生シタルトキ又ハ其ノ訂正ヲ要スト認ムルトキハ之ヲ地方長官ニ申出ツヘシ」[48]とあってこちらに該当する。そこで神社明細帳の制度が確立した後では神社が独自に裁量を働かせる余地はなくなるのである。かかる制度的なことを考慮すると、熊本県の対応は神社行政上至当なものであったと評価できる。

尚、主祭神の一族縁者であっても国事に殉じ、戦没したのでなければ「殉難戦没之将士」に含まれないことは、当時既に良妻賢母として仰がれていた楠正成の夫人が湊川神社摂社（甘南備神社）に奉斎されていることからわかる。

配祀神を主祭神に昇格する際の手続きについて、大正十二年に菊池神社配祀神菊池武重・菊池武光を主祭神とする請願が「祭神増加」として受理され、上奏裁可されている。[49]本件は内務省にて上奏書が起案され、内務大臣水野錬太郎より総理大臣へ進達、上奏を経たものである。大正十二年三月五日付内務省作成の上奏書は「別格官幣社菊池神社祭神増加ニ関スル件」と題し、「本社ハ明治十一年一月別格官幣社ニ加列セラレ菊池武時ヲ主神トシ武重以下殉難戦没ノ士ヲ配祀セルモノナリ」と現状を説明したのち、武重・武光の勤王の事績を書き連ね、「以上ノ事歴ヲ按スルニ武重ハ武光ト共ニ菊池一族中最モ功績ノ顕著ナルモノニシテ其ノ功ハ父武時ニ譲ラサルヲ以テ配祀ノ列ヨリ陞セテ主神トナシ本社祭神ヲ菊池武時、菊池武重、菊池武光ノ三座ト定ムルヲ至当ナリト認ム依テ右祭神増加ノ儀被為　仰出度」とある。これは同日付で内閣総理大臣に進達され、上奏された。

別格官幣社菊池神社祭神増加ニ関スル件

右謹テ奏ス

大正十二年三月八日

内閣総理大臣男爵加藤友三郎

という上奏書には「聞」と捺印されている。

菊池神社と同様の事例として、大正四年に別格官幣社護王神社の配祀神である和気広虫を主祭神とするのに際して「祭神変更」の手続きを採っており、十月二十九日付で上奏され御裁可を賜っている[50]。本件は配祀神であった和気広虫を主祭神に加え、和気清麻呂を第一座、和気広虫を第二座にするというものであって、内容としては菊池神社と全く同様である。「変更」に「増加」を含むのか、別と考えるのか前述の児玉、岡田、武若の御祭神の決定・変更・訂正の説明もその辺が曖昧となっており、明確な行政措置の手順が確立していなかった印象を受ける。しかし何れにせよ配祀神を主祭神とすることが「決定・変更・訂正」同様に上申を必要とする案件であったことは明らかである。

十　おわりに

明治維新が成った時、全国には式内社、国史現在社もあれば山野路傍の小祠もあった。それらが社格という区別はあったものの等しく「国家ノ宗祀」として公認され、祭祀を永続させる為の制度的恩典に浴したことは神道史上失念してはならぬ点である。神社に関する近代的な制度が構築されていく中で神社明細帳が出来たことは画期であって神社・祭神名について正式名称が定められた。それまで俗称も含め一社に複数の名称があったり、同一祭神でも表記が様々だったりすることは珍しいことはなく、また御祭神について古来諸説ある場合もあった。かかる問題は信仰の本体に踏み込むものであり、現行の宗教法人法が信仰内容までは踏み込まず、法人として認証するのと比較して大きな違いがある。

行政が御祭神に関する事項を取り扱うことは、近代神社制度の特徴の一つであって、その性質については各神社の御祭神の確定過程、特に寒川神社など御祭神に諸説あった神社の事例の考証を蓄積する必要がある。しかし少なくとも「国家ノ宗祀」という信仰を政府が政治的操作の意図を以て一方的に信仰を押し付けたものではなかったことは、本章で取り上げた別格官幣社創建に際し地元の請願が原動力となったことが証拠の一つとなるだろう。また省令六号以降、内務大臣にて祭神の決定・変更・訂正を処理できる規程であったにも拘わらず、官国幣社には勅裁を仰ぐ慣例が存在していたことは着目すべき点であって、本研究においても実際に別格官幣社配祀神に関する事項で勅裁を仰いでいることが確認された。藤島神社が列格した明治初期から武若が執筆した終戦数年前まで法令に定めのない上奏が慣例として続けてこられたことは当局者に於いて御祭神に関する事項が如何に慎重に取り扱われたかを如実に示している。且つ勅裁を仰ぐことなしに定められない案件が存在したということは神社行政の本質を考究する上で看過できない点である。

諸制度を見るに近代神社制度の目的には祭祀の「永続性」がある。長い視野で見た場合、祭祀者が独自の神典解釈や神学を打ち出さないとは限らず、恣意独断による御祭神の改変を防止する制度的措置を講じておくことは不可欠であろう。この点から見て戦前の制度は極めて厳重であった。対して神道指令により国家の管理による神社行政は終焉し、現在、神社は宗教法人法に基づく宗教法人として管理運営されている。そのため祭神変更に関する法律的制約は消滅しているのであるが、神社本庁の規程によりその包括下にある神社については、制約が課されている。神社本庁憲章第九条には「神社は、祭神、社名、例祭日、鎮座地、その他神社存立の基本に関わる事項については、統理の承認を受けなければならない。」(51)とある。神社本庁庁規第九三条三号(52)に神社規則の変更は統理の承認を受けなくてはならないと定められており、かつ各神社規則の準則には奉斎する祭神の項目が組み込まれた。これらの規程により戦前ほど厳重ではないものの、御祭神の変更は神社本庁の承認なしには不可能となり、制度的保護は機能し続けている。維新後に神社が公認されたこと、官国幣社御祭神に関する事項が勅裁を仰いでいるという歴史的重みを考えたとき、法律的制約はなくなった上は厳正な管理運営を神社・神職が自発的に行うこと求められるのであり、宗教法人神社本庁の規程にはこれまで述べてきたような歴史的な意義、戦後の神社制度を築き上げた神社人の想いが籠められている。

御祭神に関する事項のように近代神社行政の成果には知らず知らずのうちに神社本庁の現行制度の土台となっているものも多い。個別の行政措置の考証は好古ではなく、現行・将来の神社神道の羅針盤にも成りうる課題である。

註

(1)明治四年五月十四日太政官布告第二三四。
(2)陸軍大将児玉源太郎七男、東京帝国大学法学部政治学科卒業後、内務省に入省、神社局長をはじめ要職を歴任。昭和九年には神社局總務課長の職にあった。
(3)児玉九一・有光次郎『神社行政　宗教行政』(地方自治叢書第一巻、常磐書房、昭和九年)、一—二頁。
(4)本書第五章参照。
(5)阪本健一編『明治以降神社関係法令史料』(神社本庁明治維新百年記念事業委員会、昭和四十三年)、一八七—一八八頁。
(6)前掲『神社行政　宗教行政』、四七頁。
(7)岡田包義『神祇制度大要』(大日本法令出版、昭和十一年)。
(8)武若時一郎『神社法』(地方行政全書、良書普及会、昭和十八年)。尚、児玉、岡田、武若の神社行政における立場、執筆時期の相違も考慮せねばならない。
(9)前掲同書、六五頁。
(10)前掲『神社行政　宗教行政』、三七頁。

(11)前掲『神祇制度大要』、八五頁。
(12)前掲『神社法』、五九頁。
(13)前掲『神社行政宗教行政』、四五—四六頁。
(14)前掲『神祇制度大要』、八六頁。
(15)国立公文書館所蔵、「福井藩新田義貞ニ神号ヲ賜ヒ祀典ニ列セン事ヲ請フ」、太政類典草稿・第一編・慶応三年~明治四年・第百三十三巻・教法・神社三、[請求番号] 本館 -2A-024-08・太草00134100 [件名番号] 025 [作成部局] 太政官。
(16)国立公文書館所蔵、「兵部省楠以下名和菊池児島等招魂社へ配祀ヲ請フ允サス王事ニ斃ルヽ者等追テ沙汰アルヘキ旨ヲ批示ス」、太政類典・第一編・慶応三年~明治四年・第百二十九巻・教法・祭典四、[請求番号] 本館 -2A-009-00・太00129100 [件名番号] 055 [作成部局] 太政官。
(17)国立公文書館所蔵、「歴朝功臣神号宣下ノ儀伺」、公文録・明治五年・第五十四巻・壬申七月~十一月・教部省目録、[請求番号] 本館 -2A-009-00・公00677100 [件名番号] 010 [作成部局] 太政官。
(18)引用に際し割注については( )にて表記した。また旧字は固有名詞を除き原則常用漢字に改めた。以下同様。
(19)国立公文書館所蔵、「藤島神社々号新定別格官幣社ニ列ス」太政類典・第二編・明治四年~明治十年・第二百五十七巻・教法八・神社六、[請求番号] 本館 -2A-009-00・太00480100 [件名番号] 022 [作成部局] 太政官、以下、註17まで本史料より引用する。
(20)国立公文書館所蔵、「新田義貞并楠政行へ贈位ニ付御祭文等伺」、公文録・明治九年・第十二巻・明治九年十二月・寮局(一)(本局~賞勲局)、[請求番号] 本館 -2A-009-00・公01735100 [件名番号] 022 [作成部局] 太政官。
(21)国立公文書館所蔵、「藤島神社霊代ヲ石川県へ護送」太政類典・第二編・明治四年~明治十年・第二百五十七巻・教法八・神社六、[請求番号] 本館 -2A-009-00・太00480100 [件名番号] 023 [作成部局] 太政官。
(22)国立公文書館所蔵、「藤島神社贈位并橘朝臣正行新定別格官幣社ニ列ス」、太政類典・第二編・明治四年~明治十年・第二百五十七巻・教法八・神社六、[請求番号] 本館 -2A-009-00・太00480100 [件名番号] 024 [作成部局] 太政官。

(23)国立公文書館所蔵、「藤島神社順序ヲ定ム」、太政類典・第二編・明治四年〜明治十年・第二百五十七巻・教法八・神社六、［請求番号］本館 -2A-009-00・太00480100［件名番号］025［作成部局］太政官。

(24)国立公文書館所蔵、「藤島神社祭日ヲ定ム」、太政類典・第二編・明治四年〜明治十年・第二百六十三巻・教法十四・祭典三、［請求番号］本館 -2A-009-00・太00486100［件名番号］037［作成部局］太政官。

(25)前掲「歴朝功臣神号宣下ノ儀伺」。

(26)国立公文書館、「名和菊地ノ両神社社格并新田氏ノ一族藤島神社ヘ拝祀等伺」、公文録・明治十一年・第二十二巻・明治十一年一月・内務省伺（一）、［請求番号］本館 -2A-010-00・公02258100［件名番号］019［作成部局］太政官。

(27)前掲同書、及び国立公文書館所蔵、「島根県下名和神社々号改定別格官幣社ニ列ス並菊地神社別社造営附長重武重以下将士配祀」、太政類典・第三編・明治十一年〜明治十二年・第五十六巻・教法・教法、［請求番号］本館 -2A-009-00・太00661100［件名番号］023［作成部局］太政官。

(28)前掲「名和菊地ノ両神社社格并新田氏ノ一族藤島神社ヘ拝祀等伺」。

(29)前掲「名和菊地ノ両神社社格并新田氏ノ一族藤島神社ヘ拝祀等伺」。

(30)前掲「名和菊地ノ両神社社格并新田氏ノ一族藤島神社ヘ拝祀等伺」。

(31)前掲「名和菊地ノ両神社社格并新田氏ノ一族藤島神社ヘ拝祀等伺」。

(32)前掲「名和菊地ノ両神社社格并新田氏ノ一族藤島神社ヘ拝祀等伺」、「島根県下名和神社々号改定別格官幣社ニ列ス並菊地神社別社造営附長重武重以下将士配祀」。

(33)前掲「名和菊地ノ両神社社格并新田氏ノ一族藤島神社ヘ拝祀等伺」。

(34)前掲「名和菊地ノ両神社社格并新田氏ノ一族藤島神社ヘ拝祀等伺」。

(35)国立公文書館所蔵、「名和神社別格官幣社被列祭典済上申」、公文録・明治十一年・第百二十一巻・明治十一年一月〜三月・宮内省伺、［請求番号］本館 -2A-010-00・公02365100［件名番号］033［作成部局］太政官。

(36)国立公文書館所蔵、「菊池神社別格官幣社被列祭典済ノ儀上申」、公文録・明治十一年・第百二十一巻・明治十一年一月～三月・宮内省伺、［請求番号］本館 -2A-010-00・公02365100［件名番号］019［作成部局］太政官。
(37)前掲「島根県下名和神社々号改定別格官幣社ニ列ス並菊地神社別社造営附長重武重以下将士配祀」。
(38)国立公文書館所蔵、「名和神社例祭日ヲ定ム」、太政類典・第三編・明治十一年～明治十二年・第五十六巻・教法・教法、［請求番号］本館 -2A-009-00・太00661100［件名番号］085［作成部局］太政官、並びに「菊池神社例祭日ヲ定ム」、太政類典・第三編・明治十一年～明治十二年・第五十六巻・教法・教法、［請求番号］本館 -2A-009-00・太00661100［件名番号］086［作成部局］太政官。ただし明治二十二年に名和神社例祭日を八月十五日から五月七日に改めている（「名和神社例祭日ヲ改ム」、公文類聚・第十三編・明治二十二年・第五十五巻・社寺宗教附・神社祀典附・教職教規附、［請求番号］本館 -2A-011-00・類00440100［件名番号］007［作成部局］内閣）。
(39)国立公文書館所蔵、「菊池名和両神社ノ順序ヲ定ム」、太政類典・第三編・明治十一年～明治十二年・第五十六巻・教法・教法、［請求番号］本館 -2A-009-00・太00661100［件名番号］025［作成部局］太政官。
(40)村上重良『慰霊と招魂―靖国の思想―』（岩波書店、昭和四十九年）、八二頁。
(41)白山芳太郎「旧別格官幣社考」（『皇学館大学紀要』通号二一号所収、昭和五十八年）。
(42)中村聡「別格官幣社創建事例に関する一考察」（國學院大學研究開発推進センター編『國學院大學研究開発推進センター紀要』第三号所収、國學院大學研究開発推進センター、平成二十一年）。
(43)国立公文書館所蔵、「［別格官幣社藤島神社配祀神位階追陞ノ儀ニ付申進］」、［諸雑公文書（狭義）］、［請求番号］本館 -4E-018-00・雑02402100［作成部局］内閣。達自体は石川県宛であり、十一月二十二日は石川県から藤島神社へ達した日付と推測される。
(44)国立公文書館所蔵、「熊本県菊池神社へ殉難戦没ノ将士配祠御達ニ付伺」、公文録・明治十一年・第百三十四巻・明治十一年一月～三月・府県伺、［請求番号］本館 -2A-010-00・公02379100［件名番号］022［作成部局］太政官。
(45)国立公文書館所蔵、「別格官幣社結城神社へ結城親光以下殉難戦没ノ将士ヲ配祀セシム」、公文類聚・第八編・明治十七年・第四十六巻、［請求番号］本館 -2A-011-00・類00211100［件名番号］020［作成部局］内閣。

(46)国立公文書館所蔵、「四条畷神社ヲ別格官幣社ニ列セラル」、公文類聚・第十三編・明治二十二年・第五十五巻・社寺宗教附・神社祀典附・教職教規附、［請求番号］本館-2A-011-00・類00440100［件名番号］004［作成部局］内閣。

(47)前掲『神社行政　宗教行政』、四四頁。

(48)前掲『明治以降神社関係法令史料』、一八八頁。

(49)国立公文書館所蔵、「別格官幣社菊池神社祭神ヲ増加ス」、公文類聚・第四十七編・大正十二年・第三十巻、［請求番号］本館-2A-012-00・類01483100［件名番号］026［作成部局］内閣。

(50)国立公文書館所蔵、「別格官幣社護王神社ノ祭神ヲ変更セラル」、公文類聚・第三十九編・大正四年・第十七巻、［請求番号］本館-2A-011-00・類01222100［件名番号］010［作成部局］内閣。

(51)神社本庁『神社本庁規程類集　平成二十一年度版』（神社本庁、平成二十一年）、三頁。

(52)前掲同書、一四頁。

第三章　神社整理と無格社の法的性質及び実態

一　はじめに

明治末から大正期にかけて行政主導による神社の統合が実施された。所謂「神社合祀」、「神社整理」、「神社合併」である。南方熊楠の反対運動に象徴されるように、当時から万人に歓迎された政策ではなく、櫻井治男が指摘するように「神社復祀」の問題を生じた。合祀された御祭神を元の鎮座地で奉斎する事例は少なくなく、現在までも影響を及ぼしている。政策に限らず人の為す事業には必ず長短があり完璧なものなど存在しない。「神社復祀」という現象を生じさせた信仰・祭祀への影響を所謂「神社合祀」の欠点とするならば、当時から存在した反対者を押し切って断行せしめた目的、つまり利点はどこにあったのであろうか。史料等では「神社合祀」、「神社合併」、「神社整理」を区別なく使用する例もあるが、本章では合祀祭を「神社合祀」、神社の法人としての合併を「神社合併」、行政が一定の意図をもって合併を主導・促進する政策を「神社整理」と呼称したい。

従来の研究において「神社整理」は主として明治三十九年八月九日勅令第二二〇号「社寺合併並合併跡地譲与ニ関スル件」(以下「勅令二二〇号」と略す)を契機とし、大正期にかけて推進された神社整理政策を対象としている。しかしながら複数の神社を合併するという措置は幕藩体制下の水戸藩・岡山藩・会津藩・津和野藩などにも見られ、近代神社行政においても一貫して神社合併は制度上認められた行政措置であった。それにも拘わらず明治末期の「神社整理」が注目を集めるのは、いやむしろ今日において「神社整理」といえば明治末期のものが想定されるのは、法制度の有無ではなくして行政（内務省神社局）の推進方針・方法が強固であり、それに対する反対運動が激しかったからと思料される。実際、神社数の変化を見ると明治末から昭和初年までに約二十万社から十一万社に減少している。

大々的な反対運動、復祀の問題（昭和六年衆議院において松田喜三郎他二名より「廃合整理ニ係ル神社ノ復旧ニ関スル建議案」が提出されている）が起こり、さらに神社局関係者のなかでも功罪相半ばと評された神社整理ではあるが、昭和四年に内務大臣の諮問機関として設置された「神社制度調査会」（以下「調査会」と略す）で再度実施が議論され、昭和十五年に設立された神祇院では具体的な方針案まで作成されていたことは一般にはあまり知られていない。神祇院における神社整理については土岐昌訓[4]が明治期から神社法令と行政の経緯を概観しその存在を指摘していたが、その後の研究史ではあまり注目されて来なかった。近年になって藤本頼生[5]が調査会の議事と方針案を分析し、それを受けて畔上直樹[6]が地方の行政文書をもとに精緻な事例研究を蓄積している。明治末期に比べ神祇院の神社整理があまり知られていないのは、成果を出す前に終戦を迎え社会的影響力が小さかったからに他ならないが、明治末期の反対運動がありながら合併を推進した利点は何であったか考察する上で興味深い事象である。

調査会・神祇院が神社整理を推進しようとした動機は、神社の維持運営、その経済基盤確立であったことは、審議過程から窺い知れる。すなわち神社行政官衙では「神社合祀」が神社護持に有効な政策と評価されていたのである。これは明治末期も同様であって、勅令二二〇号は神社の基本財産に関する法令であり、関連する訓示なども神社護持を訴えている。複数の神社を統合すれば一社あたりの氏子戸数が増加し、氏子一軒あたりの維持費負担が減少するのであるから、神社合併が護持運営に有効であることは明白で、問題は利点と欠点の調整と手法である。神祇院が果たしてどれだけの利点を見込んでいたのか、神社と地域社会との関わりについてどのような図面を描いていたかを分析することは今日においても有意義である。

神社合併は過去の問題ではなく、将来的に合併が増加することが予想される。現代の神社界の現状を鑑みるに過疎化や地域共同体の変質による実質的氏子の減少、不活動神社の増加は共に著しく、神社護持のための基盤の再構築が求められている。平成八年の宗教法人法改正を契機に神社本庁が推進する「不活動神社対策」も神社合併が主柱となっており、かかる状況で戦前期における神社整理の利点について研究調査することは意義あるものと思われる。特に従来の研究であまり重視されてこなかった神社運営に着眼して考察することで推進側の意図がより鮮明になってくるであろう。

また神祇院における神社整理は、主として無格社を対象として想定していた。維新以前、神祇を奉斎するところとしては神社だけではなく、邸内社・山野路傍の神祠・御神木・神棚と様々であった。そうしたものの中から「国家ノ宗祀」として恩典を受け営造物法人として祭典を営む「神社」（以下、戦前行政上の用例に倣い「公認神社」と称す）(7)と個人の信仰対象である「私祭神祠」（邸内社・神棚など）を区別してきたのが戦前期の神社行政の歴史である。法令としては山野路傍の神祠仏堂を対象とした明治九年十二月十五日教部省達第三七号(8)、邸内社の一般公開を禁止した同日教部省達第三八号(9)がある。無格社整理は神社経済の確立に止まらず、藤本が神社概念の問題と指摘するように制度の根本としてそもそも「神社とは何か」という神社の本質問題へとつながる。

以上の問題意識から戦前期の神社整理の実態を法制度・神社運営・経済の観点から再検証することを通じ、現代の社会環境と比較することで今後の神社合幷に資する検討材料を蓄積し、更には公認神社の本質に迫ることを本研究の目的とする。本章では戦前の神社整理に関する法制度を基軸に行政の意図について検討したい。

なお研究上、「神社合祀」と「神社合併」を区別することで、他の神社の摂末社化という合祀を伴わない合併を錯誤なく取扱うことができるという利点がある。

二　神社整理に関する法令

内務省神社局時代の神社行政は、営造物法人たる公認神社を神社明細帳という台帳で瑕疵なく管理できていれば充分という消極的なものであったが、神社神道の振興のためには専門的な研究・調査・指導が不可欠と判断され、神祇院ではその機能が拡大強化された[10]。特に阪本是丸の指摘するように[11]、教務局の設置は神祇院の特色を示している。このような神社行政において神道学・建築・造園の専門家を重視する転換点として明治神宮の御造営があったとする研究が近年進められている[12]。神祇院の組織は総裁官房（秘書課）、総務局（庶務課・考証課・造営課）、教務局（指導課・祭務課・調査課）からなる[13]。このうち調査課は飯沼一省が「調査官調査官補等ガ居リマシテ、此ノ調査課ニ於キマシテハ一般的ナ神社ノ問題、或ハ祭祀問題、是ハ大小色々ナ問題ガアラウト考ヘマスガ、其ノ方面ノ調査ニ従事致ス訳デアリマス」[14]と説明する通り調査事項を取り扱う部門である。教務局調査課が無格社問題担当したことは神社制度調査会の議事録から明らかで、作成した史料がいくつか現存している。そのうちの一つ『明治三十九年当時ニ於ケル神社合併ニ関スル法令、訓令、通牒類　附、未公認神社ノ取締等ニ関スル件』[15]では、神社合併に関する法令とそれを受けて各県が市郡に出した通達などがまとめられている。これは第八四回特別委員会[16]（昭和十六年十二月二日）において委員の高山昇の要請を受けて作成したもので、中央及び地方庁の法令類を取りまとめた資料である。尚、この時点の調査において神奈川県、茨城県、福島県、富山県、高知県の通牒類は未発見であった。調査課では「明治三十九年当時ニ於ケル神社合併ニ関スル法令、訓令、通牒類

（中央ノ分）」として勅令二二〇号と同日付内務省社甲通達第一六号「社寺合併並合併跡地譲与ニ関スル件」、明治四十三年四月十六日平田内務大臣指示、大正七年五月十五日水野内務大臣指示の四件を挙げている。このうち法令は勅令二二〇号のみである。

では勅令二二〇号はどのような性質のものなのか。標題にある通り合併跡地に関する事項であり、これは戦前の社寺境内地に関する特殊事情が前提となっている。維新後、政府は税収と近代的土地制度の確立を図り、社寺に対しては明治四年上知令と地租改正に伴う境内外区画により官民有の区別をし、その結果として境内地の大半は官有地とされた。(17) そのため社寺が官有地の上で祭典法要を営むという事象が存在した。この「国有境内地」の法律上の位置づけは曖昧のままであったが、大正十年法律第四三号「国有財産法」により国有地を無償貸与しているものと明文化される。しかしその以前においても実質的に国有境内地として管理され、そのため甲神社が乙神社を吸収合併した場合、乙神社跡地は官有地として没収され合併後の甲神社の財産とはならない。これに対し勅令二二〇号は合併跡地が官有地だった場合、合併後の神社の基本財産として無償譲与すること可能にした。譲与された境内地が基本財産となることで経済基盤が強化されることは言うまでもない。この勅令の趣旨は「国有財産法」第五条に継承される。

このように勅令二二〇号は直接合併を命じるものではなく、合併により生じた跡地を社寺が取得できる方途を設けた法令である。ここで合併そのものに関する法制度について検討したい。維新後、神社合併について行政の承認を求めたのは明治五年三月二十八日太政官布告第一〇四号が嚆矢であり、次いで同年四月九日太政官布告第一一六号、同年六月十日教部省達第六号によりその内容の確認がなされた。(18) これらは社寺合併の事案が発生した場合、地方官において調査の上、教部省に伺い出ることを求めている。太政官布告第一〇四号の趣旨を合并推奨と解釈した地方官もいたようで、教部省達第六号では「強テ合併可致トノ御旨意ニハ無之」と説明し、「永久取続之目途無之分ハ諸般故障之有無取糺シ廃合之適宜ヲ斟酌シ詳悉調書ヲ以テ当省ヘ可伺出」とした。しかし、それでも地方官の独断で合併が進められた事例が多かったようで、明治七年六月十日教部省達書第二三号[19]にて「往々由緒民情ニ不関地方官見込ヲ以合併伺出或ハ該庁限リ処分致候趣届出候向モ有之不都合之次第」として、合併を一切差し止めた。ただし同達にて「最寄人民受持神官」より願い出た遷座合祀については差し止めにならず調査して教部省にその都度伺い出るようにも定めている。この時期に地方官が合併を推進させたのは、明治四年七月四日太政官第三二一「郷社定則」[20]の影響が推測される。米地實[21]は「郷社定則」の理解に地域差が存在することを前置きしつつも「一村一社」・「一村一村社」という理解のもと合併が行われた可能性を指摘している。明治七年に一旦合併の制度は途絶えるのであるが、明治九年十二月十五日教部省達第三七号に山野路傍の神祠仏堂で「矮陋ニシテ一般社寺等ニ比シ難ク平素監守者無之向」は「総テ最寄社寺ヘ合併」となった。同日達三六号で神社明細帳制度を構築することが打ち出されており、三七号の趣旨はそれを前提にされたものと解釈すべきである[22]。そして明治十一年九月九日内務省達乙第五七号「社寺取扱概則」[23]は社寺の創建・復旧・廃合・改称に関する従前の行政措置を集約したものであるが、そこで合併については府県において「允許スルヲ得ヘシ」とされた。更に大正二年四月二十一日内務省令第六号[24]（以下「省令六号」と略す。）は従前の各種法令が整理された「神社法」と呼ぶにふさわしい基本法令として神祇院廃止時まで効力を有したが、そこで合併については「第三七条　神社及建物アル遙拝所ヲ廃止シ又ハ合併セムトスルトキハ地方長官ノ許可ヲ受クヘシ廃止又ハ合併ヲ了リタルトキハ地方長官ニ届出ツヘシ」と定められていた。

　要するに地方長官の許可を受けることを条件とする合併措置は、神社明細帳制度と連動し、制度として合併は存在していた。そのため勅令二二〇号は、合併による経済的利益を増大させるための措置に過ぎないといえる。そのため南方熊楠の反対運動などで問題視されるのは「合併」制度そのものではなく、行政が制度としての「合併」をどう運用するかという点「神社整理」にこそ原因があったといえる。

三　神社整理の目的と基準

では神社整理の目的はなんであったか。勅令二二〇号と同時に達せられた内務省社甲通達第一六号「社寺合併並合併跡地譲与ニ関スル件」では、「府県社以下神社ノ総数十九万三千有余中由緒ナキ矮小ノ村社無格社多キニ居リ其ノ数十八万九千余ニ達ス此等ノ内ニハ神社ノ体裁備ハラス神職ノ常置ナク祭祀行ハレス崇敬ノ実挙ラサルモノ少カラス（中略）斯ル神社寺院仏堂ハ成ルヘク設備ヲ完全ナラシムルト同時ニ神社寺院等ノ資産ヲ増加シ維持ニ困難ナカラシメ神社寺院等ノ尊厳ヲハカラントスル」と勅令の趣旨を説明している。また翌年の平田内務大臣指示でも「格別ノ由緒ナク規模狭小ノ神社ニシテ素ヨリ神職ノ常置ナク氏子崇敬者ニ於テモ其ノ維持ニ堪ヘス随テ神社ノ体面ヲ維持シ難ク崇敬ノ実ヲ挙クルコト能ハサルモノハ可成合併シテ神社将来ノ発展ヲ期スヘキ様通牒セシメタリ」と述べ、大正七年の水野内務大臣指示でも「元来神社ノ合併ハ格別ノ由緒ナク且維持ノ方途ヲ得スシテ廃頽ニ帰シ却テ神威ヲ損スルカ如キ虞アル神社ニ就キテ行ハルヘキモノナリ」と述べている。要するに明治末期から始まる神社整理は神職・祭典執行・設備の面や経済・維持方法の面で問題のある小規模神社（村社・無格社を主に想定）を合併することで、充分な資産・設備を有する神社へと発展させようとすることを目的としていたのである。

教務局調査課では勅令二二〇号のみを関連法令として掲載したが、同勅令は、明治三十九年四月二十八日勅令第九六号（以下「勅令九六号」と略す）にて定められた府県社以下神社への神饌幣帛料供進制度と関連していることが森岡清美[25]により指摘されている。官社に対する神饌幣帛料の供進は、皇室より官幣社の例祭並びに官国幣社の祈年祭・新嘗祭及び臨時奉幣祭に対し、国庫より国幣社の例祭に対して行われていた。勅令九六号は府県社・郷社・村社に対して府県市町村より神饌幣帛料を供進し「得る」ようにした制度である。これにより府県・北海道地方費よりは府県社・郷社に対し、市又は町村よりは村社に対して幣帛料の供進が可能となった。全ての府県郷村社が対象ではなく、地方長官より指定されることが条件で明治三十九年内務省訓第四九五号によりその標準が示されている。[26] そこでは「維持方法確立セシモノニ限ル儀ト心得ヘシ」とあり、経済的な条件として「六　境内坪数百五十坪、本殿、拝殿、鳥居等完備シ五十戸以上ノ氏子若ハ崇敬者ヲ有スル神社」を挙げている。対象となる祭典は官社同様に例祭・祈年祭・新嘗祭であるが、官社例祭が一座に対しての供進であるのに対し、府県社以下は一社に対しての供進となる（祈年祭・新嘗祭は全て一社につきなされる）。

両勅令の関連性については森岡が次のように分析している。元来、神饌幣帛料供進は神社関係者より要望のあった事案であるが、神社整理とは結びついていなかった。しかし第一次桂内閣の折に内務省内で両者が結び付けられ推進が図られるようになる。神饌幣帛料は地方自治体の公費であるから当然予算に限りがあり、対象となる神社を整理統合せねば実施は不可能であった。そのため当初は、神社整理を実施することで予算上の地ならしをしてから神饌幣帛料供進制度を樹立するという方針が作られる。しかし神社整理は思う様に推進せず、先に神饌幣帛料供進の標準を定めて神社整理を推進する方針へと転換した。また森岡は内務省の神社局と地方局との関連についても重要な指摘をしており、予算と町村制の関係から供進制度に反対だった地方局に制度を認めさせる代わりに神社局は地方局の推奨する「一村一社」を神社整理の目標として掲げるというものである。[27]「一村一社」は地方局の意向であるという指摘は当時の神社局関係者の証言からも裏付けることができる。

神饌幣帛料制度と関連させると境内坪数一五〇坪、氏子崇敬者五〇戸の神社造成、若しくは「一村一社」という整理目標が見えてくるが、教務局調査課作成の資料に掲載された各府県通達では必ずしもそれと合致していない。これは内務省からの通牒と指示を受けた府県が更に各郡などに整理を命じた通達類であるが、整理後の基準となる基本財産、年間社入、氏子戸数などが一定せず、さらに基準を示していない府県もある。また「一村一社」を明文化した通達は数県に止まる。従って明治末期の「一村一社」も整理目標として掲げられたものの一つであり、全国基準ではなかったと見るべきである。神社整理の地域差は既に先行研究で指摘されている点であり、それが通達類からも読み取れると解釈もできるが、通達ではなく実務者会議などで訓示された可能性も想定されるので神社整理の実態解明については地域別の事例研究が不可欠である。これまでいくつかの優れた事例研究[28]は蓄積されているが、史料的な問題もあり全国網羅・実態解明には至っていないのが現状である。

神社整理に対する批判というのは、地域差のある基準・手法・意思決定過程等に瑕疵があったから生じたものと見て間違いなかろう。そこで主たる整理対象とされた無格社の状態について考証したい。

四　無格社発生の背景と法的性質

「無格社」という社格は存在せず、本来ならばしかるべき社格を付与すべきところ、村社と認定するには規模・体裁が充分ではなく、社格付与保留の神社を慣例的に「無格社」と呼んでいた。無格社は公認神社であるが、無格社は非公認神社との境界に位置する感があり、まずは公認・非公認の制について法令を確認したい。神祇を奉斎する施設には神職の常駐する「神社」もあれば、山野路傍の神祠、個人宅にある邸内社、更には神棚も含まれる。これら全てを国家管理するのは不可能であり、まずは神社行政の対象となる公認神社とそうではない非公認神社に分類しなくてはその他の神社行政が成立しない。つまり公認神社の定義と把握こそが神社行政の第一歩なのである。この管理のために考案されたのが「神社明細帳」である。神社明細帳とは神社の戸籍というべきもので、児玉九一[29]はその性質を「神社とは神社明細帳に登録せられたるものなり」とまで評している。つまり明細帳に登録されることではじめて公認神社として法律上の権利義務を得、神社行政の対象となるのである。明細帳の制度は明治五年正月神祇省第一号「府県郷村社社格区別帳を調査提出の件」[30]がその嚆矢とされ、明治十一年「社寺取扱概則」、明治十二年六月二十八日内務省達乙第三一号[31]にて漸次整備されたと児玉は解説する。これらは省令六号に集約される。公認神社は機能面と法令面から次のように定義される。

（一）帝国の神祇を斎祀し、公に祭典を執行し、公衆参拝の用に供する設備[32]
（二）国家の営造物かつ公法人で神社明細帳に記載された施設

この二つは着眼点の相違で相反するものではない。公認神社の権利義務について明確に示した法令はないが、関係法令及び神職に対する指導などから類推するに、公認神社となると法人格を取得し公衆参拝が可能となり免租などの恩典を受けるが、その代わりとして国家の営造物として行政の監督下に置かれ、大正三年一月二十六日勅令第一〇号「官国幣社以下神社祭祀令」など祭祀に関する法令制規に従い恒例祭祀を執行する義務が生じると解釈できる。

他方、非公認神社としては私祭神祠と無願神社、明細帳脱漏神社などがある。政府は明治九年十二月十五日教部省達第三七号で山野路傍の神祠について、同日教部省達第三八号で邸内社について、それぞれ制度的に公認神社とするか、私祭神祠とするかを通達した。尚、同日には社格未定のものについて村社列格のための調査・申請を命じた第三六号達も出されている[33]。私祭神祠とは邸内社（屋敷神）や神棚のことで国家の監督も恩典を一切受けず、法人格もなく、不特定多数の参拝や祈祷などの行為は許可されない。無願神社とは無許可にて創立された神社であるが、社寺を無許可で創立することは明治五年八月晦日大蔵省第一一八号達で禁止されている。[34]また明細帳脱漏神社とは神社明細帳に記載が漏れた神社であり、無願神社も脱漏神社も行政上は違法状態なので発見次第、明細帳記載か私祭神祠化を選択することになる。従って行政上存置が認められた非公認神社としては私祭神祠であるといえる。

無格社に関する議論が難しいのはその実態が多種多様（調査会でも村社に昇格させるべき状況の事例が報告される一方で祭祀・設備不十分な事例報告もある）である上に全国神社の半数以上を占め、しかもいつの間にか独立した一種の社格のように取り扱われて来た経緯があるからである。明治四年の「郷社定則」に従うならば、無格社は村社とともに郷社に附属する神社となるが、いつしか独立した神社として扱われるようになりそれが定着した。[35]この点について神社局に奉務した岡田包義は明治二十七年二月二十八日勅令第二二号が村社・無格社を独立した神社として存在するという前提で神職職制を立てていると指摘する。[36]この指摘は武若時一郎も承認している。[37]

「無格社」という存在の発生の原因については昭和十六年十月二十一日第八三回特別委員会に於いて当局は教部省達第三七号及び「社寺取扱概則」により神社明細帳に登録されたものの未だ社格を付与されていない神社が無格社であると見解を示している。明治九年以前、山野路傍の神祠、邸内社がどのような状況にありどれだけ無格社化したか窺い知ることのできる史料は乏しいが、第三六号達から推測して教部省は地方の申請待ちの状態で全国的な実態を把握できてはいなかったと思料する。当時は地租改正（境内外区画）ですら難航していた時期であることからも状況的に調査実施は不可能であったと思われる。第三七号では公認神社と認定する最低基準（由緒・社殿規模・氏子数・基本財産など）も定められていない。逆に村社については旧藩制村に一村社が暗黙の了解だった感があり、[38]のちに内規として昇格基準[39]が設けられたように一定の規模が求められるから、村社には至らない小規模神社が制度上の受け皿がないまま明細帳に記載されることになる。そのため無格社誕生は村社昇格基準を満たさない小規模神社の受け皿を設けなかった行政の失策だといえる。明治十年頃の地方官による対応の差も当然存在したと思われ、それがのちの無格社数の府県別格差につながるものと推測できる。

五　無格社に対する恩典の差

第一章で述べたように明治六年三月二十五日第一一四号布告[40]「地所名称区別」、翌年十一月七日に太政官布告第一二〇号[41]「改正地所名称区別」により地種、租税が定められるが[42]、それによると、無格社は租税面で明らかに恩典より漏れていた。

民有地を郷村社の境内地として提供している場合、その使用中に限り官有境内地と同様の取り扱いを受け地租地方税は賦課されない[43]。明治二十一年[44]及び同四十四年[45]の「市制」、「町村制」により地方税に関しては民有境内地にも非課税が及んだ。民有郷村社地免租の方針は昭和六年三月三十一日法律第二八号「地租法[46]」に引き継がれ、第二条には非課税対象として「府県社地、郷村社地、護国神社地」と示してある。問題なのがこの対象には無格社が含まれていないという点であり、民有神社境内地のうち無格社のみ地租を課せられる。他と比較して無格社は寺院・教会と同様の扱いであると評価できたが、昭和十四年四月八日法律第七七号「宗教団体法」第二二条により宗教団体（寺院・教会を含む）に地租地方税が賦課されなくなると、民有無格社地のみ地租を賦課されるという不公平が生じた。調査会はもちろんのこと、宗教団体法が制定される前の神社局（岡田）でも無格社の地租について問題視しているが、結局是正されないままであった。従って無格社の地租が恩典を受けるのは昭和二十一年二月二日「宗教法人令」が改正され、神社が宗教法人として扱われるようになってからである。換言すれば税制上は無格社よりも宗教法人・宗教団体の方が優遇されていたのである。

地租以外にも村社との格差がある。まず神饌幣帛料は村社以上の神社が対象であり、無格社に供進されることはない。この点は当局が「神饌幣帛料ノ供進ガナイトカ、又地租免租ガナイト云フヤウナ制度上ノ欠陥ト申シマスカ不足ト申シマスカ」(47)と指摘する。神饌幣帛料とは別に地方公共団体から神社に対する寄附・助成金を支出する方途について調査会で講じられ、その成果として昭和九年七月五日地発乙第一〇〇号内務次官依命通牒「神社ニ対スル公費供進ニ関スル件」(48)が通達された。これにより地方公共団体の予算科目に「供進金」が設けられ、昭和十年度で全国道府県より一〇万六一七二円、全国市町村より一一〇万五〇〇五円（予算）が計上された。(49)ただし従前地方公共団体からの支出が皆無であった訳ではなく、昭和六年度の全国市町村から「寄附」「補助」の科目で供進された公費は六五万一四九八円であり、正式な科目を定め勧奨したことで約四五万円の増額が図られたというのが実情である。岡田は「現在のところ地方公共団体より経費を供進せられてゐる神社は府県郷村社に限られてゐる」と無格社が除外されていることを示唆している。規定により無格社が除外されていたことは事実で、これは昭和九年九月神社局長通牒(50)にて無格社にも供進出来るよう制度変更がなされる。岡田の『神祇制度大要』は昭和十一年の刊行であるから、供進制度施行後数年は無格社への供進実績がなかったのだろうと推測される。調査会の議事録によれば昭和十四年には無格社への公費供進がなされているが、村社は全体総数の約六割八分である二万三千余社であるのに対し、無格社は全体の約二割一分の一万余社に止まっている。(51)

この他、調査会では「褒賞条例」の対象とならない点に問題があると指摘している。これは村社以上の神社へ寄進した場合褒章の対象となり得るが、無格社に対して寄付をしても褒章対象とはならないことを指している。明治十四年十二月七日太政官布告第六三号「褒賞条例」で国家・社会への貢献に対し褒章が与えられることが定められた。そのうちの一つに公益団体への寄附があるが、大正一三年二月六日内務省発書第三号官房文書家長通牒「公益団体寄付者行賞ニ関スル件」(52)の定める対象は神宮奉斎会・明治神宮奉賛会・府社・県社・郷社・村社・

財団法人警察協会のみで無格社は除外された。

以上の通り、無格社は村社以上の神社と比較して国家の恩典の面で不公平であった。政府がこのように無格社を取り扱った理由としては、その数が膨大過ぎ、恩典が付与されると財政上の負担が増大することが予想されることに加え、無格社の財産管理体制が確立されていないことなどが考えられる。特に宗教団体法により宗教団体への地租が免租された経緯から考えると後者の理由が大きかったと思われる。

六　昭和期における無格社及び非公認神社の実態について

神祇院・調査会における神社整理の議論から府県社以下神社、特に無格社と非公認神社の状況について神社行政がどのような認識をしていたか見たい。まず昭和四年六月末時点[53]で府県社以下神社総数一一万一六九九社（うち無格社が約六万社）[54]、過去の統計で最も多いのが明治二十二年時点で総数一九万三二九一社であり、神社整理後の明治四十二年には一四万七四四〇社、大正八年に一一万五一九三社である。全く神職が置かれていない神社が昭和三年十二月末日時点で総数四万二六五三社（内、府県郷社一二九社、村社五三九五社、無格社三万七一二九社）である[55]。神職が置かれていないというのは他の神社との兼務を含めてという意味である。

神祇院が設立して、無格社整理に本格的に着手され始めると、無格社に対する実態調査も進んだ。委員が現地調査に赴いたこともある。そのことはそれまで充分な調査がなされず神社局が無格社の実態を把握できていなかった（人員不足で不可能だった）ということでもある。同時に地方神社行政を直接指導監督する地方祭務官が設置された意義も窺い知ることができる。当局（教務局長　宮村才一郎）の無格社に対する所感としては、「一坪程度ノ本殿ニ鳥居ヲ備ヘテ居ルヤウナモノハ寧ロ整ツタ方デハナイカト思フノデアリマス、中ニハ一尺四方ノ石ノ祠デ、別段御扉等モナクシテ御霊代トシテハ自然石等ヲ奉安シタリ、御幣ガ立ツテアリマシタリナンカシテ、容易ニ外カラ之ヲ窺フコトガ出来ルト云フヤウナ模様ノ神社、又御霊代スラナイト云フヤウナモノモ可成リアルノデハナイカト存ゼラレルノデアリマス、又中ニハ稀デハアリマスガ単ニ石ノ碑ダケガアルヤウナ無格社モアルヤウデアリマス」[56]というものであった。昭和三年に報告された兼務すらいない状況については大きな改善が見られず、神職不在神社（調査会では「神職欠員神社」と称している）は無格社の五割七分（総数約六万社であるから約三万四二〇〇社）に上り、その祭祀は例祭のみ他の神社から神職を出張祭典として招くか、住民が寄り集まって拝礼して執行するというものであって、祭祀令通りの恒例祭祀が充分執行されているとは言い難い状況である。第八三回、八四回特別委員会開催にむけて、いくつか地域を選んで調査が実施されたが、神職が祭祀・運営に関与しない神社、無願神社も相当数存在したことが確認されている。

無格社の多くにおいて神職が介在せず、氏子だけで祭祀が完結する状態を宮村は、「祭祀令ニ基ク例祭其ノ他ノ祭祀ト云フモノヲ行ツテ居ルト申シマスヨリハ氏子祭ト云フモノガ行ハレテ居ルト見ルノガ至当デアルヤウニ考ヘラレルノデアリマス」と述べ、「部落民ノ伝統的ナ発意ニ基イテ御祭ヲヤツテ居ルト云フコトカラ見マスト却ツテ相当ニ根強イ信仰ガ結バレテ居ルノデハナイカト思ハレルノデアリマス」[57]と評価している。

米地実[58]は、神社整理には近世までの村落の祭祀を公認神社に糾合して神社行政体制に組み込もうとする側面があったと指摘したが、これは近代神社制度そのものを神道史の上でどう評価するかという問いかけであろう。その上で筆者は宮村の述べる「氏子祭」が神社整理を考察する上で重要な要素の一つであると考える。特に神職神社整理を評価する上で検討不可避な問題である。宮村の評価は国民の敬神観念、神社神道の歴史から見て決して逸脱ではないが、公認神社として行政上の恩典を受けている以上は無格社であっても祭祀令を実行する義務は存在する。言い換えれば数軒・限定された特定地域の住民の幸福を祈願する祭祀だけ営む小規模神社に対し「国家ノ宗祀」としての地位と待遇を付与すべきか否かを考えた場合、神社行政官衙・行政官としてはこれを認めがたい。実際の神社整理においても祭祀の厳修という点については内務省社甲通達第一六号「社寺合併並合併跡地譲与ニ関スル件」で問題点として「祭祀行ハレス」を挙げ、調査会の「無格社整備ニ関スル要綱」[59]の目的としても「祭祀ノ執行ヲ確実ニシ」と掲げられている。

現状を改善し、法令通りの祭典を充実させるには増員して神職欠員神社を無くすことが望ましいが、経済的には厳しいものがあった。国の営造物法人とはいえ、神社の運営は実質的に賽銭・祈祷料等の社入金に依拠している。しかしそれでは維持が覚束ないため、調査会では公費支出を含めその維持運営方法について度々検討してきた。各府県でも府県社以下神職の俸給令が定めるなどして改善が試みられたが、法定月額四〇円（昭和十五年、教員初任給が五十円程度）のところ予算不足を理由に年額九〇円しか支給されていないというのが実情であった。当然ながら俸給のみで生計を立てられず、他社との兼務・兼業をする神職は多かった。兼務については多い事例で一人百社、平均的には一神職で村社五社であったと報告されている。祭祀令に定められた祭典を一日に一人の神職が百社以上で行うことは現実的に不可能である。

七　明治末期における無格社の実態

調査会で報告された無格社の実態は、明治三十九年通牒・平田内務大臣指示と通じるものがある。通牒では整理対象を村社無格社などの小規模神社を対象としていたことは既に述べた通りである。では神社整理の激しかった明治末期はどうであったか。この点について岸本昌良[60]は「このような実態のない社寺の合併がされたのならば、南方熊楠が和歌山県で孤軍奮闘する必要はなかったろうし、戦前においても「問題のあった明治末年の合併整理」と評されることはなかった」と実態のある神社が合祀されたから問題化したと指摘するが、実態の基準は行政が想定する公認神社と信仰対象として民衆が要求する「神社」では異なるということを踏まえて考察しないと明治末期の神社整理、特に内務省神社局の意図を読み誤る可能性がある。

しかし明治末期の状況については調査会時代とは異なり充分な調査はなされておらず、各地の史料発掘を待つのが現状である。そうした中、柏木亨介[61]が紹介した『阿蘇郡調洩社堂最寄社堂合併調』は明治十七、十八年頃の文書であるが、山野路傍の神祠仏堂を実査した貴重な史料である。熊本県では神社明細帳作成時に遺漏した山野路傍の神祠を明治十七～十八年に再調査し帳簿を作成した。本史料によれば総数四三六社のうち社殿・祠など建造物を有するものは三九社に過ぎず、残りは木・森・石・水源をもって社としている。そして約四〇〇社のほとんどが村社・無格社に「合併」されている。明治十七年ごろ中央が実態調査を命じた形跡はなく、これは熊本県独自の調査と見られる。

昭和十七年に神祇院が主催した神社局員経験者を集めた座談会の記録である『神社局時代を語る』で元神社局第一課長の中川望は明治末期の神社整理の状況を「三重県の如きは一箇村で六、七十も村社、無格社があると云ふやうなことで、往つて見ると形を成して居るものは殆ど少い」、「台帳面のみの神社がある」と述懐している[62]。中川が見た形のない神社とは、社殿・神祠の廃頽したものか、それとも元々社殿なき御神木・石を祭祀したものか述懐のみでは判断し難いが、阿蘇郡の事例から類推し、かつ調査会議事録などから、明治末期の無格社及び非公認神社（未公認を含む）も社殿無く神職が任命されていない「氏子祭」形態のものが圧倒的多数だったと見て間違いないだろう。少なくとも推進側の認識として明治末期の神社整理も神祇院における神社整理も共通した小規模神社問題解決を目的としていたことは通牒・内務大臣指示・調査会議事録から読み取れる。明治期と昭和期の神社整理に共通の課題として表面上現れたる神社の体面・維持方法の改善と表面的には現れないが、制度上未公認神社をどう扱うかという問題がある。

岸本の指摘する神社としての「実態」の有無は御神木・石碑のみの神社、「氏子祭」をどう評価するかという点で判断が分かれると思料する。「国家ノ宗祀」として税法上の恩典を受けるのであれば、権利に対する義務として法令の定めたる公的祭祀を執行し、それに必要な設備（拝殿・社務所など）を整えるべきと考えるのは行政として当然のことである。従って神社行政側から見れば「氏子祭」は「国家ノ宗祀」の義務たる公的祭祀が執行されていないのであるから「実態」がないと評価されてしまうのである。しかし宮村が強い信仰があると指摘した通り、南方熊楠や多くの「復祀」を実施した住民にとって社殿なき神社、「氏子祭」こそが神社・祭りの「実態」だったのである。

つまり戦前の神社整理を検討する場合、前提として今日吾人が現在想定するような宗教法人化された神社同士の合併ではなく、御神木だけの神社や境内狭隘で本殿拝殿も充分ではない無格社及び非公認神社を主たる対象とするものであったという点を踏まえなければならない。今日まで続く「神社整理」に対する批判の最大の原因は、「神社復祀」という事象が発生したことや水野内務大臣指示に「惟フニ神社ハ世道人心ニ関スルコト極メテ密邇ナルモノアルカ故ニ合併ノ措置ニ関シテハ上述ノ趣旨ヲ体シ深ク神社ノ由緒並実情ヲ考慮スル等最モ慎重ナル調査ヲ遂ケ」と述べていることに如実に示されている通り民情への無理解にあると理解される。そしてそこには整理手法の強引さという批判を超えた、「神社とは何か」という問題、すなわち「氏子祭」をめぐる行政と住民との評価の相違にあったように思料される。

八　神祇院の「無格社整備ニ関スル要綱」の特色

神祇院の神社整理（無格社整備）は戦時中に企画され短期間であったことから明治期ほどの印象は残さなかったが、畔上の研究が示す通り地方行政において着手されていた。この整理着手において中央の神社行政と直結し、地方に赴任して指導監督に当たる地方祭務官の存在は大きかったと思われる。調査会は昭和十七年七月十六日第一三回総会において「無格社整備ニ関スル要綱」を採択した。その詳細については藤本が既に示した通りであるが、基本方針は村社昇格と整理の二つである。そのうち整理対象の基準として祭神が「帝国ノ神祇トシテハ不適当」、「祭祀ノ執行ヲ欠キ」、一定数の氏子崇敬者なく、神社として相応しい規模が整わず又整備する見込みもなく、維持経営の方途確立せず又確立の見込みもないものを掲げている。そして事情を考慮して「適当ナル部落ニ一社トスル」処置を認めつつも「原則トシテハ一大字ニ村社以上ノ神社一社アルヲ以テ理想的形態トスルコト」と基準を示した。中央神社行政官衙として「一大字一社」を明文化したのである。さらに付記で府県社以下神社ハ総テ地方公共団体ヨリ神饌幣帛料ノ供進ヲ為スベキモノトスルヲ目標トシテ漸次整備スルコト」と示した。明治期の神社整理では明文化された目標を中央神社行政官衙は発しておらず地方官の裁量が大きく作用したことを考えると、調査会・神祇院の姿勢はより高い設定を強固に打ち出したものだと言えよう。

無格社の整理の方法は六つで（一）他の神社に合祀、（二）他の神社の境内神社化、（三）他の神社の境内神社に合祀、（四）他の神社の境外神社化、（五）私祭神祠化、（六）廃止、である。このうち調査会で新しい方法と認識されていたのが（四）と（五）である。（四）は被合併神社の本殿境内をそのままに法人格のみ消失させて飛地境内の境外摂末社にする方法である。（五）の私祭神祠化は神社明細帳から抹消して公認神社としての法人格を喪失させ、事後は私祭神祠として扱う方法である。そして私祭神祠をはじめとする「神社類似ノ施設」と公認神社について混淆を来さないような処置・取締規程を設けることを計画している。

神社制度として飛地境内は従前から存在していたのであるから（四）の方法の新規性は境外摂末社という存在ではなく、行政として飛地境内の発生を認めるという点にある。免租地の増加を防ぐためにも地租改正時から行政は飛地境内に対し抑制する方針を採用していた。また従前、神社行政としては取り扱わなかった私祭神祠を促進するという方針は調査会によって「氏子祭」「私祭」などの小規模神社の実態調査が深化した結果だと評価できよう。「氏子祭」の事例を踏まえると私祭神祠化は重要な方法の一つであり、実際にそのように期待された面もあった。しかしながら従前の制度における「私祭神祠」は邸内社を想定し、個人宅に鎮座し法人格をもたず不特定多数が参拝できない状態にあるものである。しかしこの無格社整理で発生し得る「私祭神祠」には氏子複数戸が共同で祀る氏子祭型の小規模神祠も含まれるので、私祭神祠と公認神社の新たな制度的区分が不可欠となる。この問題は神社概念、「国家ノ宗祀」の意味を考える上で着実な前進となったであろうと推測されるが、その区分を示した「取締規程」に関する史料ついては管見の限り見つかっていない。

九　おわりに

本章では無格社の法制度を基軸に神社整理を考察した。無格社の発生原因を突き詰めると政府行政の想定する村社の条件を満たさないものの氏神様と崇敬される神社を受け入れる制度的受け皿がなかった点にある。戦前期の神社整理については教部省時代、明治末期、神祇院時代などいくつかの時代に区分が可能であるが、行政が主導し全国的な大きな潮流となったものとして明治末期と神祇院時代が挙げられる。両者は表面上では小規模神社の維持を課題としたが、制度面から見た時に受け皿のない無格社を整理すること、即ち神社概念の再検討問題が存在した。従って経済上の問題がなくとも、小規模神社の再検討、神社整理に類する政策は必要となったであろう。本政策が難航した理由を祭祀と制度の両面から検討すると、多種多様な祭祀形態を近代神社行政の想定する公認神社の方式に当てはめようとすることが果たして妥当であったのかという神社概念の問題に行き着く。こうしたことから神社（無格社）整理は近代神社制度を象徴する政策であったと評価できる。

無格社の実態を逆説的に考えれば、今日吾人の想像する神社とは、公認神社のことであると気づかされる。御神木だけ、石碑だけの神社が存在した史実は忘れられつつある。神社整理は今日において決して評価の高い政策とは言い難い。しかしながら神社経済を考えた時に喫緊の課題であり、また御神木のみで社殿のない神社、「氏子祭」という信仰形態が多数存在していたことを前提とせずに論じられている感がある。南方熊楠が「神社合祀に関する意見（原稿）」で掲げた反対理由である八項目を現在の宗教法人化された神社を想定して議論しては本来の趣旨を逸脱するだろう。[63][64]

神祇院の廃止とともに社格制度も終焉した。しかし無格社とは何であったかは、神社が宗教法人化されて解決した問題ではなく、今なお「神社とは何か」という重要な問題として存在している。

註

（1）櫻井治男『蘇るムラの神々』（大明堂、平成四年）。
（2）一、神社の復旧再建（神社復祀）
二、神社に「類似」した施設の設置（遥拝所等）
三、神社の代償的施設の存在（寺堂等）
四、伝統的祭礼の持続・盛況化・復興など

(3)大蔵省営繕管財局国有財産課『社寺境内地ニ関スル沿革的法令集』(以下、『法令集』と略す、大正十五年)、三四六頁。
(4)土岐昌訓「明治以降に於ける神社整理の問題―神社法令を中心とした其の経過に就いて」(『神道宗教』第一七号所収、昭和三十三年)。尚、神社整理に関する研究としては戦前期(昭和十七年)の西川順土による「神社整理問題の史的研究」(『神道研究』三巻四号)が嚆矢とされる。
(5)藤本頼生「無格社整理と神祇院―「国家ノ宗祀」と神社概念―」(『國學院雑誌』第一一三巻一一号所収、平成二十四年)。
(6)畔上直樹「戦時期村役場文書にみる無格社整理―新潟県矢代村・上郷村を事例に―」(國學院大學研究開発推進センター編・阪本是丸監修『昭和前期の神道と社会』所収、弘文堂、平成二十八年)。
(7)拙稿「神社行政における「国家ノ宗祀」」(前掲『昭和前期の神道と社会』所収)本書第一章。
(8)神祇院總務局監輯『最新神社法令要覧』(京文社、昭和十六年)、三二四頁。
(9)国立公文書館所蔵、「人民私邸内ニ自祭スル神祠仏堂処分」、太政類典・第二編・明治四年~明治十年・第二百五十二巻・教法三・神社一、[請求番号]本館-2A-009-00・太00475100 [件名番号]018 [作成部局]太政官 [年月日]明治09年12月15日。
(10)本書第一章参照。
(11)阪本是丸『国家神道形成過程の研究』(岩波書店、平成六年)。
(12)藤田大誠・畔上直樹・今泉宜子・青井哲人編『明治神宮以前・以後―近代神社をめぐる環境形成の構造転換―』(鹿島出版、平成二十七年)。
(13)阪本健一編『明治以降　神社関係法令史料』(以下『法令史料』と略す、神社本庁明治維新百年記念事業委員会、昭和四十三年)、二四四―二四五頁。
(14)神社本庁編・発行『神社制度調査会議事録③』(近代神社行政史研究叢書Ⅲ、平成十三年)、三四三頁。
(15)神祇院教務局調査課、昭和十七年三月十八日、調査事務資料第六七号。尚本史料は櫻井治男が「明治末期の神社

整理と神社の基準―府県レヴェルでの様相―」（皇學館大学神道研究所編発行『皇學館大学神道研究所紀要』第六輯、平成二年）にて精緻に分析している。

(16)前掲『神社制度調査会議事録③』、五六八頁。

(17)本書第七章参照。

(18)文部省文化局宗務課監修『明治以後宗教関係法令類纂』（以下『法令類纂』と略す、第一法規出版、昭和四十三年）、五五七頁。

(19)『法令類纂』、五五九頁。

(20)『法令類纂』、五五四頁。

(21)米地實『村落祭祀と国家統制』（お茶の水書房、昭和五十二年）、二一〇頁。

(22)前掲『村落祭祀と国家統制』、二五一頁。

(23)『法令類纂』、二六二頁。

(24)『法令史料』、一八七―一九三頁。

(25)森岡清美『近代の集落神社と国家統制―明治末期の神社整理―』（吉川弘文館、昭和六十二年）。

(26)児玉九一・有光次郎『神社行政　宗教行政』（地方自治叢書第一巻、常磐書房、昭和九年）、一九二―一九三頁。

(27)神祇院教務局調査課『神社局時代を語る』（昭和十七年）。本書では神社本庁教学研究所編『神社局時代を語る　全国神職会沿革史要』（近代神社行政史研究叢書V、神社本庁、平成十六年、前段一六頁）を参照した。

(28)櫻井治男前掲『蘇るムラの神々』、櫻井治男「名張市における明治末期の神社整理に関する諸問題―地域社会の変動と宗教伝統をめぐって―」（『皇學館大学社会福祉学部紀要』第九号所収、平成十八年）、喜多村理子『神社合祀とムラ社会』（岩田書院、平成十一年）、藤本頼生「岡山県における神社整理の基礎的研究」（『皇学館論叢』第三一巻第一号所収、平成十年）、藤本「岡山県における神社整理の基準と反響―明治末期から大正初期の『山陽新報』記事に見る―」（『岡山地方史研究』九〇号所収、岡山地方史研究会、平成十一年）、藤本「岡山県における明治初期の神社整理―明治初期の神社関係行政文書をめぐって―」（『岡山県地方史研究』一〇〇号所収、岡山県地方史研究会、平成十五年）、藤本『神道と社会事業の近代史』（弘文堂、平成二十一年）、井星亜希子「明治末期に於ける神社整理課程の実態的研究—旧三重郡の事例を中心として—」（『皇学館論叢』第三二巻第一号所収、平成十一年）などがある。また行政官に注目した研究としては渡瀬恭孝「井上友一と神社整理」（神道研究集録編集委員会編『神道研究集録』第一八号所収、國學院大學大学院文学研究科神道学専攻、平成十六年）がある。

(29)前掲『神社行政　宗教行政』、二三〇頁。

(30)『法令史料』、四四頁。

(31)『法令史料』、一一七頁。

(32)宮尾詮・稲村貞文『神社行政法講義』（中川友次郎・塚本清治・荻野仲三郎校閲、集成堂、明治四十四年）、一〇頁。

(33)前掲『村落祭祀と国家統制』、二五一頁。

(34)皇典講究所『現行神社法規』（水穂会、明治四十年）、五一五頁。

(35)岡田包義『神祇制度大要』（大日本法令出版、昭和十一年）、五四頁。

(36)『法令史料』、一四六頁。

(37)武若時一郎『神社法』（良書普及会、昭和十八年）、五五頁。

(38)前掲『村落祭祀と国家統制』、二三四頁。

(39)前掲『神祇制度大要』、五九—六〇頁。

(40)大蔵省営繕管財局国有財産課『社寺境内地ニ関スル沿革的法令集』（以下、『法令集』と略す、大正十五年）、一八〇—一八一頁。

(41)『法令集』、一八一—一八四頁。

(42)筆者の既出論文では官有地第一種として官国幣社及び府県社、そして「官有郷村社地」としていた。これは官有無格社地の実例が確認できなかったからである。しかし後述の柏木亨介「阿蘇郡調洩社堂最寄社堂合併調　一覧解題」により無格社・非公認神社で官有地第一種に区画された事例が確認できたため本文の通り修正する。

(43)『法令集』、一八七頁。
(44)『法令史料』、一二九頁。
(45)『法令全書(明治四十四年)』内閣官報局。
(46)『法令類纂』、二四二―二四五頁。
(47)前掲『神社制度調査会議事録③』、四九七頁。
(48)前掲『最新神社法令要覧』、三八一頁。
(49)前掲『神祇制度大要』、三五八―三六〇頁。
(50)前掲『最新神社法令要覧』、三八二頁。
(51)前掲『神社制度調査会議事録③』、四九六頁。
(52)前掲『最新神社法令要覧』、五二九頁。
(53)神社本庁編発行『神社制度調査会議事録①』(近代神社行政史研究叢書I、平成十一年)。
(54)前掲「無格社整理と神祇院―「国家ノ宗祀」と神社概念―」及び前掲『神社制度調査会議事録③』、四九三頁。
(55)前掲『神社制度調査会議事録①』、一四―一五頁。
(56)前掲『神社制度調査会議事録③』、四九四頁。
(57)前掲『神社制度調査会議事録③』、四九五頁。
(58)前掲『村落祭祀と国家統制』。
(59)前掲『神社制度調査会議事録③』、七一二頁。
(60)岸本昌良「神社合祀の論理」(『宗教学論集』第一三号所収、昭和六十二年)、五四頁。
(61)柏木亨介「阿蘇郡調洩社堂最寄社堂合併調　一覧解題」(前掲『明治神宮以前・以後』所収)。
(62)前掲『神社局時代を語る　全国神職会沿革史要』、前段一五―一六頁。
(63)御神木のみの神社としては三重県鈴鹿市の大木神社(式内社)の例が有名である(藤本頼生『神社と神様がよ～くわかる本』(秀和システム、平成二十六年)、一六二頁参照。

(64)南方熊楠「神社合祀に関する意見(原稿)」(『南方熊楠全集』第七巻所収、平凡社、昭和四十六年)、五三〇—五六五頁。

一、神社合祀で敬神思想を高めたりとは、政府当局が地方官公吏の書上に瞞れおるの至りなり
二、神社合祀は民の和融を妨ぐ
三、合祀は地方を衰微せしむ
四、神社合祀は国民の慰安を奪い、人情を薄うし、風俗を害することおびただし
五、神社合祀は愛国心を損ずることおびただし
六、神社合祀は土地の治安と利益に大害あり
七、神社合祀は史蹟と古伝を滅却す
八、合祀は天然風景と天然記念物を滅亡す

第四章　私祭神祠の法的性質

一　はじめに

明治維新より昭和二十一年二月二日の神祇院解体に至るまで、神社は国の営造物として扱われた。米地実[1]は近代神社制度の構築過程で村落祭祀が国家体制に組み込まれたと指摘するが、幕藩体制までの「神社」を近代的な営造物法人たる国の「公認神社」としていく過程において従来の祭祀対象に新しい法的な性質が付与されたのは事実であり、近代神社行政及びその制度の構築はそれまでの神社の法的地位を再構築することなしには実現できなかった。明治三十九年八月九日勅令第二二〇号「社寺合併並合併跡地譲与ニ関スル件」（以下「勅令二二〇号」と略す）[2]を契機として推進された神社整理は、表面上は同日付内務省社甲通達第一六号「社寺合併並合併跡地譲与ニ関スル件」で「府県社以下神社ノ総数十九万三千有余中由緒ナキ矮小ノ村社無格社多キニ居リ其ノ数十八万九千余ニ達ス此等ノ内ニハ神社ノ体裁備ハラス神職ノ常置ナク祭祀行ハレス崇敬ノ実挙ラサルモノ少カラス（中略）斯ル神社寺院仏堂ハ成ルヘク設備ヲ完全ナラシムルト同時ニ神社寺院等ノ資産ヲ増加シ維持ニ困難ナカラシメ神社寺院等ノ尊厳ヲハカラントスル」[3]と示された通り、神社の基本資産を増加させ維持管理を磐石にせしめんことを目的とした政策であった。しかしながら藤本頼生[4]が神社の概念としてこの問題を検討したように、神社整理は近代神社制度の構築過程において遺漏した村落祭祀・小規模神社を改めて近代神社制度で捉えなおそうとする側面も持っており、行政への取り込みに対する住民の反発として南方熊楠の反対運動などに発展したと思料する。

前章で検討した通り、神社整理の対象となった小規模神社は、主として無格社及び非公認神社であった。両者の行政上の取り扱いについては、昭和四年に内務大臣の諮問機関として設置された「神社制度調査会」(以下「調査会」と略す)において審議がなされ、昭和十七年七月十六日第一三回総会において「無格社整備ニ関スル要綱」(5)が採択された。そこで神祇院では「昭和の神社整理」へと着手するのである。昭和期の神社整理の方法的特色の一つとして非公認神社の一つである「私祭神祠」化が指摘できるが、その議論では従来の邸内社という定義から逸脱し、神社制度を再構築する新しい概念として私祭神祠が用いられている。

本章では行政上の取り扱い、法的な性質の面から私祭神祠について検討する。

二　公認神社の発生

本章で検討する私祭神祠は行政上、「非公認神社」の一つとして扱われた。非公認神社とは文字通り「公認神社」ではない神社に対する通称で神社行政において用いられた。ではなぜ神社に公認・非公認が生じたかというと、近代神社制度確立過程においてその区別の必要が生じたからである。近世以前における神祇を奉斎するところとして式内社や二十二社をはじめ神職の常駐する神社ばかりではなく、個人宅に勧請された神祠(邸内社・屋敷神)や山野路傍の神祠仏堂も存在した。屋敷神や山野路傍の小詞については直江廣治等の研究業績(6)が蓄積されているが、邸内社であっても規模・信仰形態は千差万別である。有馬家の水天宮のように近世期より庶民の参拝のあった邸内社もあれば、本家に祠があり分家一族で奉斎する事例、民家の片隅に祠が奉安されてその家のみで奉斎されている事例もある。変わった鎮座場所としては屋根上に小詞を建立する「屋根神」という事例もあり、こちらは愛知県・岐阜県で見られ近隣住民の崇敬を受けることも多い。(7) 山野路傍の神祠仏堂についても多種多様で、山林に鎮座し近隣住民(「組」と呼ばれる十軒ほどの崇敬集団)が年一度お供えを持参して拝礼する高さ一尺ほどの石祠、社殿も鳥居もなく御神木・石碑だけの神社も存在する。また常夜燈のみ建立し祠とする事例もある。静岡県の秋葉山本宮秋葉神社では近世期より全国各地に秋葉講が結成されたが、遠州地方では講中が常夜燈を建立し祠(遙拝所・神符奉斎所)とする事例が多く見られる。なかには常夜燈を鞘堂で覆う「龍燈」と呼ばれる形態もある。これらは決して特殊な信仰形態ではなく、明治初期の地域住民にとって「氏神」として崇敬される「神社」の形態は、多種多様であったのである。

維新後、新政府は社寺をはじめ国土・国民の調査把握に努めた。その上で明治四年五月十四日太政官布告第二三四(8)「神社ノ儀ハ国家ノ宗祀ニテ一人一家ノ私有ニスヘキニ非サルハ勿論ノ事ニ候処」が出される。本布告の趣旨は神社の有する物的設備・人的設備の二つの面を国家が管掌することである。(9) 簡単に言えば「神社」の国営化を宣言したのであり、本布告は同日付太政官布告第二三五「官社以下定額、神官職制等に関する件」(10)の社格制度並びに職員規則の制定と連動している。この布告を発するためには本来ならば「神社」の概念が明確であることが前提となるが、近代国家の草創期であったため神社に対する調査が不十分であり「神社」の定義を明確にせず発布された。このように神社に対する調査が不十分であったのは上知令、境内外区画についても同様のことがいえる。(11) ここで問題となるのが、全ての神社を国営化するのか、「国家ノ宗祀」として国営化される神社と民有神社を区別するのかという点であり、結果として邸内社・神棚を国営化する訳にもいかないため「国家ノ宗祀」たる神社を選別する作業が必要となった。

神社行政の対象となる神社を把握すべく考案されたのが「神社明細帳」である。本制度は簡単に言えば神社の戸籍に相当する台帳作成である。現代の感覚をもって台帳による管理を見ると、ありきたりな発想のように思えるが、これは神道史上画期的な発明である。近世までの吉田家は「神職」の支配であって、延喜式神名帳も班幣対象のみであって、神社明細帳は国家が全国の「神社」を網羅的に把握しようとした初の台帳であった。法制度としては明治五年正月神祇省第一号「府県郷村社社格区別帳を調査提出の件」[12]がその嚆矢となり、明治十一年九月九日内務省達乙第五七号「社寺取扱概則」[13]、明治十二年六月二十八日内務省達乙第三一号[14]にて整備され、更に大正二年四月二十一日内務省令第六号[15]（以下「省令六号」と略す）にまとめられたとの見解を内務省神社局総務課長児玉九一[16]は示している。

この通り神社行政上の狭義の「神社」とは明細帳に記載された神社のみを指すのであって、これを「公認神社」と称している。この点について明治末期の行政概説書では「国家の認めて神社となすものを公認神社といひ、之に対して然らざるものを非公認神社といふ[17]」、「神社台帳〔神社明細帳といふ〕に登載せられたるものをいふ、即ち普通に所謂神社とは総てこの公認神社をいふなり[18]」と解説している。逆説的に考えれば現代における「神社」のイメージは近世期の神社ではなく公認神社のことであるといえる。

明細帳に記載されることによって生じる法的な効力は法人格の取得と国家の営造物化である。同時に公認神社は社格を付与される。そのため公認神社とは官幣社・国幣社・府社・県社・郷社・村社・無格社であると言い換えることもできる。このうち無格社は第三章で述べた通り公式の社格ではなく、明細帳に記載されているものの社格が未だ付与されていない独立神社のことである。「無格」という社格は存在しないが未付与の状態が神祇院廃止まで継続したため、これをある種の社格のように理解する風潮もあった[19]。

三　非公認神社

非公認神社は、「神社明細帳に記載されていない全ての神社」を指すのであるが、行政上は主として「私祭神祠」と「無願神社」及び「神社明細帳脱漏神社」[20]を想定していた。私祭神祠とは邸内社など個人所有の神祠であり、無願神社とは無許可で建立された神社、脱漏神社とは登録から漏れている神社である。本節では非公認神社の発生を時系列で考察していきたい。考察の大前提として神社神祠は神社明細帳の発明より古い存在だという点がある。従って明治十年前後に神社明細帳を作成した時、大多数の神社は脱漏神社の状態であり、登録されることで公認神社となっていったと考えるべきである。ここで「大多数の神社」と述べるのは既に官国幣社など社格が確定している神社が存在するからである。明細帳が一応の完成を見た後も脱漏神社については随時明細帳編入の方途が制度的に開かれている。

明治五年八月晦日大蔵省第一一八号達[21]により社寺を無許可で建立することは禁止された。社寺建立を許可制としたことは明治四年太政官布告第二三四の趣旨や明治六年三月二十五日第一一四号布告[22]「地所名称区別」及び明治七年十一月七日太政官布告第一二〇号[23]「改正地所名称区別」で社寺地が一般民有地と区別されたことから考えて至当の措置である。従前から鎮座する神社を国家管理し、新規建立を禁止するということは民営神社を禁止するということである。第二三四布告は人的設備たる神職の精選補任を定めたが、新規に神社若しくは類似の宗教施設を建立して政府より神職として任命されていない者（便宜上「無資格神職」と呼ぶ）が祭典祈祷等を行うことを許しては布告の趣旨が根幹から揺らぐことになる。

ところが邸内社への参拝が活発化することで外見上に後に公認神社とされるもの（この時点では神社明細帳が成

立していない）と区別がつかない神社類似施設へとなることが判明し、そこに無資格神職の活動の余地が確認された。近世期より大名家の邸内社へ信仰が集まり、庶民の参拝が許されることがあった。著名なものとして芝赤羽有馬家の水天宮、三田松平家の稲荷、虎ノ門京極の金刀比羅宮、汐留伊達家の鹽竈社がある。(24)公開過程について吉田正高(25)の筑後柳川藩立花家の邸内社太郎稲荷の事例研究によれば、享和三年に麻疹が流行する中、霊験により病気が平癒したと話題になり参拝したいとの願いが相次いだ。立花家では祭日を定め江戸市民が許可なく入れるように計らったというものである。屋敷周辺には参拝者目当ての店がならぶほどであったと伝えられる。安藤優一郎(26)は大名が邸内社を公開する背景には賽銭等の副収入や他の大名との競争欲・名誉欲があると指摘する。

こうした邸内社の公開については維新以降、禁止等の措置が取られて来なかった。例えば有馬家の水天宮は維新後も庶民から実質的に神社と変わらぬ崇敬を受け、大名家としても従来通り参拝したいという要請に応じていたが、これらは布告第二三四の対象外であった。そうしたなか東京府内で中西源八なる人物が邸内社を口実に無資格神職の活動を行い、行政より参拝禁止処分を受けた。明治九年十一月二十一日教部省「東京府下平民中西源八私有地内皇大神宮へ衆庶参詣ヲ禁ス」(27)と記録される。本件については松山恵(28)が精緻な分析をしているが、禁止の原因は中西が勧財を行ったことにある。この直後、教部省は重要な通達三件を発している。(29)明治九年十二月五日教部省達第三六号、三七号、三八号である。第三六号は「明治神名牒編纂ニ付」として社格の未定神社について調査し明細書作成を府県に命じた。ここにいう「明治神名牒」がのちに神社明細帳として成立する。次に明治九年十二月十五日教部省達第三七号(30)「山野路傍等ニ散在セル神祠仏堂ノ処分方ヲ令ス」は、

各管内山野或ハ路傍等ニ散在セル神祠仏堂〔祠ハ山神祠塞神祠ノ類堂ハ地蔵堂辻堂ノ類〕ノ矮陋ニシテ一般社寺等ニ比シ難ク平素監守者無之向ハ総テ最寄社寺ヘ合併又ハ移転可為致尤人民信仰ヲ以テ更ニ受持ノ神官

僧侶相定永続方法ヲモ相立存置ノ儀願出候ハバ管轄庁ニ於テ聞届孰レモ処分済ノ後別紙雛形ニ照準シ一同取纏メ可届出旨相達候事

但神社寺院明細帳雛形ニ記載ノモノハ伺ノ上処分スヘシ

として「矮陋ニシテ一般社寺等ニ比シ難ク平素監守者無之」神祠仏堂について社寺への合併か、受持神職僧侶を定め永続方法を確立した上で届け出ることとした。この「聞届」は但書や第三六号により作成中の神社明細帳への登載を意味する。次に明治九年十二月十五日教部省達第三八号[31]「人民私邸内自祭ノ神祠仏堂ヘ衆庶参拝ヲ停メ並ニ其建物等信向人共有ノ筋ヲ以テ出願ノ節處分方」は、

従来人民私邸内ニ自祭スル神祠仏堂ヘ衆庶参拝為致候向モ有之自然一般社寺同様ノ姿ニ相成不都合候條自今総テ参拝可差停候尤其建物等更ニ信向人共有ノ筋ヲ以テ参拝之儀願出候ハ永続方法并神官僧侶之受持等夫々取調為申出候上管轄庁見込相立可伺出此旨相達候事

但従前願済之分ト雖トモ建物等一己私有ニ属スル向ハ本文に準シ詳細取調処分方可伺出事

とあって本通達をもって衆庶参拝を停止された邸内社こそ「私祭神祠」である。またここで信仰者が共有し参拝許可を願い出た場合は受持神官僧侶等を調べ教部省に伺出ることも定められている。これも神社明細帳への記載を命じたものと解釈すべきであろう。特に邸内社の特殊な事情である土地建造物（祠堂）が一個人の私有に帰するかについて、但書で調査をして伺い出るように定めてあることは公認神社化を意図したものである。

第三七、三八号の命じるところは山野路傍の神祠仏堂は公認神社化させるか、合併させるかの二択、邸内社は

衆庶参拝できなくするか、公認神社化させるかの二択である。第三八号で衆庶参拝を禁止された邸内社を「私祭神祠」と呼ぶ。ここで注目する点は山野路傍の神祠仏堂が従来の信仰形態を許されなかったのに対し、邸内社が邸内に止まる限りは従来の信仰形態を認められたという点である。現実的に考えて神棚と邸内社の外見上の相違は規模であり個人の信仰に止まる邸内社を国家管理することは神棚を国家管理するに等しい行為となる（信仰上は御分霊の勧請と神符奉斎という大きな差違があるが、行政上はその相違は取り扱わない。また神符を奉斎する邸内社、御勧請を受けた屋内神祠も想定される）。神棚を国家管理することは不可能であり、それは家庭祭祀を制限することになって敬神思想の普及の面から見ても問題がある。この明治九年十二月の三通達と神社明細帳の完成をもって、公認神社・非公認神社の別が立てられた。神社行政官衙としては無願神社・脱漏神社は違法であり発見次第行政措置（公認神社化若しくは私祭神祠化）が図られるため、制度上存置を想定している非公認神社は「私祭神祠」のみとなる。

この時期の小規模神社の状況については史料発掘を待つ状況であるが、柏木亨介[32]が紹介した『阿蘇郡調洩社堂最寄社堂合併調』は明治十七、十八年頃にかけて神社明細帳作成時に遺漏した山野路傍の神祠を再調査し合併などの措置を行った調書である。本史料によれば総数四三六社のうち社殿・祠など建造物を有するものは三九社に過ぎず、残りは木・森・石・水源をもって社としている。そして約四〇〇社の九割以上が村社・無格社に「合併」されている。地域差を踏まえても第三七号が適用された山野路傍の小規模神社の実態を示す貴重な史料である。

四 「私祭神祠」の条件と神社類似施設

宮尾詮、稲村貞文による『神社行政法講義』では「神社に紛はしきもの」として遙拝所、祖霊舎、邸内社、教会所、祠宇を挙げる。本書では邸内社を含め列記し外見上も公認神社と誤認される可能性が高いものばかりであるが、いずれも別途法令にて「公認神社」と区別されているため、これらを非公認神社として扱うことは、ほとんどない。

まず遙拝所については、明治九年三月十二日教部省達第八号[33]により「神殿ヲ建築シ本社ノ分霊ヲ鎮祀致候者ヲ分社トシ拝所ノミヲ設テ遥拝式執行致候者ヲ遥拝所ト為相心得」と規定され、分霊の勧請及び社殿を建立することと、祭典祈祷執行を禁止することで公認神社との区別を図った。また遙拝所は原則社殿を有さないものであるが、遙拝式を執行する建物の所有は可能である。ただし構造体裁について法規上規程はないものの神社拝殿とは体裁を異にすべきと宮尾らは述べる。建物を所有する遙拝所については行政にて監督し、遙拝所明細帳にてこれを管理する。

次に祖霊舎であるが、ここでいうのは「或る一家の祖先累代の霊を祭りて祠を建てたるもの又は神葬式にて葬儀を行ひし諸人の霊を合せ祀りたる霊祠を祖霊舎といふ」[34]である。祖霊舎については境内・境外に創建を許された時期があって明治十二年に明細帳を作成したことがあるが、後に独立した存在としては創設を禁止された。従前建立され明細帳に記載されたものについては存置を許されている。また個人宅において邸内社同様に祀るに際しては問題ないとされた。即ち、行政上の祖霊舎とは祖霊舎明細帳に記載のものと邸内社としての祖霊舎の二種となる。

教会所及び祠宇とは神道教派の施設であり、宗教行政の制度により管理される。そのため外見上、神社と誤認されることがあっても行政上これを誤認することはない。このうち教会所は法人格を有しない設備で法人格を有するのは祠宇である。祠宇の制度は明治十五年に始まる。明治十四年教会所における葬祭及び衆庶参拝が禁止されたため、信仰上不都合が生じ、新たに法人格を有する宗教設備として祠宇を認めた。その設立方法は地方庁に出願し、地方長官の精査を経て、内務大臣の許可を得るというものである。しかしながら明治十七年に自葬の禁止が解除されたことで存在意義を失ったため、政府は既設のものは存置を許し新設を許可しないこととした。その法規状の地位は寺院同様である。昭和九年頃の現存数としては神道三、神道修成派一〇、大社教三、扶桑教三、神習教一である(35)。

遙拝所・祖霊舎・教会所・祠宇はともに別途法令により行政上の扱いが確立しているため、外見上一般人に神社と間違われることがあっても行政上は誤認されることはなく、そのためこれらが非公認神社として神社行政上扱われることはない。

次に「私祭神祠」の法令上の扱いについて検討したい。まず「私祭神祠」の語について明治九年教部省達第三八号では「人民私邸内自祭ノ神祠仏堂」とあり、概説書でも「私邸内神祠」(『神社行政法講義』)、「邸内神社」(『神社行政』)などが用いられるが、省令六号第三四条に「私祭神祠」を公認神社にする手続きは神社創建に準じて行うことが定められており、「私祭神祠」は大正二年には行政用語として確立している。私祭神祠の要件として達第三八号で衆庶参拝が禁止された。その目的について児玉九一(36)は、

又、私邸内に自祭する神祠も亦神社ではない。私邸内の神社は之を通常邸内神社と称して居るが、之を公衆参拝の用に供することは禁止されて居る。後に述ぶる如く、神社は国家の宗祀で濫に之を建てることは禁ぜ

られ、現在の行政方針としては、容易に之が創立を許されない主義を採って居るので、時に、此の禁制の網を脱れる為め、邸内神社を建設して、漸次に之を公開して行くと云ふ様な、不法の行為を行ふものがあるが、斯の如きは国民として、充分反省すべきである。

と述べる。児玉の表現から邸内社を利用した無資格神職が昭和期に根絶されていないことが窺い知れる。私祭神祠の管理について衆庶参拝の禁止とは具体的にどういうことが要求されるのであろうか。この点について『神社行政法講義』では周囲に垣を設けるか、平素は門を閉ざして参拝不可能とするなどの措置を採るべきと説明している。こうなると個人宅や会社など特定の人間以外は参拝不可能になる。隣組などで共有管理する祠堂について考えると、部外者が出入り出来ず、それでいて隣組の住民だけは参拝できる環境を作らなくてはならない。そうすると個人宅に邸内社を安置し隣組の人間のみ自由に出入りを許可するか、邸内社周辺を垣で囲み門扉の鍵を隣組で共有管理するかになるが、どちらも参拝に不自由で土地所有者の負担が大きく現実的な考えではない。そのため隣組で共有管理する祠堂は山野路傍の神祠仏堂として取り扱わざるを得なくなる。

昭和四年に発足した神社制度調査会における議論で私祭神祠には明治九年教部省達第三八号の他、次の二法令も適用されると説明されている[37]。明治十四年十月三日内務省乙第四八号達（同日内務省戊第三号達神道総裁神仏各管長）、明治二十八年二月二十八日本局社甲第六号ノ内通牒道庁府県（明治二十八年三月一日社寺局社甲第六号通牒神仏各管長）であるが、両通達はそれぞれ神仏各管長への通達を心得、取り締まることを道府県宛に達したものであり、神祠管理に直接関する部分は管長宛の文書に記載されている[38]。

明治十四年第三号達

教院、教会所、説教所等ニ於テ葬祭ヲ執行シ或ハ平素衆庶ニ参拝セシムル等神社寺院ノ所為ニ倣フモノ有之候テハ不都合候条心得違無之様可為致此旨相達候事

明治二十八年社甲第六号

教院、教会所又ハ説教所ニ於テ其祭神若クハ安置仏ノ為メニスル場合ノ外ハ祭典法用ヲ執行スルコトヲ得ス且其祭典法用ノ時タルト平時タルトヲ問ハズ社寺及祠宇ニ類似スル装飾ヲ為シ衆庶ヲ参拝セシムル等ハ不相成儀ニ有之又教師ハ教院教会所又ハ説教所ニ居住スルモノヽ外ハ自宅ニ多衆ヲ集メ説教ヲ為スヲ得サル次第ニ有之候条不都合ノ行為等無之様派内ヘ通牒ノ上厳重取締有之度命ニ依リ此段及通牒候也

これらは管長宛であるが、府県にも通知したことで一般人が建立した私祭神祠（邸内社）において神社類似の行為、無資格神職の活動の禁止を徹底せしめたものだといえる。禁止事項を整理すると、衆庶参拝、葬祭、神社の所為に倣うもの、祭神の為以外に行う祭典、社寺及び祠宇に類似の装飾となる。以上の禁制は全て無願神社・無資格神職を根絶せしめんとするものであり、要するに明治政府は民営神社を完全に否定したのである。

五　神社制度調査会と神社整理

神社制度調査会における主として無格社を対象にした神社整理については第三章にて述べた通りであるが、調査会の中で「氏子祭」という形態の祭祀が多く見られることが報告された。

この「氏子祭」とは氏子によって神社が運営され氏子が必要する時（例祭）のみ神職を招き祭典を執行させる

か、完全に神職不在で氏子のみで祭祀儀礼を行うものである。この氏子祭にも様々な形態が想定されるが、宮村が評した通り地元住民の信仰感情に根付いており、明治末期の神社整理時の「神社復祀」[39]の問題を考えても神社行政上評価の難しい要素である。これは公私二元論ではなく公・公共・私の三元論の見地から公共哲学の小林正弥[40]が提唱する「公共神道」に近い形態であろう。神職が主体的に介在せず、隣組などの規模の氏子集団のみで祭祀・運営が完結する神社を本章では「氏子祭型神祠」と呼称したい。氏子祭は祭祀令など諸法令に基づく祭典が十分に執行されていない点や維持管理、境内の尊厳性の点において神社行政の神社に対する要求を満たしていない。また氏子祭型神祠が非公認神社であった場合、衆庶参拝可能な状態にあるのであれば、それは無願神社・脱漏神社に他ならない。氏子祭型神祠は明治九年教部省達第三七号で合併か、公認神社化するかを迫られた山野路傍の神祠仏堂に実態としては近い存在だといえる。即ち神社行政の求めた理想的神社とは乖離しているのであるが、これを神道史の面から見たときに敬神思想の面で悖るとは評価できない。むしろ家庭祭祀の充実につながる、強い信仰があることは称揚せられるべきところがある。このように、神社行政の理念と民情には相違があることを踏まえて考察せねば、近代神道史研究は一方的なものに陥る危険性がある。

上記は無格社に関する調査であるが、調査会がいくつかの地域で実地調査を行った結果、小規模の無願神社・脱漏神社が予想以上に多数発見され、明細帳に記載されない神社が実質的に無格社と大差ない状態で崇敬されていたのである。これは法制度上から見れば違法な状態が横行していたのであって、神社行政の非公認神社の想定は大きく崩れ、無願神社・脱漏神社を含めた対策が必要となった。吉井良晃委員は「未公認神社ノ取締ガ先決問題デセウナ、無格社以上ニ未公認神社ガアリマスカラ、是等ノ整理ガ無格社ノ整理ヨリモ前提ニナルモノデハナイカト思ヒマスネ」[41]と述べた。「無格社」という表現そのものが議論になることもあり、表現上は一定しないが、実質的に事後の議論は無格社と非公認神社（未公認神社）を含めた対策へと進展する。

調査会は、昭和十七年七月十六日第一三回総会において「無格社整備ニ関スル要綱」[42]を採択した。本件は藤本が精緻に分析をしているが、その方針は無格社と非公認神社を村社昇格させるか整理するかの二択である。整理対象の基準としては祭神が「帝国ノ神祇トシテハ不適当」、「祭祀ノ執行ヲ欠キ」、一定数の氏子崇敬者なく、神社として相応しい規模が整わず又整備する見込みもなく、維持経営の方途確立せず又確立の見込みもないものを掲げている。そして事情を考慮して「適当ナル部落ニ一社トスル」処置を認めつつも「原則トシテハ一大字ニ村社以上ノ神社一社アルヲ以テ理想的形態トスルコト」と基準を示した。中央神社行政官衙として「一大字一社」を明文化したのである。さらに付記で府県社以下神社ハ総テ地方公共団体ヨリ神饌幣帛料ノ供進ヲ為スベキモノトスルヲ目標トシテ漸次整備スルコト」と示した。神饌幣帛料は村社以上が供進対象であるからこの目標は無格社数を無くせと要求するに等しい。神社として相応しい規模について神饌幣帛料供進を基準とするならば、明治三十九年内務省訓第四九五号[43]に示された「境内坪数百五十坪、本殿、拝殿、鳥居等完備シ五十戸以上ノ氏子若ハ崇敬者ヲ有スル神社」が適用されることになり、石碑だけ御神木だけの神社は整理対象となる。

無格社の整理の方法は、六つで（一）他の神社に合祀、（二）他の神社の境内神社化、（三）他の神社の境内神社に合祀、（四）他の神社の境外神社化、（五）私祭神祠化、（六）廃止、である。（五）の私祭神祠化は神社明細帳から抹消して公認神社としての法人格を喪失させ、事後は私祭神祠として扱う方法である。そして私祭神祠をはじめとする「神社類似ノ施設」と公認神社について混淆を来さないような処置・取締規程を設けることを計画している。

ここで試みに六つの整理方法のうち氏子祭を継続できる方法を検討したい。まず鎮座地に残るのであれば境外神社化という方法もあるが、祭祀は社司の管掌するところになるため、従来通りの氏子祭形態は維持できる保証はない。境内神社化も同様である。そうなると法人格を放棄して氏子祭を継続する私祭神祠化という方法が候補として残る。法人格を喪失することによって税制上の恩典も失うが、無格社の時点で地租は課税されており、追加されるのは地方税である。また柏木の調査にあるように、官有地上の脱漏神社という事例もあったため、官有地に石碑・石祠・御神木のみ存置という措置を許される制度的・国民感情的余地もあった。しかしながら氏子祭の無格社・非公認神社を私祭神祠とした場合、氏子祭の形態は大きな変容を余儀なくされる。なぜならば従前の私祭神祠の制度では公衆参拝を禁止することが条件なのであって、山野路傍にそのまま存置することはできず個人宅や門内に移転遷座させることになる。そうなると普段は参拝できず、例祭のときだけ氏子に参拝が解放される神社となる。氏子祭の状態はさまざまであろうが、調査会の報告では屋内や邸内にあるという情報はないので大半が山野路傍に鎮座し、氏子がいつでも自由に参拝できる状態にあったと推測される。そのため邸内へ遷座することは氏子祭のやり方にも影響を及ぼすことが懸念される。

そのため神祇院が従来の「私祭神祠」の定義（明治九年教部省達第三七号、三八号）を踏襲し、計画していた「取締規程」において新しい私祭神祠の定義をしなかった場合、小規模無格社・非公認神社の氏子祭は無格社整備要綱により消滅するかその信仰形態の変更を余儀なくされたと推測できる。

六　神祇院による「私祭神祠」の方針転換

実際の「私祭神祠」に関する議論を見ていくと、神祇院は昭和十七年一月二十日第八六回特別委員会で「無格社整備ニ関スル大綱参考案」(44)を提示した。前述の要綱の原案である。この時点で「甲　無格社整備ニ関スル事項」として六の方法が記載され、「乙　私祭神祠ノ措置ニ関スル事項」として、

第一　方針ニ就テ

私祭神祠等神社類似ノ施設トノ間ニ生ズル虞アル混淆ヲ防遏スル為之ガ取締ノ方途ヲ講ズルコト

第二　方法ニ就テ

（一）私祭神祠等神社類似ノ施設乃至行為ニ対シ必要ナル取締規定ヲ設クルコト

（二）前項ノ違反ニ対シテハ罰則ヲ設クルコト

（三）神社ニハ其ノ神社ノ社格神社名等ヲ記載シタル社標ヲ建設セシムルコト

とある。この点について教務局長宮村才一郎の説明は、

全国多数ノ無格社ノ中ニハ数人乃至十数人共同シテ僅ニ私ノ祭祀ヲ継続シテ、其ノ崇敬者ノ主観的ノ気持ニ於イテモ自ラ他ノ村社以上ノ神社ト区別ガアルヤウナ私的ナ感ジノ濃厚ノ神社ト云フモノモ相当アル、一方他ノ方ニ於キマシテハ、明細帳ニハ載ツテ居ラヌケレドモ、其ノ侭永イ間類似施設ト申シマスカ現在ニ及ンデ居ルモノモアリマス、此等ノ二ツノ場合ハ形式的ニハ明細帳ニ載ツテ居ルカ居ラヌカニ依ル区別ガアルダケデアリマシテ、実質的ニハ区別ガデキナイモノガ多イト云フコトハ御調査下サイマシタ結果、御諒承ニナツテ居ルコトト思フノデアリマス、第一ノ場合ノ様ナ是等ノ無格社ハ明治初年ノ明細帳調製当時ノ沿革カラ見マシテ、当初ヨリ神社明細帳ニ登録スベカラザルモノヲ誤ツテ登載シタノデハナカラウカト考ヘラレル節ガアルノデアリマス、斯様ニ神社明細帳登載ノ神社ニシテ私的色彩ノ極メテ濃厚デ整理ノ対象ニ該当スルモノハ此ノ際私祭神祠トシ、一面第二ノ場合ノ様ナ明細帳ニ登録セラレナイデ現存シテ居リマス未公認神社、尤モ未公認神社ノ中ニ於キマシテモ公認神社ト為スモノハ是ハ別問題デアリマスガ、所謂現在世間ニ在リマ

ス一般ノ未公認神社ト云フモノモ同様所謂私祭神祠トシテ黙認シテ行クト云フコトニシタラドウデアラウカ

というものである。この議論に対して河野省三より「私祭神祠ト云フモノハ邸内神社、ソレカラ部落的ノ神社ト両方アル訳デスカ」と質問され、宮村は、

現在私祭神祠ト申シマスモノハ大体邸内神祠ト思フノデアリマスガ、併シ此ノ案ノ如ク仮ニ斯ウ云フコトニナツテ参リマスト。邸内神祠ヨリモ少シ模様ノ変ツタモノガ出テ来ルデハナカラウカト思フノデアリマス、何ト申シマスカ、無格社カラ神社行政ノ範囲外ニ持ツテ参リマスモノガ、個人ノ邸内神社トサレテ行ケバ問題ハ無イノデアリマスガ、ソレヨリモ範囲ノ広イト申シマスカ、変ツタ意味デノ私祭神祠ガ出テ来ルデハナイカト思ヒマス

と回答した[45]。従来の邸内神祠は公衆参拝の用に供しないものであり、その条件を満たすために門内に鎮座するなど自由に参拝できないような制限が要求された。そのため二軒以上が共有して信仰するというのは実現が難しい。しかしこの大綱参考案では数軒で崇敬する神社も私祭神祠として想定し、教務局長の回答は私祭神祠の定義の再考を示唆したものである。私祭神祠という整理方法に対して長谷外余男は、

現在ノ無格社デ到底村社ニハ出来ナイヤウナ神社、サリトテ廃止スルコモ《ママ》ト出来ナイ信仰状態デアルト云フヤウナ所ヲ私祭神祠ノ名ニ於イテ、普通ノ神社ノ埒外ニ於イテ取締ツテ行クト云フコトハ非常ニ良イ方法デアルシ、同時ニ私祭神祠ノ中ニハ邸内神社、未公認神社ト云フ種々アルモノヲ一先ヅ此ノ中ニ入レテ置イテ

適当ニ指導シテ行クト云フコトモ必要デアラウ、ソレカラ個人ノ邸内神社、ソレカラ五戸ナリ十戸ノ町内デ祀ツテ居ルモノモアルノデアリマス、ソレラモ御祭神モ立派デアリ、将来ノアルモノハ聴テ助長シテ公認シテ行クト云フコトモ一ツノ方法デアリ、又新開地、新シイ町等ニ矢張リ是ガアル。単ニ廃止シ整理スルノガ能デハナイノデアリマシテ、ソンナ新シイ町ニハ矢張リ氏神様ナリ産土神ヲ造ツテ行ク、サウ云フコトモ考ヘテ居リマス

と「全然賛成致シマス」と参考案に賛意を示した(46)。

続く昭和十七年三月二十四日開催の第八七回特別委員会において審議は更に深められた。宮村教務局長は「所謂制度ノ上ノ無格社ト云フモノヲ無クシテ、皆国家ノ宗祀トシテ内容モ充実出来ルヤウニシテ行クノガ一番大事ナコトデアル(47)」と趣旨を説明し、無格社整理における「私祭神祠」は従来の私祭神祠の法制を再構築することを前提として議論されていたが、新しい定義については神祇院の内部においても確立されていなかった。第八八回特別委員会で幹事の葛西嘉資は「私祭神祠トスル方法ト申シマスモノハ邸内神社ノヤウナモノデ、極ク僅カノ数人共同シテ神様ヲ御祭シシテ居ルト云フヤウナモノデアツテ(48)」と数人が共同して信仰する私祭神祠が誤って明細帳に記載されたのであり、それを修正する趣旨であるとの見解を示している。誤って公認神社化した邸内社を修正するのは同じでも数十人規模を想定していた宮村とは規模の面で異なる。

このような議論を経て「無格社整備ニ関スル要綱」が昭和十七年七月十六日第八九回特別委員会に上程された。大綱参考案と要綱との相違は「第二　方法ニ付テ」が取締規定を設けることだけになり、罰則と社標の項目が削除された点である。幹事の中島清二は私祭神祠の定義について、

当局ノ考方ト致シマシテハ、一般ノ神社ハ公衆ガ自由ナル参拝ヲサレルヤウナ本質ヲ持ツテ居ルニ対シマシテ、私祭神祠ハ、個人又ハ特定ノ多数ノ人ガ参拝ヲスル為ニ出来テ居ル神祠ト云フ風ニ本質的ニハ区別ヲ考ヘテ居リマス

と説明した。[49] 中島は「私祭神祠等」と「等」を付す理由について神社類似の施設についても取り締まることを強調している。法制度の面から見れば、要綱に掲げられた「私祭神祠」が従来通り邸内社のみを指すのか、複数軒共有の、第三七号の対象となったような山野路傍の神祠をも含めるものへと定義が変更されるのかは取締規程次第となる。管見の限りこの規程の完成版は見つかっていないが、中島の主張通りであるならば邸内社・山野路傍の神祠・教派神道の施設を含んだ公認神社と非公認神社・神社類似施設を区分する重要な規程が構想されていたものと思われる。これは行政における神社概念の再設定とも評価できるであろう。

しかしその規程は第一三回総会でも開陳されることはなく、議事録を見る限り構想は進んでいたが施行はおろか上程できる段階まで達していなかったのであろう（結局、完成しないまま終戦を迎えた可能性もある）。私祭神祠に関する総会での議論を見ると、特別委員長の「私祭神祠等ノ措置ニ関スル事項」の説明で「此ノ私祭神祠ト申シマスノハ、国民ノ神祭ノ習俗乃至神社成立の沿革ニ考ヘテ、或ル程度之ヲ黙認シテ行クコトガ適当ト考ヘラレルノデアリマス」[50]と述べたことは明治九年時点と比較すれば遙かに実情民情に則した姿勢へと変化したといえる。ただここで岡部長景が、

ソコデ村社ノモウ一ツ下ニ、私祭神祠トノ間ニ半官半民的ノ、矢張リ隣組式ノ神社ト云ツタヤウナモノヲ考ヘルコトハ出来ナイデセウカ、サウシテソレニハ神職ナド置カナクトモ宜イ、御祭スル時ハ、村ノ者が集ツ

テ来テヤルト云フヤウナコトヲ、祭祀ノ方法トシテ認メルト云フヤウナコトガ出来ナイデセウカ

と氏子祭型神社を制度として新たに創設することを提案した[51]。これに対して神祇院副総裁の飯沼一省は境外神社とする方法が該当すると回答している。当初教務局長の宮村は「数人乃至十数人共同シテ僅ニ私ノ祭祀ヲ継続シテ」いる無格社も私祭神祠とすると説明した。これは氏子祭型・隣組規模の未公認神社も私祭神祠として取り扱う構想である。岡部の質問も氏子祭型神祠の私祭神祠化と同義である。ところが飯沼の説明では氏子祭は境外神社として存置させるというものであり、私祭神祠を想定していない。

　神社類似の施設を含め規程を作り、かつこの時点で宗教団体法は施行されていたことを考え合わせるのであれば、この私祭神祠等の取締規程により従来の「私祭神祠」の定義が拡張される可能性はあった。議事録を見ても、第八八回特別委員会で私祭神祠について議論している際に「我々モ常ニ私祭神祠ト云フコトハ口ニシテ居リマス[52]」と述べた高山昇が「私祭神祠ト云フノハ、今度初メテ起ツタ名称で、個人ノ家デ、個人ガ御祀リスルノガ即チ私祭神祠デアリマス[53]」と述べている。私祭神祠が省令六号などで使用されている名称であることは調査会で確認されていることから、新しい定義が出来たと高山が認識していたと解釈できるが、高山は私祭神祠を邸内社のみで想定している。議事の流れから見れば宮村の構想は縮小され、従来通り、若しくは従来に近い邸内社のみを前提とした私祭神祠制度にまとまったと見ることができるが、最終的に無格社整理によって「私祭神祠」の法的性質が変化したかどうかの判断は取締規程を確認するより他ない。ただ本章では神祇院の推進した無格社整理により私祭神祠の範囲が従来の邸内社から隣組・氏子祭型神祠まで拡大する構想があったことを指摘するに留めたい。

　氏子祭は地縁団体に依拠し共同性が強いものの小林正弥の提唱する「公共神道」「民の共祭」に近いものであ

ると筆者は考える。少なくとも氏子祭は制度的に公私二元論では扱いきれない事象である。調査会における私祭神祠の議論は公私の枠に当てはまらない「公共」的な祭祀についていかなる制度的地位と保護を与えるかという議論であると評価できる。そして調査会では氏子祭に対し前向きに制度改正も含めて検討していたのである。

七　私祭神祠等の取締

私祭神祠等の神社類似施設は多種多様であるためその取締規程の成立は難しく、試行錯誤を繰り返さないと完成し得なかったと推測する。この点について事例をもって検討すると調査会でも長谷外余男により紹介され、本章でも既述の「屋根神」は名前通り屋根の上に小祠が奉安されるものである。完全な一家個人の信仰に止まる場合もあれば、隣組共同で崇敬することもある。中には小祠を輪番で管理する（一年毎に隣家の屋根に移動する）地域もある。屋根神が私祭神祠なるや否かについて、道に面した屋根上に存在するのであるから衆庶参拝は可能だと評価することもできるが、これを取り締まろうとするとなると「神棚を道路から見える位置に設置するのは如何」という別の問題が発生する。

秋葉神社の秋葉山常夜燈は現代でも隣組が輪番で燈明を灯して町内安全を祈願するという地域が少なくない。信仰形態は常夜燈を鞘堂で覆いそこに神符を奉斎する「龍燈」もあれば、燈籠を神祠のように拝礼する地域、燈籠横に小祠を建立する地域、石燈籠を通じて本宮遙拝する町内もある。つまり同じ秋葉山常夜燈でも神祠であり、遙拝所であり、そのままの燈籠ということもある。これを行政上取り締まるとなると個別事例を調査の上、対処せざるを得ないだろう。

神祇院が継続したならば、調査会で高山昇や長谷外余男が述べたように民情を尊重し、家庭祭祀を充実させてそれが自然と村社へ結実するのを待つというような姿勢で多様な私祭神祠に対応する行政措置を地道に蓄積するということが求められたと思われる。

八　おわりに

本章では近代神社行政における私祭神祠が法制度のなかで、どのように位置づけられてきたかを概観した。用語としての「私祭神祠」は省令六号第三四条にて使用され、法制上は邸内社・邸内神祠を想定し、公認神社と区別するためにいくつかの禁止事項が存在した。それは公衆参拝の用に供すること、葬祭を執行すること、神社の所為に倣う行為、祭神の為以外に行う祭典、社寺及び祠宇に類似の装飾を施すことであり、神社と紛らわしい存在、無資格神職の活動根絶を目的としていた。

神祇院における無格社整理において私祭神祠の再定義が構想されたが、これは私祭神祠のみならず無格社・無願神社・脱漏神社を含めたもので、明治十年前後の神社明細帳作成当時の神社概念を再検討するという試みでもあったといえよう。明治十年当時の山野路傍の神祠仏堂処分及び邸内祠堂への衆庶参拝禁止は、従来の民衆の信仰、例えば氏子祭型神祠にとっては大打撃であったことは事実である。それまで山野路傍に鎮座し近隣住民が前を通る時はお辞儀をし、年に何度か集まってお祀りを営んだ神祠仏堂には合併されるか、公認神社とするか、それとも個人宅へ遷座して自由に参拝できなくなるか、いずれにせよ現状維持をする選択肢がなかったのである。民衆信仰を国家統制した悪制と評する向きもあろうが、無願神社、無資格神職が横行していた明治初期において神社に「国家ノ宗祀」の地位を公認し、神職を精選補任したことが今日の神社神道の社会的地位・評価に果たした役割は決して小さくない。今日吾人が想定する神社とは上知令・社格制度・神社明細帳・神社整理などを経て形成された公認神社のことであって、近代神社行政なくして現在の神社神道は存在し得ない。

註

(1)米地實『村落祭祀と国家統制』(お茶の水書房、昭和五十二年)。
(2)大蔵省営繕管財局国有財産課『社寺境内地ニ関スル沿革的法令集』(大正十五年)、三四六頁。
(3)第三章参照。
(4)藤本頼生「無格社整理と神祇院―「国家ノ宗祀」と神社概念―」(『國學院雑誌』第一一三巻一一号所収、平成二十四年)。
(5)神社本庁編発行『神社制度調査会議事録③』(近代神社行政史研究叢書Ⅲ、平成十三年)、七一二頁。
(6)直江廣治『屋敷神の研究　日本信仰伝承論』(吉川弘文館、昭和四十一年)。
(7)芥子川律治『屋根神さま』(名古屋市教育委員会、昭和五十六年)。
(8)阪本健一編『明治以降　神社関係法令史料』(以下『法令史料』と略す、神社本庁明治維新百年記念事業委員会、昭和四十三年)、二九―三〇頁。
(9)「神社行政における「国家ノ宗祀」」(國學院大學研究開発推進センター編・阪本是丸監修『昭和前期の神道と社会』所収、弘文堂、平成二十八年)。
(10)『法令史料』、三〇―三三頁。
(11)本書第七章参照。
(12)『法令史料』、四四頁。
(13)文部省文化局宗務課監修『明治以後宗教関係法令類纂』(以下『法令類纂』と略す、第一法規出版、昭和四十三年)、二六二頁。
(14)『法令史料』、一一七頁。
(15)『法令史料』一八七―一九三頁。

(16)児玉九一・有光次郎『神社行政　宗教行政』(地方自治叢書第一巻、常磐書房、昭和九年)、二三〇頁。実際には櫻井治男が「明治初期の「神社」調べ」(『明治聖徳記念学会紀要』復刊第一三号所収、平成六年)にて考証した通り明治三年の大小神社取調をはじめ全国的な神社の調査が実施されており、その成果の結実が神社明細帳である。

(17)宮尾詮・稲村貞文『神社行政法講義』(中川友次郎・塚本清治・荻野仲三郎校閲、集成堂、明治四十四年)、一二頁。

(18)梠杜吉次『現行神社逐条講義』(誠之堂書店、明治四十三年)、一六二頁。

(19)岡田包義『神祇制度大要』(大日本法令出版、昭和十一年)。

(20)前掲『神祇制度大要』、三二二頁。

(21)皇典講究所『現行神社法規』(水穂会、明治四十年)、五一五頁。

(22)大蔵省営繕管財局国有財産課『社寺境内地ニ関スル沿革的法令集』(以下、『法令集』と略す、大正十五年)、一八〇―一八一頁。

(23)『法令史料』、一八一―一八四頁。

(24)岩淵令治「武家屋敷の神仏公開と都市社会」(国立歴史民俗博物館編『国立歴史民俗博物館研究報告』第一〇三号所収、国立歴史民俗博物館、平成十五年)。

(25)吉田正高「江戸都市民の大名屋敷内鎮守への参拝行動」(地方史研究協議会編『地方史研究』二四八号所収、地方史研究協議会、平成十二年)。

(26)安藤優一郎『観光都市　江戸の誕生』(新潮社、平成十七年)。

(27)国立公文書館所蔵、「中西源八皇大神宮衆庶参詣ヲ禁ス」、太政類典・第二編・明治四年~明治十年・第二百五十九巻・教法十・神社八、[請求番号]本館-2A-009-00・太00482100[件名番号]035[作成部局]太政官[年月日]明治09年11月21日。

(28)松山恵「明治初年東京における「諸神社遥拝所」の簇生について―教部省教化政策の実像に関する一考察―」(駿台史学会編『駿台史學』第一四二号所収、平成二十三年)。

(29)前掲『村落祭祀と国家統制』、二五一頁。
(30)神祇院總務局監輯『最新神社法令要覧』(京文社、昭和十六年)、三二四頁。
(31)国立公文書館所蔵、「人民私邸内ニ自祭スル神祠仏堂処分」、太政類典・第二編・明治四年～明治十年・第二百五十二巻・教法三・神社一、[請求番号]本館-2A-009-00・太00475100[件名番号]018[作成部局]太政官[年月日]明治09年12月15日。
(32)柏木亨介「阿蘇郡調洩社堂最寄社堂合併調　一覧解題」(藤田大誠・青井哲人・畔上直樹・今泉宜子編『明治神宮以前・以後―近代神社をめぐる環境形成の構造転換―』所収、鹿島出版会、平成二十七年)。
(33)前掲『現行神社逐条講義』、一〇六頁。
(34)前掲『現行神社逐条講義』、一一〇頁。
(35)前掲『神社行政　宗教行政』、後段一一〇頁。
(36)前掲『神社行政　宗教行政』四―五頁。
(37)神社本庁編発行『神社制度調査会議事録③』(以下『議事録③』と略す、近代神社行政史研究叢書Ⅲ、平成十三年)、六五六―六五七頁。
(38)前掲『神社行政法講義』、一一八頁。
(39)櫻井治男『蘇るムラの神々』(大明堂、平成四年)。
(40)小林正弥『神社と政治』(KADOKAWA、平成二十八年)。
(41)『議事録③』。五一二頁。
(42)『議事録③』、七一二頁。
(43)前掲『神社行政　宗教行政』、一九二―一九三頁。
(44)『議事録③』、五九五―五九七頁。
(45)『議事録③』、六一六頁。
(46)『議事録③』、六二七―六二八頁。

(47)『議事録③』、六五四頁。
(48)『議事録③』、六九二頁。
(49)『議事録③』、七〇二頁。
(50)『議事録③』、七一九頁。
(51)『議事録③』、七三二頁。
(52)『議事録③』、六七八頁。
(53)『議事録③』、七三四頁。

第五章　補論　邸内社の法的性質

――現代の政教問題を論じる上での近代神社行政研究の意義――

一　はじめに

前章では「私祭神祠」の発生と神祇院で検討された神社整理における展開について考察した。「私祭神祠」は法制度としては戦前期に限られたものであるが、現在でも企業、工場、マンション、デパートの敷地に私祭祠堂が祭られていることがある。(1)元々その地に祀られていた場合、創業者の意思によって勧請された場合とその由緒沿革は様々であるが、人々の純粋な祈りにより建立され、今日まで祭祀が続けられた祠堂である。

「私祭神祠」は、近代神社行政上で用いられる呼称であり、一般には屋敷神、邸内祠堂、邸内社と呼ばれることが多い。(2)私祭神祠が制度的に公認神社とは異なった取り扱いを受けてきたことは、前章で述べた通りであり、終戦に伴い邸内社について規定した法令も失効し、また邸内社の法的性格が論じられる必要性もほとんどなくなった。しかしながら信州大学内稲荷神社の事例のように、公有地上に鎮座する邸内社の法的性質が裁判問題に発展することがある。(3)こうした問題の解決のためにも現行法制度の上で邸内社がどのように位置づけられるのか、宗教法人である一般「神社」とは区別して考えるべきなのかということを邸内社の歴史から考えることは、決して無意味ではない。本章は前章と重複する点も多々あるが、近代神社制度の研究が現行の法的・社会的問題解決に資するかを検討する補論として、邸内社の管理に重点を置き、その法的性質について考察していきたい。

二　邸内社の慣習

邸内社の法的な性質、制度上の取り扱いを論じる前に祭祀、慣習などについて触れておきたい。全国の邸内社がどのように祀られているか、その形態についてまとめた先行業績としては、まず直江廣治の『屋敷神の研究日本信仰伝承論』がある。(4) 邸内社の発生がどこまで遡るか不明であるが、古くは藤原良房の邸内に宗像三神を邸内された例がある。(5) 勧請し祠堂を建立するにはそれなりの資産が必要であり、現在でも邸内社の多くは旧家などに存在する。このことを考えれば邸内社が普及するのは政情が安定し経済も発展した近世ごろであろう。勧請されたのは神だけではなく邸内に仏を勧請した場合もあり、明治九年の法令で「人民私邸内自祭ノ神祠仏堂」との文言が見える。(6) その性格は地域により大きな差異があり、その性格ついても崇敬神社の分社、土地の神、祖霊と多様である。学術用語としては「屋敷神」と統一化されているが、個々の祭祀者が呼ぶ名称は「地神」・「鎮守」・個別祭神名と地域によって多様である。

祭祀の形態としては、個人が祭る「単独祭祀型」、一族で奉斎する「同族祭祀型」、特定の家の邸内社を近隣住民とともに奉斎する「近隣参加型」があると直江は指摘している。「単独祭祀型」が「同族祭祀型」や「近隣祭祀型」へ展開していく事例もあり、また一概に「同族祭祀型」と「近隣参加型」といってもその祭祀方法としては本家が頭屋を務めるものと頭屋を輪番で務めるものがあり、その実態も極めて多様である。個人の屋敷神が信仰を集め「近隣祭祀型」へ展開、遂には村の鎮守に合祀されるということもあった。こうした場合、元の祭祀者は慣習的に鎮守社の総代となるなど祭祀において優遇されていた。また屋敷神には、家系に帰属するものと土地に帰属するものがあり、前者は家系の移住と共に遷座するが後者はその土地に残り新地主がこれを継承せねばならないという慣習が存在していた。

三　近世における邸内社の管理

邸内社は幕府・政府などの「公」の管轄から外れ、全く「私」の管理に属することを最大の特徴とし、そこに「神社」との相違がある。

幕藩時代、一般の寺社が寺社奉行の支配を受けるのに対し、邸内社はこの限りではなく、管理一切の処分は奉斎者に帰属している。即ち邸内社はあくまで「私」のものであり、「公」の支配から外れているのである。例えば江戸において新たに社地・寺地を設けることは禁じられていたにもかかわらず[7]、私邸内に邸内社を勧請する武家、有力町人は少なくなかった。この事から境内地の管理において邸内社が公の支配を受けないものであり、一般寺社と明確に区別されていたことがわかる。また一般の社寺には朱印地、除地等といって免税特権を受けるものがあったが、邸内社は奉斎者の所有地に属するのであり、そうした特権を受けることはなかった。

「公」の公認も支配も受けないため、邸内社は神棚同様に「私」の管理に属する。従って普通の寺社のように不特定多数の人間が参拝し、祈祷を行うべきではないという制約がある。基本的に邸内社は個人・一家が祀る又は一族で奉斎するものである。しかしながら近世においては、この点についての制度があいまいで、一部において不特定多数の参拝がなされた事例がある。これは大きく二つに分類できる。

第一は邸内社の信仰が拡大する事例である。本来個人・一家・一族で奉斎される邸内社が霊験あらたかとして、付近の住民の崇敬を集めることがあった。こうした邸内社の中には崇敬により村の鎮守に合祀されたものもある。例えば板橋区赤塚大字大門に鎮座する諏訪神社では近世期に近隣の住民が奉斎していた十羅刹女への信仰が高まり神社へ合祀された。そして明治初年の神仏判然によって十羅刹女のみ遷座されたという歴史がある。この神社は現在では近郷の氏神として崇敬されると共に、幕末明治に活躍した国学者である井上頼圀翁の妻が京都に赴く夫の安否と維新の成功を祈願したことで有名である。前章における「氏子祭」の発生もこうした信仰の拡大が発端の一つと見て差支えなかろう。

第二は、大名屋敷の邸内社の衆庶参拝である。大名家の邸内社として著名なものには、芝赤羽有馬家の水天宮、三田松平家の稲荷、虎ノ門京極の金刀比羅宮、汐留伊達家の鹽竈社がある。こうした大名の屋敷内の邸内社がなんらかのきっかけで人々の崇敬を集め、大名家がそれに対応する形で神仏を公開するという事例は少なくない(8)。こうした大名家の邸内社を公開するに当たり、一応幕府に伺いが出されているが、幕府の関与する問題ではないという回答が出されている。こうした大名屋敷内の邸内社が公開される過程については、吉田正高(9)が筑後柳川藩立花家の太郎稲荷の事例を中心に研究している。太郎稲荷が人々の崇敬を集めるようになった享和三年という年は、麻疹が流行した年である。多くの患者が出る中浅草下屋敷内にある邸内社太郎稲荷の霊験により、病気が平癒したという話が広まり、ご利益に与ろうという人々が殺到。立花家ではあまりの人の多さに祭日を定め、江戸市民が許可なく入れるようにした。太郎稲荷の人気はすさまじく、屋敷の周辺には参拝者目当ての店がならぶほどであったという。また、こうした武家屋敷内の神仏公開について安藤優一郎(10)は、観光業の視点から考察し、大名が神仏を公開する背景には、賽銭等の副収入や他の大名との差別化を望む名誉欲があると論じている。同時に水天宮のように時代を越え崇敬を集めるには単なる観光業ではなく、地域に根付いた信仰が必要であることも指摘している。

これらは邸内社の性質から考えて特殊な事例である。しかし同じ例外としても大名家の邸内社の公開は、第一の事例とは規模と性質が異なる。従来信仰圏が拡大した場合において、参拝者はせいぜい近隣の住民と特定された範囲内であったのに対し、この大名屋敷の邸内社の衆庶参拝では参拝者が完全に不特定である。[11]

近世において「公」の支配を受けないという点は完全に守られていたが、参拝の規模という点については不特定多数の参拝が行われる特殊事例があったため不完全であった。そのため明治において不特定多数の参拝を禁じる法令が出されることとなる。

四　近代における邸内社の管理

邸内社の公開は、人々に定着したこともあり明治維新以降も行われていた。邸内社の公開に際し、教部省など管轄省に許可を求めることがあったが、それは明治五年三月十八日太政官無号「教部省職制並事務章程」[12]に定められた専任処分項目中の「教徒ヲ集会シ教義ヲ講究スル事」に該当するからである。また明治初年以降、近代神社制度が整備されていくが、ここにおいても邸内社は「公」支配には属していない。例えば明治四年五月十四日太政官布告第二三五「官社以下定額、神官職制に関する件」[13]、「郷社定則」[14]により全国の神社の社格が定められた。しかし山野路傍の祠や邸内社などは社格が与えられず、この後の諸法令も適用されなかった。公の関与を受けないということは、近世・近代ともにかわらない特色である。

邸内社を公衆に参拝させるという異常な事態が是正されるのは明治九年十二月十五日教部省達第三八号「人民私邸内自祭ノ神祠仏堂ヘ衆庶参拝ヲ停メ並ニ其建物等信向人共有ノ筋ヲ以テ出願ノ節處分方」[15]による。

「従来人民私邸内ニ自祭スル神祠仏堂ヘ衆庶参拝為致候向モ有之自然一般社寺同様ノ姿ニ相成不都合候條自今

総参拝可差停候尤其建物等更ニ信向人共有ノ筋ヲ以テ参拝之儀願出候ハ永続方法并神官僧侶之受持等夫々取調為申出候上管轄庁見込相立可伺出此旨相達候事

但従前願済之分ト雖トモ建物等一己私有ニ属スル向ハ本文に準シ詳細取調処分方可伺出事」

この法令により邸内社の公開というものは禁止され、あくまで私の祭祀に留めるか、改めて神社としての公認を得るか、どちらかを選択せねばならなくなった。この法令は邸内社とは「私」の祭祀であり、公衆に参拝させるものではないという邸内社の本質を制度的に明確化させたものと評価することが出来よう。そのため大名屋敷における邸内社公開は江戸時代から明治初期にかけて行われたあくまで特殊な事例と考えるべきだろう。

「私」の祭祀である邸内社を公開することは「公」・「私」を混同させ当事の宗教行政や社会秩序を乱す恐れがあった。公認を得るということは同時に「公」の支配を受けることである。公開された邸内社はそうした公認された神社にかせられた制約を受けずに外見上は全く変わらないというものであり、「公」・「私」を奉斎者の都合よく利用できる存在である。例えば、神官の身分の問題がある。明治四年五月十四日太政官布告第二三四「神社ハ国家ノ宗祀ニ付、神宮以下神社ノ世襲神職ヲ廃シ精選補任ノ件」[16]、また明治八年五月十五日教部省達書第一八号「府県社以下祠官祠掌ハ氏子総代等連署出願ノ件」[17]において神社の神官は精選補任と定められている。当然その誰でも補任されるわけではない。しかし邸内社の名目で公開し、祠堂を神社同様にすれば外見上は誰でも神官になれるのである。当時明治六年一月十五日教部省布達第二号「梓巫女市子憑祈祷狐下ヶ等の所業禁止ノ件」[18]や神仏分離等により活動できなくなった修験者や旧社家・僧侶などが相当数存在していた。そうした民間宗教者が邸内社において従前の活動を行おうとしても不思議ではない。当時の状況は無認可神官を生む恐れが大いにあった。またこうした無認可神官の中に社会秩序を乱す輩が居たことが、明治九年十一月二十一日教部省「東京府下平民中西源八私有地内皇大神宮へ衆庶参詣ヲ禁ス」[19]から伺える。ここで中西源八なる者が衆庶参詣を禁じられた理由は追々勧財を行うようになったからと明記されている。公文書には中西源八の事例しかみることができないが、このように邸内社を名目に勧財など営利的な所業を行っていた者が他にも存在していたと推測される。

邸内社を不特定多数に参拝させることは公認神社制度の根幹に関わる問題であり、政府が取締りに着手したのは当然のことといえよう。これにより「公」の支配を受ける「神社」と支配を受けず「私」の祭祀である邸内社の区分が明確にされた。

五　神社行政概説書から見る邸内社の行政上の取り扱い

戦前期には多くの神社行政の概説書が刊行された。それらから邸内社の扱いについて見ると邸内社は「神社」よりも神棚に近い存在であるため、土地・建物の所有権者、つまり法人にはなりえない。土地建物等の権利はあくまで土地を所有し祭祀を行う奉斎者にあるのである。そのため公認神社は法人格を取得するが、邸内社が法人格を取得することはなかった。当然神社明細帳にも記載されない。この点は現代にも通じる行政上の大きな特徴であろう。

また明治九年十二月十五日教部省達第三八号において「一般社寺同様ノ姿ニ相成不都合候條」とあるが、厳密に邸内社の規模や装飾についての規定はない。絶対的な規定がない以上邸内社の規模はその鎮座する屋敷と相対的に考える必要がある。ただ郷村社以上については、明治九年二月二十八日太政官達「境内区画ノ査核ヲ了スルヲ以テ神社新建並移転ニ際シ其坪数ノ制度ヲ定ムルノ件」[20]において坪数が定められている。これを参考に考えれば邸内社の規模は村社の玉垣内制限坪数一八四坪未満と考えられよう。

邸内社の行政上の特徴をまとめると次のようになる。邸内社とは「神社」よりも神棚仏壇に近く全く「私」の管理に属し、政府が関与せざるものである。これに対し一般の神社とは主務官庁において認可され、神社明細帳に記載されたものである。当然その廃立は政府の届出が必要であり、受け持ちの神官・僧侶が定められ、その他諸法令にしたがわなくてはならない[21]。建物などの管理についても神社は氏子・崇敬者などの承認を得る必要があるのに対し、邸内社はその土地建物所有者の一存で改廃が可能である。また公認された神社が権利主体となりうるのに対し、邸内社は独立した権利主体とはなりえない。明治九年十二月十五日以降邸内社が個人の崇拝に留まらず、衆庶の参拝をおこなう場合は、正規の手続きに従って主務官庁の公認を得て神社とならなくてはならない。公認を得ていないにもかかわらず公開している邸内社は、いわば非公認神社であり、当然公衆の参拝を認められないのである。邸内社の法的性格については、椙杜吉次『現行神社法規逐条講義』[22]や宮尾詮・稲村貞文共著『神社行政法講義』[23]において同様の解釈がなされている。

六　公認神社に非ざる祭祀施設

邸内社同様に公認神社と明確に区別されたものがいくつか存在する。その中で私邸内にあり、戦前邸内社とほぼ同様の扱いを受けたものとして神棚がある。神棚は「公」の認証を必要とせず、「私」の管理に属するもので、法人格を有しない。法的性格は邸内社とほぼ同様である。ただ神棚が主として神札を奉斎するのに対し、邸内社は勧請し、ご祭神がご鎮座することも少なからずあるという大きな相違がある。この相違は精神的影響力を論ずる上で問題となってくる。次に遥拝所がある。遥拝所も邸内社同様明治初期に多く建立され、諸問題が生じたため関連の法令が出されている。明治九年三月十二日教部省達第八号[24]によれば、「神殿ヲ建築シ本社ノ分霊ヲ鎮祀致候者ヲ分社トシ拝所ノミヲ設テ遥拝式執行致候者ヲ遥拝所ト為相心得」と規定されている。即ち神殿の有無、

祭典か遥拝式かというのが遥拝所と公認神社・邸内社の区別である。(25)

山野路傍の神祠仏堂については、明治九年十二月十五日教部省達第三七号(26)において最寄り社寺への合併又は社寺境内への移転するよう命じられている。同時に人民において崇敬者がある場合については、受持神官僧侶と永続維持方法を定め届け出るよう規定されている。時期内容から考えてこの処分の背景は邸内社同様「神社」と「神社」に近い祭祀施設の行政上の区別を明確化することにあったと思われる。しかし邸内社が一定の条件下ではあるがそのままの形で継続されたのに対し、山野路傍の神祠仏堂は旧来の形式をとることを禁じられているところに両者の相違がある。邸内社はその土地所有者・奉斎者が管理をすることとなるが、山野路傍の祠堂には明確かつ自然にそれと認められるような管理者がいない。山野路傍の祠堂に管理者を定めては一般「神社」・寺院との区別が不明確になり、さりとて管理者を定めなくては祠堂が荒廃してしまう。以上のことを考慮して邸内社とは異なった処分をしたのであろう。

以上の通り、神社明細帳の制度が確立する明治十年ごろに邸内社以外の公認神社と混同する恐れのある祭祀施設についても行政上の取り扱いを区別する法令が出されている。

七　現在における邸内社の判断基準

これまで戦前における邸内社の性質について見てきた。それを踏まえて現在、何を以って邸内社とするかを考えてみたい。判断材料として第一に由緒沿革がある。勧請状況、戦前に於ける神社明細帳の記載の有無、これまでの維持管理方法というものは決定的ではないが参考にすべき基準である。例えば神仏分離によって大権現、大明神といった神号は禁止されている。現在、私有地国有地に鎮座する古い祠堂が「何々大明神」と額を掲げている場合、明治期において「公」の支配に属しない邸内社であった可能性は極めて高い。

第二に法人格の問題がある。邸内社は法人格を有しないのであるから、当然宗教法人として認証を受けていてはならない。同時に邸内社自身が宗教団体を形成するか、又は宗教団体の実質的活動拠点となっていてもいけない。第三に土地建物の所有権などの権利主体となっていてはならない。第四に戦後全国の神社の大半を包括する宗教法人である神社本庁や宗教団体の管理からも外れている必要がある。

第五に参拝の規模がある。不特定多数の参拝のないことが邸内社の条件である。では、現状において何をもって不特定多数の参拝があると見なすべきであろうか。これは社会風土の影響を受ける。家庭においてはその家族、企業・工場においては従業員といったその集団の構成員の参拝が認められることは言うまでもない。我が国の親類に対する考え方や日本の伝統的企業風土から考えて家族以外の親戚、従業員の家族、定期的な出入り業者等も許容範囲に含めてよかろう。では工場敷地内の従業員以外の人間が参拝できる場所に邸内社があったとしよう。その邸内社に従業員や出入り業者以外の人間、例えば工場見学に来た学生やたまたま営業に来た保険の勧誘員が、工場の邸内社に参拝したとして、これを不特定多数の参拝と見なすことができるであろうか。確かに奉斎者の把握せざる外部の人間が参拝していることは間違いない。しかしながら一般の「神社」がほぼ無条件にいつでも参拝できるのに対し、邸内社の場合は奉斎者の都合により制約がある。先程の工場の例でいえば休暇で閉まっている時は当然参拝できないし、そもそも開いているときでも無断で誰でも入れるわけではない。不特定多数の参拝があるか否かという問題は、実際に外部の参拝があるかどうかというよりも、奉斎者（土地所有者）が邸内社のみを目的として敷地内へ入ることを積極的に勧奨しているか否かで判断すべきであろう。

第六に独自の専門的な宗教家・祭祀集団の有無がある。これは運営や祭典の意思決定過程に宗教家が関与するか否か焦点となる。筆者も神職として邸内社への出張祭典を依頼されることがあるが、それは奉斎者の依頼により祭典時のみ出張しているだけであって日程決定の権限はないし斎行を強要することもできない。このように依頼で祭典時のみ専門的宗教家が出向している場合は専門的な宗教家・祭祀集団が存在しない邸内社として判断できる。第七に規模・様式がある。邸内社は一般の「神社」と比較して違いがわからなくてはならない。これは相対的に全敷地と比較して邸内社と認められるか否か判断する必要がある。

全体的に考えると今日においても「神社」と、邸内社は異なった性質のものとして認められる。両者を区別する基準としては、宗教法人の認可の有無、権利主体であるか否か、神社本庁やその他宗教団体との関連、独自の祭祀集団の有無が有力な基準となる。

八　現行法上における邸内社の性格

今日において具体的な法令はなくても、実質的に「神社」とは異なる性格を有する邸内社が存在することが明らかとなった。それでは邸内社が「神社」と異なる性格を有するが故に司法上どのような影響を及ぼすか、具体的法令を見ていきたい。現在国有地の邸内社に関連する主な法令は憲法第二〇条と第八九条である。まず憲法第八九条は公的財産の宗教団体への支出を禁じている。信州大学の件でも同大学内に稲荷神社が鎮座することが、国立大学の敷地（財産）の宗教団体への貸与に相当するとして神社の移転が請求されている。しかしながら同訴訟において八九条の想定するような宗教団体は存在しない。邸内社はその性質上、権利主体になりえないのであり、稲荷神社そのものに敷地を貸与するのは不可能である。仮に同神社を維持管理する杏蔭会[27]を貸与の相手と見なすとしても、同会を宗教団体と見なすことはできない。学説上、宗教団体とは信仰についての意見の一般的一致があり、そのような信仰を目的とする人的集団と理解するのが通説である[28]。同会の本来の目的は信州大学医学部の支援であり、稲荷神社の維持管理はその主たる目的ではない。信州大学自体を宗教団体とみなすのも同様に不可能である。従って信州大学の事例では国立大学の敷地を貸与された宗教上の組織若しくは団体が存在しないため、八九条には抵触しない。同様に昭和二十九年に発生した新発田駐屯地の事例[29]でも八九条違反とはならない。

憲法二〇条については、邸内社と「神社」の影響力の相違を考慮する必要がある。その存在自体の影響力として、神札を奉斎する神棚や遥拝式のみを行う遥拝所よりも、ご祭神を奉斎する邸内社の精神的影響力は大きい。しかしながら邸内社は「神社」と比較して独自の祭祀集団を持たず、規模敷地についても総じて「神社」より小さい。また「神社」が権利主体であるのに対し、邸内社は権利主体になりえない。その存在自体の精神的影響力としては一般に神棚・遥拝所、邸内社、「神社」の順に大きくなると判断できる。裁判においては、これら祭祀施設の性格に留意し、その差異を考慮すべきでなかろうか。また邸内社に神職僧侶といった宗教家を招き祭典法要を執り行うことについても論じる必要がある。一般家庭で神職を招き神棚で祭典を行うということはほとんどないが、邸内社において縁日に神職を招き祭典を執行するのは不自然なことではない。これは一般家庭において盆彼岸に僧侶を招き仏壇で読経してもらうのと同様であり、多くの邸内社で行われている慣習である。祭典の目的が集団の安全や繁栄の祈願であり規模としても妥当な範囲内であれば、その集団にとって習俗の範囲を脱するものではない。既に津市地鎮祭訴訟において目的効果基準とともに示されたとおり、祭典法要に奉仕する神職僧侶にとって宗教行為であっても、祈願主にとっては習俗という理論は成立する。邸内社に宗教者を招き祭典を行うこと、それだけをもって違憲とすることはできないものと考える。

九　おわりに

戦前において「神社」と邸内社は、明確にその行政上の取り扱いが区分されていた。近代神社行政の終焉により制度上の区別は消滅したが、「神社」（公認神社）と私祭神祠の性質は同一ではなかったという歴史的事実は残っている。そのため信州大学内稲荷神社の事例のように政教関係の議論・訴訟で「神社」と私祭神祠を区別することには意味がある。なぜならば私祭神祠は「神社」とは異なり、むしろ神棚に近い私的な祭祀施設として評価する方が歴史的に見て適切であり、現代の社会通念上においても「神社」と神棚の公共性や宗教的・社会的影響力を同一と見なすことできないからである。この点について信州大学内の稲荷神社が由緒から見て内務省が所管した公認神社ではなく、私祭神祠であったのであったことは明らかである（そのため神社制度的には同社を「稲荷神祠」と呼称するのが適切だろう）。従って同事例の原告の主張は「神社」と邸内社を混同したものだと言わざるを得ない。

特に現代の政教関係を論じる上で、邸内社が独立した権利主体となりえなかったという厳然たる歴史的事実は軽視すべきではない。そのため第八九条に関して議論する上では、鳥居の有無などではなく、祭祀運営の実態が神祠を超越しているかどうか改めて検証する必要がある。要するに「神社」とは性質を異にする私祭神祠という存在がある以上、外見だけで宗教法人・宗教団体たる「神社」と断定し、その前提で議論を開始するのは事実誤認を招く危険性が高い。

国有地や公共の場の神棚、邸内社、地蔵、マリア像などと信教の自由・政教分離の問題は、今後も発生する恐れがある。将来的な議論・訴訟においても外見上の判断で一様に宗教的なものとして扱うことは歴史的経緯から考えて不適切であり、それぞれの沿革と実態を精査して適切な対応をすべきであろう。

註

(1)神社新報社編『企業の神社』(神社新報社、昭和六十一年)。
(2)本章では邸内社で統一する。
(3)藤原英夫『裁かれたキャンパスの神社—信州大学政教分離訴訟—』(あずさ書店、平成十七年)。
(4)直江廣治『屋敷神の研究　日本信仰伝承論』(吉川弘文館、昭和四十一年)。
(5)『日本三代実録』元慶四年三月二十七日の条。
(6)明治九年十二月十五日教部省布達第三十八号「人民私邸内自祭ノ神祠仏堂ヘ衆庶参拝ヲ停メ並ニ其建物等信向人共有ノ筋ヲ以テ出願ノ節處分方」。
(7)史籍研究會『祠曹雑識』第一巻(内閣文庫所蔵史籍叢刊第七巻、昭和五十六年六月、汲古書院)参照。本書の著者は「麻谷愚老」なる人物で、内容から寺社奉行間部詮勝の家臣と推測される。天保年間成立。寺社奉行内の記録を抄録したもので史料的価値は高いとされる。
(8)武家屋敷内の神仏公開事例を網羅的に分析したものとしては、岩淵令治の「武家屋敷の神仏公開と都市社会」(『国立歴史民俗博物館研究報告』第一〇三号所収　平成十五年)がある。
(9)吉田正高「江戸都市民の大名屋敷内鎮守への参拝行動」(地方史研究協議会編『地方史研究』二四八号所収、地方史研究協議会、平成十二年)。
(10)安藤優一郎『観光都市　江戸の誕生』(新潮社、平成十七年)。
(11)この点に関しては当時の村落が隣組などにより、現在よりも密接な関係を築いていたことに留意する必要がある。
(12)阪本健一編『明治以降神社関係法令史料』(神社本庁明治維新百年記念事業委員会、神社本庁、昭和四十三年)、四八頁。
(13)前掲同書、三〇頁。

(14)前掲同書、三四頁。

(15)国立公文書館所蔵、「人民私邸内ニ自祭スル神祠仏堂処分」、太政類典・第二編・明治四年~明治十年・第二百五十二巻・教法三・神社一、[請求番号] 本館 -2A-009-00・太00475100 [件名番号] 018 [作成部局] 太政官 [年月日] 明治09年12月15日。

(16)前掲『明治以降神社関係法令史料』、二九頁。

(17)前掲同書、一〇一頁。

(18)前掲同書、五九頁。

(19)国立公文書館所蔵、「中西源八皇大神宮衆庶参詣ヲ禁ス」、太政類典・第二編・明治四年~明治十年・第二百五十九巻・教法十・神社八、[請求番号] 本館 -2A-009-00・太00482100 [件名番号] 035 [作成部局] 太政官 [年月日] 明治09年11月21日。

(20)営繕管財局国有財産課編『社寺境内地ニ關スル沿革的法令集』(大正十五年)。

(21)受け持ちを定めるということは、単に毎回の祭典を依頼する神官僧侶を決めるということではない。神官僧侶には当然管理・祭典について権限が与えられると解すべきである。

(22)椙杜吉次『現行神社法規逐条講義』(誠之堂書店、明治四十三年)。

(23)宮尾詮・稲村貞文共著『増訂再版 神社行政法講義』(集成堂、明治四十四年)。

(24)前掲『現行神社法規逐条講義』、一六〇頁。

(25)ここでいう分社には神社明細帳記載の「神社」と邸内社両方が想定できる。

(26)神祇院總務局監輯『最新神社法令要覧』(京文社、昭和十六年)、三二四頁。

(27)杏蔭会《きょういんかい》。昭和二十六年二月松本医学専門学校の松本医科大昇格に伴い開校式を挙行するための集まりが催された、これが杏蔭会の発足となる。杏蔭会とは薬に用いられる杏、転じて医学の蔭という意味で当時の佐藤学長により命名された。協力会社が主体となって結成され催し物の世話役をするとともに大学への協賛金援助を行った。

(28)百地章『愛媛大学法学会叢書4 憲法と政教分離』(成文堂、平成三年)、一八九頁。また箕面市遺族会補助金裁

判（平成十一年十月二十一日際高裁判決）においても同様の法理で遺族会を宗教団体ではないと判断している。

(29) 昭和二十九年、陸上自衛隊新発田駐屯地に自衛隊員の自発的意志により建立された菖蒲神社が、同駐屯地を管轄する第一管区総監部の命令により解体された。

第二編

鎮守の森の近代化

第六章　近代神社境内地の形成

——上知令・山林・租税・公園——

一　はじめに

先に公認神社の法人格について述べたが、公認神社を構成する最大の物的施設は境内地である。神社境内は、その所有林（神社林）とともに現在では「鎮守の森」と通称され、一般や特に神社関係者によってその悠久性が主張されている。しかしながら、明治維新と近代化により封建的社寺領が解体されて近代的土地制度に依拠した境内地の制度が形成されていったのであり、近世から近代にかけて何の変化もなかった訳ではない。むしろ大きな近代化という変革のなかで改めて「境内地」が再確認された時期であったと筆者は評価している。最初の変革が上知令と地租改正であり、次いで現代に繋がる重要問題として境内地に関する租税がある。上知令と地租改正は近代的な土地制度による新境内の区画事業であり、景観的にも大きな変化をもたらした。租税については幕藩体制下でも朱印地除地などの恩典があったが、各社寺への個別の恩典ではなく、法制度として社格により一律に免租の優遇を与えた。当時、明治政府は財政難であり、実際に境内地には各種制限がなされていたことから、朱印黒印除地からの惰性によって免租された訳ではないことは明らかである。保護に値する何らかの国家的利益を見い出すことができたからと考えるのが妥当であろう。

一連の制度革新により改めて境内地の国家的位置づけ、「風致」、「神体山」、「公共性」、「公園的性格」などの要素が再検討されるようになった。本章にて述べるように制度的、区画的に境内地が大きく変化しているのであるから、現代の神社景観や人々の境内地観は近代化を経て形成されたものだと言わざるを得ない。そのため近代における境内地の制度的沿革を考証することは、神道史上極めて重要な意味をもち、また近代の神社の実態を明らかにする上でも不可欠の研究となる。本章では近代の境内地の制度的な沿革についてその全体像を概説し、個別の問題については次章以降で詳述していきたい。

二　上知令と地租改正

近世以前の社寺境内は、現在一般に想像される境内とは異なり、様々な性質の土地が混在していた。封建的領土であった社寺領は勿論のこと、本殿本堂周辺に神官僧侶、或いは人民の居住空間、商業空間、田畑などが存在した。当時、法人という概念は存在しなかったが、徳川時代における社寺が法人としての権利能力を有していたことは明治以降に確認されている。具体的事例として、地租改正等における土地の所有権の判定で社寺名請がそのまま継承されてことが挙げられよう。(1) しかし、制度や概念が未完成であった徳川時代においては、特に会計などにおいて神職僧侶と社寺との区分が不十分な点も多かった。制度上における社寺の近代化とは、会計や運営について法人化の徹底であったともいえ、近代的な境内地の形成とは祭典法要を目的とした法人としての所有地とそれ以外の私的空間他との区画であるといえる。

維新以降、政府は徳川時代における判物を提出せしめる等、現状の把握に努めた。同時に人民の支配を最寄りの藩へ移行させた。[2]社寺領は行政権の面では維新直後より解体が開始されていたといえる。この時期の特色として、田中秀和[3]が指摘するように、廃藩置県以前に独自の社寺制度の改革を実施したところもあって、全国一様ではなかったことが挙げられる。

明治四年正月五日太政官布告[4]として公布された上知令の主たる目的が、版籍奉還に伴う封建的領土の否定であったことは、「各藩版籍奉還之末社寺ノミ土地人民私有ノ姿ニ相成不相当」とあることから明白である。この時点における新しい境内は「社寺領現在ノ境内ヲ除ク外一般上知被仰付」とあるのみで、明確な基準が示された訳ではなく、その区画は後続の規定を待つことになる。ただ、封建制の解体は税の徴収権を府県に移管することで完了することもあり、明治四年中にそのほとんどが解決されたものと思われる。実際、京都府における明治五年からの境内外区別において対象となっているのは所有権のからむ社殿本堂周辺だけである。しかし続いて出された明治四年五月二十四日太政官達[5]では寺院境内に関し「従前ノ坪数反別ニ不拘相当ノ見込ヲ以テ境内ノ区別相定」とし、更に同年七月四日太政官達[6]でも神社境内に関し「境内地ヲ不論本社及建物等現今ノ地形ニヨツテ相除其他総テ上地可致」としたように、上知令直後に出された基準も景況で判断せよという地方官の裁量に大きく依存する基準であった。

この上知令の対象について「朱印地除地等」と示されているため、封建的領土のみであるかのように一見思われるが、大竹秀男[7]が指摘するように、公議所における評議などで社寺地への免税について批判的な傾向が高まってきており、「高内引」や「見捨地」を含む免税地全てを対象にしていた。そのため明治七年頃まで公訴負担が区画判定の基準であり、取得原因が考慮されることとなってくるのはそれ以降である。このように上知令を発した政府は、社寺境内地は原則として元公領地であったものを朱黒印状などにより社寺に知行権を付与したものであるというものと認識していた。[8]しかし中田薫[9]が明らかにしている通り、朱印地除地の中には社寺が購入、又は開墾した土地に対し免税した事例もあり、免税地が公有地であるとは限らないのであって、後年の下戻処分の原因は政府の認識不足にあった面もある。

停滞した近代的土地制度に立脚した境内地形成の進展には、明確な区画基準と近代的土地所有制度の策定が必要であった。明治六年三月二十五日第一一四号布告[10]「地所名称区別」により、官国幣社は神地、郷社・寺院は除租地となる。何れも地券を発行せず、地方庁において坪数を記帳するのみであり、その扱いに差異はない。しかし本布告は除祖地の説明に「当分此ノ分ニ入ル」と記載されているように、暫定的な処置であって、翌年十一月七日に太政官布告第一二〇号[11]として「改正地所名称区別」が出されることになる。ここで、神宮官国幣社府県社及び民有にあらざる社地は官有地第一種に、民有地にあらざる堂宇敷地及び墳墓地は同第三種に、官有寺院地は同第四種に、人民数人及び一村或いは数村所有の確証ある社寺は民有地第二種に、民有の確証ある墳墓地は同第三種に分類され、それぞれの課税についても定められた。

地所名称区別により土地所有制度が明確化されたことで上地事業は受け皿ができたことになる。社寺境内は神職僧侶の居住地や田畑、山林等様々な土地を含んでおり、境内外を区画するということは単に社寺だけの問題に止まらず、全国民の土地所有の問題と一括して解決されねばならなかった。そのため地租改正と同時に上地事業が完遂されたことは当然の帰結といえる。しかし、境内外の区画をなすにはもうひとつ、明確な境内地の定義が必要となった。それが、明治八年六月二十九日地租改正事務局達乙第四号「社寺境内外区画取調規則」[12]（以下、「取調規則」と略す）である。

「取調規則」第一条には「社寺境内ノ儀ハ祭典法用《ママ》ニ必需ノ場所ヲ区画シ更ニ新境内ト定其餘悉皆上知ノ積取調ヘキ事」とあり、ここで示された「祭典法用ニ必需ノ場所」という定義はその後の境内地の定義として終戦まで用いられることとなる。第一条には但書があり、当初は「民有ノ社寺ハ従前ノ通心得ヘキ事」であったものが、明治八年十月十五日地租改正事務局達乙第六号[13]により、その前に「但郷村社以上民有ノ社地ハ渾而本条ニ倣ヒ境内ヲ定メ其他」が追加された。これは後述する郷村社地の免租と同一時期であり、ここで示されている民有境内地の「従前ノ通」とは租税負担と取得原因から所有権を確定するという意味である。

尚、「祭典法用」の語は、明治六年四月二十三日租税頭陸奥宗光より東京府知事大久保一翁へ出された「公園取扱心得[14]」の中に「公園内ニ存在セル社祠堂塔、及祭祀法務ニ必用之建物等ハ祠官寺僧ニテ進退可為致事」とあることから、行政実務の中から生まれたものと推測される。

三　境内地の管理と租税

区画後の境内に対しては、管理や制限が課せられるようになる。境内地拡張については、免租地の増加につながるため、明治九年二月二十八日太政官達[15]や明治二十年の富山県より内務省への照会回答[16]において移転等に伴う拡張を制限している。また休息所の設置に際し申請が必要になり、日数も期限が定められるようになるなど[17]、使用についても行政による管理が進められた。境内の管理については、明治十一年九月九日「社寺取扱概則[18]」において社寺明細帳が作成されるようになったことは大きな変化である。明細帳は地方長官によって二通が作成、正本を主務官庁へ提出し、副本を当該府県庁にて備え付け、内容の変更に際しては加除訂正がなされる公簿である。児玉九一が「行政上の神社の形式的定義は「神社とは神社明細帳に登録されたるものなり」とも言い得る[19]」と評したように、社寺は明細帳に記載されて初めて法令上の権利義務を有することとなる。特に寺院に関しては、昭和十四年四月八日法律第七七号「宗教団体法[20]」第三二条において「本法施行ノ際現ニ寺院明細帳ニ登録セラルル寺院ハ之ヲ本法ニ依リ設立ヲ認可セラレタル寺院」と見做す旨定められている。書式に関しては、明治十二年六月二十八日内務省達乙第三一号[21]にて脱誤のないように徹底が図られた他、逐次法令にて整備されていった。樹木の伐採等も報告事項に加えられ、社寺は明細帳を元に国家の管理を受けるようになる。

このように社寺に関する管理制度は、明治十年頃より整備されてきたのであるが、他方、官有地化された社寺境内を法律上どのように位置づけるかについては、永く規定がなかった。この点は大正十年四月八日法律第四三号「国有財産法」[22]によって初めて、神社境内を公用財産、官有寺院境内を雑種財産とされた。神社については、これを国の営造物法人とした結果であり、寺院についてはその特殊な沿革を考慮し、国有財産を無償貸付したものと見做したものである。尚、上地とは無関係であるキリスト教教会等については国有地の無償貸付の事例はない。

境内地に対する免税という恩典は、先述の管理と表裏一体となっている。恩典は政府の期待の反映であるといってよいが、宗教法人法制定までに単なる修正に止まらない変更があった。まず明治七年「改正地租名称区別」の時点では官有地であるが故に非課税であるというのが原則であるが、翌年に郷村社以上は民有地でも賦課されないように変更されている[23]。また民有社寺境内地の地方税は明治二十一年非課税とされた[24]。郷村社以上が明治四年五月十四日太政官布告第二三四[25]以後、公法人（営造物法人）と位置づけられていたことによるものと思われるが、それ故に第一章、第三章で述べたように無格社の扱いが問題となる。

地租法[26]など社寺境内が免租・非課税される規定において、社寺共に民有境内地を貸家など有料にて使用させる場合、課税されることが併記される。目的外利用に対しては恩典が付与されないのであって、免税という恩典は境内本来の目的「祭典法用」を保護の対象としていることを窺わせる。

民有寺院境内地に地租が賦課されていたことについては、有光次郎[27]が、明治四十二年四月二十二日地理課宗教神社主税局通牒理甲三号を以て、脱税目的に民有地たる堂宇敷地を上地しようとしても受理されないと論じている。ただ実際どれくらい課税対象が存在したかについては大蔵省管財局が『社寺境内地処分誌』に於いて上地当時、民有の証拠がありながら官有地化した事例が多いことを指摘し、明治十一年五月二十七日内務省達「官有地社寺境内無代価下渡地種組替届出方ノ件」(28)でも対象を文明十八年以前創建の寺院を下渡の対象外としていることから、官有境内地となっていた寺院の割合が多かったものと推測される。このことは後年、仏教連合会が国有境内地無償譲与を要請していることと符号するのであるが、詳細については不明な点も多い。

キリスト教教会の敷地については、明治三十二年七月二十七日内務省令第四一号(29)にて設立の途が設けられた。これは特に閣議を以て定められたもので、信教の自由を保障する目的で出されている。

その後、昭和十四年に課税の状況は大きく変化する。「宗教団体法」第二二条第二項により寺院・教会の地租も宗教活動の用地である限り、免租の恩典を受けることとなった。これは現在の宗教法人に対するそれに通じる。宗教団体の免租に法的根拠が与えられたのに対し、当時六万社ほどの無格社について免租の対象にならなかったのは前述した通りである。この時点で地租が免除されたことについては、昭和十四年四月八日法律第七八号「寺院等ニ無償ニテ貸付シアル国有財産ノ処分ニ関スル法律」(30)(第一次境内地処分法)が実施されたこととも併せて考慮する必要がある。総じて租税制度は社寺教会を国家としてどう位置づけるかが反映される施策である。

近代的神社境内地の形成及び税制上の恩典と管理から、政府が社寺境内若しくは社寺そのものを一般地とは区別し、保護しようとしたことは明らかである。大竹が指摘する様に上知令以前に社寺地への免税を封建的な特権と見做し、強い批判があったことから明治政府が単なる徳川時代からの惰性で免税を続けたというのは考えにくい。政府が保護するに値する公益性に対し、改めて免税という恩典が与えられたと解すべきであろう。その公益性については次の三点が考えられる。

（一）祭典法要という社寺本来の活動に対して
（二）社寺のもつ歴史・文化的な価値に対して
（三）信教の自由を保障するため

まず（一）について、社寺共に民有境内地を貸家など有料にて使用させる場合、地方税を賦課したということから「祭典法用」用地であることが免税の条件となっていたことは明らかである。次に（二）について、当時政府は名所旧跡地を保存すべく、明治五年四月十二日大蔵省達第五十三号「古来声誉ノ名所古蹟等保存ノ件」[31]、明治六年一月十五日太政官布告を出しており、境内地を保護することで社寺のもつ歴史や文化を保護しようとした姿勢が窺える。（三）について、キリスト教会への恩典が信教の自由の保障の為であったことは制度確立の経緯から明らかである。

以上の三点が複合的に期待されたものと思われるが、区画基準と明記され、免租・非課税の条件ともなっている「祭典法用」という社寺本来の活動そのものに主として公益性が認められ、その用地を保護しようという恩典が与えられたと理解するのが妥当である。

四　鎮守の森の官有地化

社寺の目的が「祭典法用」であると仮定して、その用地たる境内地には参詣者をして自然と尊崇の念を抱かせるような雰囲気が必要となってくる。そのため戦前の社寺行政における境内地を解説する上で、「祭典法用」と同等に用いられるのが「風致」という要素である。この「風致」についてまず想定されるのが「風致林野」である。「鎮守の森」という言葉に示されるように、山林は信仰の対象であり、社寺に欠くべからざる要素である。しかし、近代的境内地形成当初より森林が社寺に付与されてきたわけではない。

上知事業当初において「現今ノ地形」や「見込」といった曖昧な基準が示されたのは先述の通りである。この基準が「風致」を考慮する意を含んだものであるか否かについては、計画中ということもあり、断定できる史料に乏しいのであるが、この時点において軒先何間で上知しようとした例も指摘されていることから、風致を考慮した基準ではなかったものと推測される。上地事業に関する法令において、明確に風致の維持を命じたものとしては、明治八年四月十九日内務省達乙第四九号[32]「神社境内旧社人居屋敷処分方ノ件」が挙げられる。その中に「右居屋敷境外ニ引分テハ社地ノ風致ヲ損シ差支候場所ハ当分拝借地ニ取計置」と、旧社人等個人の所有に帰する部分であっても「風致」を損なう場合は境内に留めるという規定がある。

この法令の趣旨は、明治九年三月二十九日地租改正事務局指令「社寺境内地処分心得書[33]」の第二章第三条に継承されている。ここで「尤社寺地ノ風致ヲ損スルカ又ハ祠堂ノ建続或ハ一宇ノ内ヲ区分シ居住セル等祭式方法用必需ノ場所ハ境内ニ据置クヘシ」と「祭典法用」と並記されるような扱いを受けている。これを受けて、明治十三年四月七日静岡県より内務省への伺いでも並記が見られる。この伺いの内容は、民有寺院境内地を地種組み替えし耕地化する際、寺務法用に差し支えなく、かつ「其地景風致ヲ損スルニ非ルヨリハ聞届可然哉」というものであり、五月一日付で「書面伺ノ通」と回答がなされている[34]。この時但書で「古跡若クハ別段ノ縁由アル地所」についてもその都度伺い出るべき旨通達しており、その保護が図られている。名所旧跡地の保存については明治五年四月十二日大蔵省達第五三号、明治六年一月十五日太政官布告が既に出されている。

このように「風致」に関する規定は存在したものの、法令において山林は原則上地対象であって、この時点において「風致林野」は社寺に付与されなかった。実際の上地事業結果が社寺にとって不本意であったことは、多くの社寺が上知林の払い下げを請願していることから明らかであり、京都府総合資料館所蔵の史料(35)を今日的な視点から評価しても境内地が相当制限されたことが窺える。では、前出の法令における「風致」はどのように適用されたのであろうか。実際の境内外区画の図面からも存置させた理由は明記されていない。法令を再度考察すると、「祭典法用」と比べ「風致」は主に境内地処分（払い下げ）に関する規程で用いられることから、「祭典法用」の用地たる新しい境内地の周辺が妄りに民有地化しない為の補助的な役割として「風致」が適用されていたではなかろうか。このように、上地事業中の「風致」に関する規程は、「祭典法用」の地としてその周辺に森林を付与して荘厳な空間を創出しようというものではなく、必要以上の景観破壊を防止するに止まるものであったと思われる。

社寺境内に限らず、明治期における山林の経済的価値は今日のそれよりも高いものがある。既に徳川時代には材木の経済的価値を政治上認識しており、材木を年貢とした事例や盗伐禁止令も出されている。また環境的視点から乱伐が土砂崩れを引き起こすといった認識もあり、各藩において計画的な伐採や植樹が行われていた(36)。社寺においても遠江国一宮小國神社のように徳川時代から植林を実施していた神社(37)もあり、営繕などの重要な財源であった。明治政府の林政も、徳川時代からの継続で主に財政的側面から伐採を制限する方針であった。

行政権を確保した明治政府は、まず土地人民租税等の把握に努めなくてはならなかった。そうした中、明治二年七月十日民部省より府県に官林総反別、三年三月には御林帳の提出が達せられた(38)。これは未提出も多かった為、大蔵省に引き継がれ、明治五年にも御林帳の提出が各県に求められている(39)。明治五年の達によると村毎に調査し府県にてそれを取りまとめて提出することとなっていた。林の反別、木数だけでなく、木の種類を杉松檜か雑木か否か、運搬の便についても調査させており、材木として活用することを念頭においていることが窺える。社寺境内に対する調査としては明治四年七月四日太政官達「神社禄制々定ニ付境内区別方ノ件」があり、林の反別、木数を調査している。この調査は神社禄制の為に石高をはじめとする経済状況を調べたものであるが、山林については木の目通や払代の相場まで調べている。明治五年大蔵省達と合わせ、政府が竹木を財産と認識していたことは明らかである。この竹木の本数まで調査するのは「取調規則」でも継承され、それに基づいて作成された京都府立総合資料館所蔵史料には確かに本数まで記載されている。その後の明細帳作成において竹木の調査は求められなかったが、明治十二年六月三十日内務省達乙第三三号(40)では半年毎に報告することとなっており、修造、障礙、枯損、盗私と伐採理由まで記載することとなっている。

上知令において官有地化された山林上の竹木は公共財産となった。そのため社寺は旧境内の竹木の処分を恣意的にできなくなる。明治六年七月二日太政官布告二三五号(41)において「社寺境内ノ樹木ハ仮令其社寺修繕等ニ相用ヒ候共猥ニ伐木不相成（後略）」とし、同年八月八日太政官布告第二九一号(42)においてもこれを継承し、更に「伐木払下等不相成候」と達した。これにより無断伐採は厳禁とされ、やむを得ない事情で官庁の許可を得た場合のみしか伐採できなくなった。しかし、両法令後も無断伐採や修繕理由の伐採許可申請が相次ぎ、明治七年五月九日内務省達乙第三四号(43)、同年十二月十日内務省達乙第七五号(44)が改めて出されている。こうした神職僧侶による無断伐採は行政により批判され、明治十年内務省から太政官への伺いには、神職僧侶に山林の所有を認めることは土地を「禿尽」することであるとまで述べている(45)。

しかし社寺が伐採に及んだ理由として、社寺又は神職僧侶が自費にて栽培した竹木も少なくなかったことも考慮せねばならない。そのため明治七年十二月十日内務省布達甲第三一号(46)では私有地に属する境内の樹木伐採を「無余儀入用」であり、所有者が管轄庁の許可を得れば伐採できるとし、明治九年九月六日内務省及地租改正事務局合評議決議(47)「竹木処分仮規則」が定められ、自費栽培の確証ある竹木を下げ渡すこと可能となった。この下渡への流れが自費開墾地への対応と起源を同じくすることは「竹木処分仮規則」に明記されている。この規則では所有権が竹木という定着物までなのか、不動産までに及ぶのか分けて規程しており、定着物のみの所有権主張には第三者の証言が証拠として採用されない等制限も多い。この自費栽培について、明治十年十二月二十五日調査局議案[48]では自費栽培について社寺会計と神職僧侶私費を区別するようになっている点が指摘できる。

相次ぐ伐採許可申請に対して、明治十五年八月二日内務省達番外「社寺境内伐木取扱規則」[49]にて、前出の明治六年太政官布告二三五号、明治八年六月太政官達第一〇七号[50]、明治九年四月四日教部省達第一二号[51]、明治十二年内務省達乙第三三号（前出）を前提として、竹木の管理を定めた。この中で竹木を風致木と目通りを基準とした計五種類に分類し、風致木は伐採を不許可とした。明治九年「社寺境内地処分心得書」第二章第五条でも、境内にある以上は自費栽培であっても伐採禁止しているが、竹木について風致の観点から保護を明確に規定したのは本法令が管見では初見である。この後、明治十九年九月二十七日内務省令第一七号[52]では明治十二年達乙第三三号にある伐採報告が年報記載事項に組み込まれるなど管理体制が整備される。

以上のように、社寺境内の竹木については「私的財産の否定」という意味での公共財産であるとの認識のもと厳しい制限が誤されたのであるが、官国幣社や式内社境内における伐採禁止が別途出され、「社寺境内伐木取扱規則」での「風致木」、同時期の名所旧跡の保存などもあり、風致の観点による山林保護の側面も少なからず存在していたことが指摘できる。

五　風致林野と神体山

上地事業によって境内の森林が制限されたことに対し、社寺が還付を求めたのは信仰上、経済上の理由から当然のことであった。また上地事業において誤って官有化された土地も少なからず存在した。そこで漸次、引き戻しや社寺に山林の管理を委託しそこから収益を得させることで下渡同等の効果を与えるべく、明治二十三年四月十五日農商務省訓令第二三号「官有森林原野引戻ノ件」[53]、明治二十四年四月八日農商務省令第五号「社寺上地官林委託規則」[54]があったが、委託に伴う条件などが社寺の要望を満たすものではなく、また政府としても永続的に下渡を実施するのは不都合であった。そこで、明治三十二年三月二十三日法律第八五号「国有林野法」[55]を制定し風致林の制度を設け、四月十七日法律第九九号「国有土地森林原野下戻法」[56]にて申請を三十三年六月末日までに制限し、更に「国有林野法」を受けて、八月二日勅令第三六一号「社寺保管林規則」[57]を定めた。これらはそれまで漸次出されていた下渡、引戻処分や委託保管林を総括するものである。この三法令のうち、特に本稿で着目しなくてはならないのは、「国有林野法」第三条に「社寺上地ニシテ其境内ニ必要ナル風致林野ハ区域ヲ画シテ社寺現境内ニ編入スルコトヲ得」という規程である。議会における議論は経済的視点からも意見が多数を占めたが、制度的に見て従来の「風致」が周辺環境の俗化防止弁として用いられたことと比較して、「風致林野」は社寺に「風致」を目的とした土地を付与するという積極的な意図が見いだせる。ここで「区域ヲ画」するとあるが、編入に至るまでの経緯を考慮するのであれば、社寺は風致保護のためのしかるべき山林管理が求められるは当然の流れであろう。大正二年四月二十一日内務省令第六号[58]が出され、第一六条に「境内地ノ木竹ニシテ由緒アルモノ及風致ニ必要ナルモノハ之ヲ伐採スルコトヲ得ス」とあり、第二二条に五町歩以上の林藪について保護並びに施業方法を設け地方長官の認可を受ける旨定められている。なお、同省令はそれまでの営造物法人たる神社運営に関する法令を整理したもので、終戦時まで纏まった法令としての地位を保っている。しかし、管見のかぎり、具体的な施業方針などが示すものはなく、大正期に上原敬二、本郷高徳らが社寺境内林について現状批判的に施業方法を発表していることから、具体的な施業について技術的に未発達な点が多かったものと思われる。上原らの議論は明治神宮創建期から始まっており、内苑の施業実績が反映されたものであって、第十章に詳述するように、

『神社協会雑誌』に継続して掲載していることから、内務省において高い評価を受けたものと思われる。その波及については京都府と滋賀県に影響を受けたと思しき史料が見受けられるが[59]、実際の各社寺境内林の施業については史料と専門的な見地に基づいた研究が待たれる。

先述の通り国有林野法を定めたのは払下処分の終焉を図ったものであるが、これ以降の神社行政において「風致」という語は「祭典法用」と並記される境内地の定義となってくるのである。明治神宮創建以降の上原らの言説はまさしく「風致林」の正しい有り方を求めるものであり、それは内務省で一定の評価を得ていた。かつて官有地化された山林の必要性が見直され、行政上で境内地の風致や信仰面が評価されていくようになっていることは明らかである。上原らの提唱した境内観については次章以降で述べたい[60]。

また山林について信仰上の特殊事例として神体山の問題がある。岡田米夫が指摘するように明治四年三月五日、大神神社総代西村忠實が奈良県に提出した口上書[61]に見られるのが「神体山」の初見であって用語としてはさほど古いものではない。明治四年三月という時期は、封建的領土の解体が始まった時期であり、境内外の区別及びその基準が論じられるにはまだ早く、この口上書によって神体山として社領の保全を図ったと見るのは不自然である。岡田が分析するように、それまでの信仰形態に新たな名称を与えたのであって、山を御神体とする信仰自体は相当古いものである。神体山信仰の代表ともいえる大神神社によって概念が定められ、行政上の市民権を得たことは、同種の信仰をもつ神社にとって僥倖であったといえる。例えば、秋葉神社では昭和期の本殿再建が戦時中のため遅延した際に、神体山という信仰を守るべく、山麓の仮宮を御靈代奉遷所（戦後、遙斎殿という名称になる）とし、山上を遥拝するという他に類を見ない形態が承認されている[62]。

六　神社公園の発生

次いで神社と公園との制度的区別について検討したい。一般にはあまり知られていないが、近代においては、神社に附属し、若しくは境内の一部を転用した公園（本書では戦前期の通称である「神社公園」と以下呼称する）が発生していた。そもそも明治六年一月十五日太政官布告第一六号[63]により始まる日本の神社制度は社寺領と深い関係を持っている。

三府ヲ始人民輻湊ノ地ニシテ古来ノ勝区名人ノ旧跡等是迄群集遊観ノ場所（東京ニ於テハ金龍山浅草寺東叡山寛永寺境内ノ類京都ニ於テハ八坂社清水ノ境内嵐山ノ類総テ社寺境内除地或ハ公有地ノ類）従前高外除地ニ属スル分ハ永ク萬民偕楽ノ地トシ公園ト可被相定ニ付府県ニ於テ右地所ヲ擇ヒ其景況巨細取調図面相添大蔵省へ可伺出事

本法令の目的に就いては、田中正大[64]が「欧風都市の建設」、「遊観所の安堵」、「封建時代の跡地処理」の三点に求めた。次いで守屋毅が「近代「盛り場」考」[65]において遊観所の近代化の側面からこれを考察し、それらを受けて、高橋理喜男[66]は遊観所の安堵を本布告の目的としつつも、外国の影響があったことを指摘した。更に、白幡洋三郎[67]は（1）寺社地処分問題への決着、（2）欧化、（3）行楽地の保全と目的を序列化した。その後の研究においても、日中の指摘する三点が太政官公園の目的とされており、ほぼ通説とされていた観がある。

これに対して、丸山宏[68]は「地租改正という急激な政治的社会的変革期には、そのために生じる破壊・乱伐等の弊害を回避するため、いわば地租改正を補完するための布告・達が出されている。」と社寺地や景勝地の保全に重点を置いている。

この当時、公園という概念が確定していなかったこともあり、行政においても様々な思惑があった。従って、先述の目的全てが該当するといっても過言ではないが、あえて政府の主眼がいずれにあったかというと、丸山の指摘する制度改革による破壊の回避にあったものと思われる。その根拠としては、次の陸奥宗光の東京府知事宛文書に端的に示されている。(69)

過日御出省ノ節、松方租税権頭へ御談有之候公園ノ儀逐一致承知候、見込ノ通迚モ現今ヨリ欧米諸国ノ体裁ニ相倣候儀者難出来、元来有名ノ勝地無故取壊候儀無之様致度本旨ニテ、鄭重ノ入費ヲ人民ヘ賦シ、更ニ風景ヲ装飾致候趣意ニ無之候間、御見込ノ如ク簡便ノ御処置有之度、猶見込ノ趣者別紙ヶ条書ヲ以テ及御達候間、先是ニ御参酌適宜之方則御取調、今一応御申出有之候様存候此段申入候也

明治六年四月二十三日　　租税頭　陸　奥　宗　光

東京府知事大久保一翁殿

これは後述する通り、欧米風公園を設置しようと試みていた東京府に対する大蔵省租税頭の文書であり、この時点における公園の所管が大蔵省であったことを考慮すると、政府の主眼が景勝地の破壊を防ぐ点にあったことは明らかである。これはこの前後に山林・什物等を神職僧侶の自儘に処分できない旨定めていることとも合致する。上地事業全体を考察すると、先述した古社寺の改廃に対する制限などもあり、近代的境内地形成過程に景勝地や文化的価値の保存という意図が反映されていることは間違いない。しかし丸山が「地租改正の補完」と評す

るように、「風致」同様、「祭典法用」があくまで第一であった。この点については社寺が有する文化財への評価が高まるのは地租改正以降であることも考慮しなくてはならない。尚、公園設置は複雑な土地所有関係の解消という意図せざる効果を発揮している。例えば、東京府では浅草寺仲見世における住民の立ち退きに苦慮していたが、公園内借地人ということで解決が図られている。このように公園制度は社寺境内地と深い関係をもって発足していたのである。

公園については設置後、明治二十八年頃、内務省より「祭典法用」の場所と公園地の区別が求められるなど、聖と俗の混交が生じていた。そもそも太政官布告第一六号について、社寺境内をそのまま公園化しようとしたものか、それとも社寺領のうち境内地から区画された分を公園化しようとしたものか、という解釈の問題がある。布告そのものには境内を具体的に例示してあり前者であるかのような印象を受けるが、境内外区画に関する法令を見ていくと公園地と境内地が区別されており、後者が政府の意図するものであったと推測される。例えば、太政官公園が布告されて間もない明治六年四月二十三日「公園取扱心得」に公園内にある祠堂を神職僧侶にて進退するように定めていることや明治八年「取調規則」は明確に公園と境内とを区分する規定である。実際に公園を設定する府県においても東京府は当初、西洋風公園や半分が商業用地という公園を考えており、これは社寺から区分された土地を改造して公園にするということが前提となっている。従って、旧社寺領の公園化は、上知令により社寺境内から分離された無税地を公園化するというのが太政官布告の考えであり、「祭典法用」の場所と公園が混在するという事態は布告の発令者の意図しなかったものと推測される。

では何故、神社と公園との境界が曖昧になるという事態が生じたのか。それは設置運営レベルに原因あったものと思われる。大正、昭和期に特にこの問題が指摘された地域は東京である。東京府では布告直後より営繕会議所に諮問し公園設置に向けた審議を進めた。東京府における公園設置の特色として外国を意識していた点が指摘でき、当初は西洋風公園の設置を模索していた。[70] その計画上問題となったのが運営費の問題であり、東京府では西洋風公園を最終目的としつつも当面その実現は困難であると判断し、折衷案として半公園半借地とし、借地部分にて商売をさせてその借地料にて運営費を賄うという構想をもっていた。これは新しく公園を創出するということで、名所の保護を目的とする太政官布告の意図に反するものであり、陸奥宗光に指摘されたのは先述の通りである。しかし借地料をもって運営費に当てるとする方針については問題とされず、生き続けることになる。東京府における最初の公園は、芝公園、浅草公園、上野公園、深川公園、飛鳥山公園とほとんどが社寺等の参拝及び観光による集客力がある場所である。東京府の方針はこうした「門前」や「盛り場」が持つ経済力を公園に活用しようというもので、以後、社寺が積極的に公園化されることとなる。東京府の公園制度は明治九年に公園類似の場所の禁止（秋葉原）がなされることで一応軌道に乗ることとなるが、それまで様々な試行錯誤がなされる。

東京府では五公園の設置以降、社寺境内の公園化が多く見られるが、それは単に布告の意図する景勝地の保護だけではない、都市計画上の必要性からくる境内の公園化であった。当初、財政的な妥協として商売を認めていた東京府であるが、公園設置後はその運営のためむしろ借地人を募集するようになってくる。行政としては公園の維持費を借地料で賄う必要があり、集客力のある社寺の周辺に着目するのは自然なことであった。また上地事業や社寺そのものがもつ法制上の公共性から公園地を設置しやすいという側面もあったものと思われ、社寺の公園化は行政により強く推進されていく。明治二十一年頃の東京市区改正委員会[71]において公園の増加が議論されており、多くの社寺境内がその対象とされているが、公園化の正当性については一切論究されずに議論が進められていることが確認できる。この議事から社寺境内の公園化がいかに一般化していたかが窺い知ることができる。委員会議事録の中で特色的であるのはいくつかの寺院境内が葬儀や墓地を理由に対象外にされていることである。

社寺を公園化することは行政だけではなく社寺にとっても利点があった。明治十年以降、東京府にて公園化された神社として麹町赤坂日枝神社や湯島天満宮があり、このうち日枝神社は公園化に際し、境内全域が残さず公園化された事例であり、境界線問題の最たるものといえる。こうした公園化に際しては、土地に対する相応の補助や公園化後の公費による環境整備等の経済的な補助が行われていた。例えば、湯島天満宮は公園化に際して公園化される土地の借地料相当の年利を得るだけの一時金を受けており、[72]富岡八幡宮や日枝神社は公園化されることで周辺環境が整備されている。[73]

七　神社公園の問題

境内地が公園化したことで社寺本来の目的である「祭典法用」や景観上で支障が生じるようになる。日枝神社では明治十四年に公園化された直後から俗的な部分が問題視されるようになる。特に日枝神社の場合は明治十五年、大正四年の昇格による神職崇敬者の意識変化が影響し、公園解除の嘆願を幾度となく提出することとなる。神社・宗教行政の側からも聖俗の混交を問題視し、明治二十八年十一月二十六日内務省訓令第八三二号、及び明治二十九年一月十五日通知秘別第一五七号にて公園内の社寺仏堂の区域更正を指示しているが、同時に出された、明治二十八年十一月二十六日通牒社甲第四一号において「貴庁限リ調査セラレ」と強制力を伴うものでなかった為、混交状態が継続した公園が多い。[74]再三公園解除を申請している日枝神社についてもこの法令にて区画し直されることはなく、神道指令まで解決されることはなかった。この点について昭和八年の神社制度調査会第三六特別委員会[75]にて議題に上がり、内務省神社局児玉九一総務課長より東京市が財政上の理由から承知しないため解決しない旨回答している。

このように公園化による境内地の俗化という問題点が指摘されていたにも関わらず大正期には全国の神社で

「神苑」という名称で公園化が流行した。神苑は明治神宮外苑に対する憧憬の結果であり多くの神社で設置された。神苑は地種上境内のままその一部を公園的に転用するという神社公園の一形態であり、上原敬二や本郷高徳、角南隆からは彼らの設計が十分理解されていない神苑も多く、神社と公園との混同、神境の俗化であると『神社協会雑誌』[76]で批判されている。要するに神苑の設計には神社境内の尊厳と公園的性格、森林とを調和させる必要があり、そのためには境内を神聖度により階層的に構築するゾーニングの技法が不可欠なのである。ところが専門家から見てその点が不十分で公園化した境内地が多かったようである。このような境内の公園転用に対し、法令上の規制は発せられなかったが、同誌が内務省神社局の広報誌的存在であり、寄稿者がその後も建築造園分野において神社局で重用されたことから、上原らの主張は神社局の見解に沿ったものと見て間違いないであろう。明治神宮造営はこうした影響力を有していたのであり、境内設計の沿革を見る上で画期として捉える必要がある。

ゾーニングは神社公園の問題を解決し得る技術であったが、既存の神社公園再設計をすることは容易ではなく境界線問題の根本的解決には至らなかった。そうした中、神社局では大正十三年七月に「神社に関係ある公園の経営に関する協議会」[77]を開催し、次の二点の徹底を図った。

一、神社を主とする公園は其の設備に十分考慮し形式内容共に神社の尊厳を保持する様工夫改良を加へ所謂「神社公園」として恥しからぬものとすること。

二、又神社を背景として設けられて居るは神社と公園との区域を截然明かにすること。

これは従来の内務省の見解を踏襲したものである。

これに対し、同年八月に東京市社会局より市内各社寺に対し、教化・公益に関する施設が境内にあるかという照会がなされる。これを契機に社会的役割を果たすべく積極的に境内の開放すべきとする「社寺開放論」[78]と呼ばれる議論がおこった。この解放論は神社公園より更に進んで境内地の「祭典法用」がもたらす公益では不十分とする主張である。

ここで境内と公益性の均衡について歴史をふりかえると、明治十年代までのインフラ整備が不十分であった時期においては境内を学校用地などにやもなく転用した事実が法令等から窺い知ることができるが[79]、明治二十年以降の内務省の方針としては「祭典法用」が厚く保護され、必要な場合のみ条件付きで転用が許可されている。明治三十六年十一月二十日内務省令第一二号第一条第三号[80]にて「公益ノ為ニスル使用」が原則認められることになったが、大正十三年の協議会の見解に示されているように、境内は「祭典法用」が本義であるというのが神社局の一貫した方針であった。これに対し「神社開放論」は、境内は社寺が占有すべきものではないという考えに基づき根本的に「祭典法用」の保護を認めていない。この議論はつまるところ「祭典法用」にて社寺の社会的役割は十分とする神社局とそれだけでは不十分とする東京市社会局の意見の相違であり、境内地の行政上の意義、その公共性の評価が官庁や時代によって一様ではなかったのである。

八　おわりに

近代の神社境内の沿革を概観してその端緒であり、後に多大な影響を及ぼしているのが上知令と地租改正であり、この二つの政策による境内外区画によって新しい近代的な境内地が形成された。従って上知令の法令としての意味や境内外区画の実態を検討せずに近代神社境内を論じることはできない。境内外区画については第七章にて考察したい。新境内には社格に応じて租税上の恩典が与えられたが、これは本書で既に述べた「国家ノ宗祀」、営造物法人といった新しい神社制度に基づいている。近代的な境内地は地租改正直後に完成形があったのではなく、行政上も試行錯誤を繰り返し、社寺関係者としても上地官林の払下げ運動を展開し風致林野の編入を経て形成されたのである。神社境内の性質を考える上で重要な制度的変化としては風致林野と神社公園が挙げられる。前者は境内地とは財産か信仰の場か、尊厳を守る山林は不要なのかという根幹となる問題であり、後者は境内の公共性を考える上で不可避の問題である。本書第八章では神社公園の聖と俗の問題に焦点を当てて更に詳しく検討し、第九章では神社公園の発端となった太政官公園の成立過程について前史を含めて検討したい。第十章では行政が想定する神社林・社有林の価値について法令から考証し、第十一章では特殊な事例ではあるものの「鎮守の森」の悠久性ともつながる神体山の問題について官社三社を中心に考察する。

註

(1)法人格が明確に確認された事例として遠州秋葉山の事例がある。遠州秋葉山では、官林下げ渡しに際し、神仏判然において分離した秋葉神社と秋葉寺がその所有権の確認を行い裁判となった。この時、法人として連続している秋葉神社に旧社寺領の所有権が認められている（秋葉神社所蔵『秋葉神社境内地沿革調書』昭和期）。
(2)明治二年正月九日行政官布告第二五号など。
(3)田中秀和「寺社領の変遷と神仏分離政策の動向―弘前藩を事例に―」（『国史研究』第七九号、弘前大学國史研究会、昭和六十年）。
(4)大蔵省営繕管財局国有財産課『社寺境内地ニ関スル沿革的法令集』（以下『法令集』と略す、大正十五年）、四―五頁。
(5)『法令集』、六頁。
(6)『法令集』、六―九頁。

(7)大竹秀男「近代的土地所有権の形成―明治初期における社寺地処分の観察を通じて―」(高橋幸八郎編『日本近代化の研究―明治編―』所収、東京大学出版会、昭和四十七年)。
(8)大蔵省管財局『社寺境内地処分誌』(以下『処分誌』と略す、大蔵財務協会、昭和二十九年)、一四四頁。
(9)中田薫「御朱印寺社領の性質」(『法制史論集』第二巻所収、岩波書店、昭和十三年、初出は『国家学会雑誌』二一巻一一・一二郷、明治四十年)及び「徳川時代に於ける寺社境内の私法的性質」(前出『法制史論集』第二巻所収、初出は『国家学会雑誌』三〇巻一〇・一一号、大正五年)。
(10)『法令集』、一八〇―一八一頁。
(11)『法令集』、一八一―一八四頁。
(12)『法令集』、二一―二四頁。
(13)『法令集』、三〇―三一頁。
(14)東京市『東京市史稿』(遊園篇四、東京市、昭和四十九年)、五一五頁。
(15)『法令集』、三三―三六頁。
(16)『法令集』、八一頁。
(17)『法令集』、一八頁。
(18)『法令集』、一三三―一三五頁。
(19)児玉九一・有光次郎『神社行政　宗教行政』(自治行政叢書第一巻、常磐書房、昭和九年)、二三〇頁。
(20)文部省文化局宗務課監修『明治以後宗教関係法令類纂』(以下『法令類纂』と略す、第一法規出版、昭和四十三年)、七三八―七四三頁。
(21)阪本健一編『明治以降神社関係法令史料』(以下『法令史料』と略す、神社本庁、昭和四十三年)、一一七頁。
(22)『法令類纂』、六七五―六七七頁。
(23)『法令集』、一八七頁。
(24)『法令史料』、一二九頁。

(25)『法令史料』、二九―三〇頁。
(26)『法令類纂』、二四二―二四五頁、昭和六年三月三十一日法律第二十八号。
(27)前掲『神社行政　宗教行政』、後段一五四頁。
(28)『法令集』、五一頁。
(29)『法令類纂』、八八五頁。
(30)『処分誌』、一五〇―一五一頁。
(31)『法令集』、二〇五―二〇七頁。
(32)『法令集』、一八頁。
(33)『法令集』、三七―四〇頁。
(34)『法令集』、五八―五九頁。
(35)京都府立総合資料館所蔵『社寺境内外区別原図』、『社寺境内外区別図』、『社寺境内外区別図面』。
(36)徳川林政研究所『森林の江戸学』(東京堂出版、平成二十四年)。
(37)塩澤重義『国学者小國重年の研究』(羽衣出版、平成十三年)。
(38)『法令集』、二〇四―二〇五頁。
(39)『法令集』、二一〇頁。
(40)『法令類纂』、五七三―五七八頁。
(41)『法令集』、三〇二頁。
(42)『法令集』、一三頁。
(43)『法令集』、一三―一四頁。
(44)『法令類纂』、三〇八頁。
(45)太政類典・第二編・明治四年~明治十年・第二百五十三巻・教法四・神社二。件名「社寺ノ資金ヲ以栽植セシ樹木ハ神官僧侶ニ下附セス」、件名番号034。国立公文書館所蔵　請求番号　本館 -2A-009-00・太00476100。大蔵省管

財局編『社寺境内地処分誌』、一三〇―一三一頁。
(46)『法令類纂』、三〇九頁。
(47)『法令集』、四三―四四頁。
(48)太政類典、前出「社寺ノ資金ヲ以栽植セシ樹木ハ神官僧侶ニ下附セス」。
(49)『法令類纂』、三〇九頁。
(50)太政類典・第二編・明治四年～明治十年・第二百五十三巻・教法四・神社二。件名「式内并国史見在神社境内ノ樹木伐採ヲ停ム」、件名番号028。請求番号 本館 -2A-009-00・太00476100。
(51)『法令類纂』、四二三頁。
(52)『法令類纂』、五八〇―五八六頁。
(53)『法令集』、二三八頁。
(54)『法令集』、二三一―二三三頁。
(55)『法令集』、二六〇―二六二頁。
(56)『法令集』、二四三―二四四頁。
(57)『法令集』、二六二―二六四頁。
(58)『法令史料』、一八七―一九三頁。
(59)本書第八章参照。
(60)岡田米夫「大神神社の神體山信仰」(大神神社史料編集委員会編『大神神社史料』第三巻研究論説篇、昭和四十六年、三八八―四〇四頁)。初出は『神道史学』(第四輯、昭和二十八年)。
(61)大神神社史料編集委員会編『大神神社史料』第一巻史料篇(昭和四十三年)、八三〇頁。
(62)前掲『秋葉神社境内地沿革調書』。
(63)『法令集』、一二頁。
(64)田中正大『日本の公園』(鹿島出版会、昭和四十九年)。

(65)守屋毅「近代「盛り場」考」(林屋辰三郎『文明開化の研究』所収、岩波書店、平成六年)。
(66)高橋理喜男「太政官公園の成立とその過程」(『造園雑誌』vol138No4、昭和五十年)。
(67)白幡洋三郎『近代都市公園史の研究—欧化の系譜—』(思文閣、平成七年)。
(68)丸山宏『近代日本公園史の研究』(思文閣出版、平成六年)。
(69)前掲『東京市史稿』(遊園篇四)、五一四頁。
(70)前掲同書、四九一—四九二頁。
(71)東京都編『東京市史稿』(市街篇七五、臨川書店、昭和五十九年)。
(72)東京市『東京市史稿』(遊園篇六、臨川書店、昭和四十九年)、八〇六—八一一頁。
(73)東京市『東京市史稿』遊園篇五(東京市、臨川書店、昭和四十九年)、及び日枝神社編『日枝神社誌』(日枝神社御鎮座五百年奉賛会、昭和五十四年)。
(74)『法令集』、三二四—三二五頁。
(75)神社本庁『神社制度調査会議事録②』(近代神社行政史研究叢書Ⅱ、神社本庁、平成十二年)。
(76)本稿では神宮文庫所蔵本『神社協会雑誌』全三十七巻(国書刊行会、昭和五十九年~六十年)及び復刻神社協会雑誌編纂委員会編『別巻神社協会雑誌総目次・総索引』(国書刊行会、昭和六十年)を参照した。
(77)『皇国』三一二号、大正十三年十二月、七三頁。
(78)『皇国』三二〇号(大正十四年八月)、三二一号(同年九月)に関連記事。「開放論」とは行政上の正式名称ではなく、神社関係者が議論の都合上付けた名称である。
(79)『法令集』、一二頁。
(80)『法令集』、三四一頁。

第七章　上地事業における境内外区別

一　はじめに

封建的社寺領を解体し、近代的土地所有制度を確立していく過程において全ての社寺境内を改めて区画し直すという作業は不可避である。先に区画を完了していることが、国の営造物とする上で望ましいことは申すまでもないが、社寺境内の区画は下渡や返還も含めると優に十年以上の歳月を要し、神社寺院管理のための制度作りと区画が並行して進められた。区画が難航したのは近代的土地制度や区画基準が当初より確立されていなかったことも大きな原因であるが、何よりも社寺境内のもつ特殊性・多様性が最大の原因であると筆者は思料する。そのため上地事業における境内外区別（区画）を考究することは「境内地」の本質を考える上で必須の研究である。

近世社寺境内地（以下、史料にならい「旧境内」と称す）の中には、封建的領土や住宅地、山林などが入り組んだ複雑なものが多く存在した。近代土地制度・神社制度の確立のためには、その旧境内から新たに社寺に残す土地（以下、史料にならい「新境内」と称す）と境内ではないとして官有又は民有地となる土地（以下「境外地」と称す）の区分をしなくてはならない。明治四年から始まる上地事業は、地租改正とともに進められ、明治十五年ごろに終了する。この十年の歳月をかけた大事業により、封建的領土としての社寺領は解体され、新たに近代境内地が形成されていった。

上地事業そのものは、地租改正と共に推進されたこともあり、土地行政の色が濃い。しかし境内外の区別は、中世以来の社寺領の崩壊であり、それは社寺の信仰及び経済にとって一大転機であった。そのため国家として神社・寺院をどのように取り扱うかという方針を政府は打ち出さねばならなかった。この問題は土地行政であり、同時に財政であり、神社・宗教行政でもある。このように様々な要素が絡み合う問題を分析することにより、政府が当時何を優先していたのかが判明する。本論文では、上地事業における境内外区別の基準を考察することにより、明治政府における神社・宗教行政の位置について迫ってみたい。

二　先行研究

社寺境内地処分の研究は大きく次のように分類できる。第一に主に上知令の対象となった社寺領の性質について研究したものであるが、これには、まず払い下げの問題が発生した明治末から対象にかけて東京帝国大学文科大学教授三上参次が辻善之助・芝葛盛と共同で進めた『社寺領性質の研究』(1)と中田薫の「御朱印社寺領の性質」(2)、「徳川時代に於ける寺社境内の私法的性質」(3)の二論文がある。またその後これらの研究を総合してまとめたものには豊田武の「江戸時代の寺領概説」(4)がある。第二に上地の過程を研究したものでは、阿部真琴の『上知問題』(5)や豊田武の「明治初年の上知問題」(6)がある。第三に社寺領の状況について調べたものとしては安藤宣保の『寺社領私考―明治維新を中心として―』(7)、『寺社領私考拾遺―明治維新を中心として―』(8)がある。第五に宗教行政研究で上知令に触れたものは多いが、具体的に考察されているものとしては阪本是丸の『国家神道形成過程の研究』(9)

や丹羽邦男の「社寺領上知と新たな社寺地形成過程」[10]がある。第六に地租改正などの土地行政の研究で上知令を取り扱っているものには福島正夫の『地租改正の研究』[11]、『地租改正』[12]、「維新変革と土地制度」[13]や土地所有権の観点から研究した大竹秀男の「近代的土地所有権の形成―明治初期における社寺地処分の観察を通じて―」[14]、「明治初年における寺領地処分―上野山内の処分をめぐって―」[15]、京都府の事例を扱った竹林忠男の研究[16]がある。

これらの研究のうち、近代境内地の形成過程を扱っているのが、土地行政の研究であり、特に大竹秀男の研究は、法令と実例を踏まえて境内外区別を精緻に調査されている。同氏の論文では、法令やその他の伺いなどの史料を元に社寺領解体時どのような基準で誰に所有権が付与されたかが論じられている。まず土地所有権の特徴を明治八年以前、八年前半、八年後半以降の三者に分類して、八年以前は旧幕藩時代に於ける公租負担の有無によって所有者を決めようとし、八年前半で土地の取得原因が考慮されるようになり、八年後半以降は土地の取得原因による所有権確定が一般原則となったと指摘している[17]。その上で大竹は境内地処分を旧来の所有権を確認するものではなく、新たに所有権を付与した形成的な処分と評価する。

このように境内地処分を扱った研究は多いが、その大半が土地制度研究の一環として行われたものである。しかし境内地処分の結果、社寺がどのような影響をうけたか、また境内地処分において社寺経済がどの程度考慮されたかという神社・宗教行政の視点からはあまり研究がなされていない。

三　上知令の発令とその背景

「社寺領現在ノ境内ヲ除クノ外上地被仰出土地ハ府藩縣ニ管轄セシムルノ件」と題される明治三年十二月（同四年正月五日公布）太政官布告を一般に上知令と呼称する。この法令を「上地令」と記載せず、ほとんど「上知令」と記述していることから本法令の目的が知行権を取り上げることにあるということが通説となっていることが伺える。近世における社寺の中には朱印状・又は黒印状などの判物によって一定の特権を受けるものがあった。中田薫はこれを朱印状の文言を分析することで「収納文言」、「寄附文言」、「免除文言」、「守護検断使不入文言」の四つに分類した。このうち「収納文言」、「寄附文言」は、社寺に朱印状記載の土地から上がる年貢を収納させるというものである。そしてその中には農民の土地もあり、社寺の所有地もある。「収納文言」、「寄附文言」の土地が社寺の所有地である場合というのは、社寺が本来領主に納めるべき年貢を自身にて収納せよという意味であり、要するに免租のことである。これら文言の考察の結果、中田は「御朱印寺社領とは、寺社が御朱印状に依て取得したる、租税徴収・竹木伐採の特権を行使することを得べき地域、若くは御朱印状に依て、租税の免除・竹木伐採禁止の解除を受けたる寺社の所有地なりと」[18]と結論する。つまり朱印地・黒印地とは幕府諸侯によって知行地または免税地および竹木などの伐採許可を得た土地のことであり、除地とは検地の際、縄よけによって免税された土地である。このうち政府が最も重視したのが知行地としての朱黒印地であった。総ての社寺にこうした特権が与えられたわけではないが、中には高野山のように広大な寺領を有するものがあった。知行地である以上、租税徴収権に加えて司法権ならびに行政権が発生する。社寺領を放置することは国内に独立した行政組織を放置することとなる。版籍奉還がなされた以上、社寺領も解体されるのは当然のことであった。そのことは上知令本文に「諸國社寺由緒ノ有無ニ不拘朱印地除地等従前之通被下置候處各藩版籍奉還之末社寺ノミ土地人民私有ノ姿ニ相成不相當ノ事ニ付今度社寺領現在ノ境内ヲ除クノ外一般上知被仰付」[19]と明白に書かれている。

前述の通り朱印地・黒印地・除地には知行地ではないその他の免租地も含まれる。上知令は朱印地除地のみを上地対象として、高外除地や見捨地など他の免租地は含まれないとの見解もあるが、大竹秀男が指摘しているように、上知令の発令過程において社寺の免租地を封建的特権として非難の声が上がっていること、明治四年六月の神奈川県の伺いに対する太政官の指示から、高外除地・見捨地を朱印地・除地同様に上地対象としていたことは明らかである。[20] そもそも知行権も免租権も幕府諸侯が設定したものであるから、幕藩体制が崩壊した以上免租特権も一旦消滅しなくてはならない。つまり上知令の目的は封建的領土としての性質を有する社寺領の解体と幕府各藩の設定した免租特権の解除である。

しかし、長年に亘り複雑な権利関係を有する社寺領の解体は知行を返上し、免租特権を解除するだけで解決する問題ではなかった。もしもそれだけで終わるのであれば十年に及ぶ区画問題は発生せず、租税納入方法を変更するのみで済む。実際、府県藩において行政・司法の関係から積極的に封建的領土の解体に取り組んだため、知行権の問題は明治五・六年と早期に解決している。例えば静岡藩周智郡（現在の静岡県浜松市天竜区）の秋葉神社では山そのものの他に山麓数村にわたり、二六石の朱印地を有していた。これらの田畑は、本来領主に納めるべき年貢を朱印によって社寺に納める土地であった。その一つ久保田村には、秋葉山典役寮の収納証文が残っている。明治四年八月典役寮は朱印地のある高瀬村役人に対し、上知令が出されたため向後一切関わりなき旨を申し渡している。

では何故社寺領の解体が難航し、境内外の区別を必要としたかというと、多くの社寺境内地においてその土地所有関係が複雑であったからである。例え知行地を有しない社寺であっても社人・僧侶・人民の開墾した田畑や家屋、広大な山林と帰属が明確でない土地が境内に散在していた。近代国家にふさわしい全国的な租税制度を確立するためには、従来の旧境内から境外地（封建的領土や百姓地）を区別し、新たに現境内を定める必要がある。かつ神社行政の見地からは国家に属する神社財産としての境内地と、社家又は一般国民の財産たる土地を区別する必要があった。そのため上知令の目的は封建的領土の解体を第一義とするものの、その中には土地所有制度確立のための境内外区別を含んでいた。この境内外区別という概念は土地所有権、社格制度、租税制度の確立に連動して、その性格を変化させていく。

上知令の段階では朱印地除地を上知して現境内を定めるとあるばかりで、具体的な基準は示されていない。そのため藩によっては全く異なる基準を想定していた。中には軒先三尺を以って境内外区別を行おうとした極端な事例もある(21)。こうした極端な事例は伺や達などによって漸次その基準が示されていくことにより是正されていくが、明治四年当初において基準の地域差があったことは間違いない。

四　上知令直後の境内外区別

上知令による境内外区別は基準がほとんど示されず、そのため各藩により大きな相違が見られた。社寺にとって境内地の縮少は死活問題であり、藩ごとに基準が大きく異なれば当然反発が出る。政府は明確な基準を提示する必要があった。しかし続いて出された法令は、明確とは言い難いものであった。明治四年五月二十四日の太政官達(22)では「境内の区別調方一定不致向モ有之不都合ニ付従前ノ坪数ニ不拘相当見込ヲ以テ境内ノ区別相定其余田畑山林ハ勿論譬ヘ不毛ノ土地ニ候共墓所ヲ除クノ外上地」とし、同年七月四日太政官達(23)においても「境内地ヲ不論本社及建物等現今ノ地形ニヨツテ相除其他総テ上地可致」と現在の地形を考慮し相当の見込みを以って上地せよとの基準を提示した。墓所を残すという以外は担当する地方官の裁量に大きく依存する基準であり、大雑把な指示としかいいようがない。しかし一概に政府の怠慢と責めることも出来ない。境内地は多様であり、それを単一の法令で定めるのは極めて困難な作業である。近代的な土地制度も未だ確立していなかった。加えて当時政府は上地以外にも至急かつ重要な事業を抱えており、調査期間などを考えると、これ以上の基準を要求するのは酷であろう。

ついで、前述の明治四年五月二十四日太政官達について議論があるのでここで少し触れておきたい。本達については安藤宣保は新たに境内付属地の上地を命じたものと述べている。境内付属地とは社寺が開墾耕作し、社寺の経済を支えてきた農地・山林・宅地などのことである。境内外といっても単に境内即ち社寺の所有地、境外即ち官有地というわけではない。旧境内の中には境内の他に社寺の耕作地、百姓地などの多様な所有権が存在していた。本件については既に田中秀和が本達は上知令について更に詳細な指示をしようとしたものであり、新たに上地を命じたものではないと反論している(24)。本達の記述内容から考えると確かに上地の範囲が拡大しているかのように見えるが、本達の出された目的、形式を考えるならば田中の説が妥当と思われる。達では田畑も上地となっているが、実際は境内地付属地で従前社寺が公租を負担していたものについては、大竹秀男が指摘しているように社寺、または神官・僧侶の私有地となっていたであろう。

境内外については大雑把な指示であったが、農耕地と旧神官居住地の帰属については、一応明確な基準が示された。農耕地については上知令そのものにも明示され、その後も確認の法令が出ているように租税の負担を以ってその所有を定めようとした。旧神官の居住地の問題は、明治四年五月十四日の太政官布告第二三四(25)により神官の世襲が禁じられたことにより顕在化した。暫定的に旧神官居住地は拝借地とされていたが、明治五年七月二十五日大蔵省達(26)により上地された土地に含まれる分のみ低価で払い下げることとなる。これは社家と神社の経済的分離と評価できよう。神社は国家の管理物であり、社家の私有物ではないというのが政府の基本方針である。近世以前は社寺の経済と社家・僧侶の家計が完全に分離していなかった。このことは社家・僧侶の私有という批判もあるが、所有権などの概念が未確立な時代であり、かつ私費を以って神社の維持運営に当たった社家も存在したことを留意しなくてはならない。

この時期、各府県において境内地区別の調査が進められていたことは、当時の区別取調の史料が残っていることとから明らかである。(27)例えば京都府松尾社（松尾大社）は本殿を中心とし東は最寄りの鳥居、西は本殿背後の松尾山までの一画、本殿背後の山林、さらにその奥の旧鎮座地を含む山林の三区を境内としている。(28)ここで山林が境内地に組み込まれているのは本殿の背後が直ぐに山林であるという地形、旧鎮座地の周辺の確保から相当の見込みをもって判断したものと思われる。史料には谷、上山田、下山田にあった九三三石の朱印地については何の記載もない。京都府内の社寺地は京都府の管轄下にすでに置かれているため、朱印地については『原図』成時点で既に松尾社と切り離されたものと推測できる。この後の史料においても三村にわたる朱印地については触れられていない。おそらく朱印地については早々に京都府とそれぞれの村の支配下におかれ、後の地租改正において各住民、耕作者に所有が認められたと考えて相違なかろう。

このように、調査は行われたものの、境内外区別の基準が曖昧であり、かつ複雑に絡み合う土地所有権を裁きる法制度が確立していなかったため境内外区別は徹底しなかった。区別は上地の前提であり、それは上地事業そのものの停滞を意味していた。また同時に上地した後境内外がどのような扱いになるかという法令が整っていなかったこともあり、境内外区別未了の土地の租税をどうするかという問題が生じた。

五　地種の整備

上知令などにより、境内地と墓地は社寺の用地として残されることが決定していたが、その土地が税制上どのような扱いになるのかは不明であった。そのため明治五年の段階においては地券制度が確立したが、社寺用地は暫定的に免税措置を受けていた。明治六年三月二十五日太政官布告第一一四号「地所名称区別」(29)が定められ、社寺境内地は基本的に神地、除租地、私有地の三種類に分離された。神地とは宗廟・山陵・官国幣社・府県社であり、無税で地券を発行しない。除租地とは市街郡村に属する埋葬地、制札、刑場、道路、堤防、郷社・寺院であり、こちらも免税で地券を発行しない。私有地は当然地券を発行する有税地である。上地され、払い下げられた耕作地、近世より社寺が名受として租税を負担してきた土地、また郷社に属さない祠堂などは私有地に属した。ここで問題なのが幕藩時代から高内で租税を負担してきた郷社以上の境内地はどうなったかということである。この点については既に大竹が有税地にある寺院をそのまま据え置いた事例があることを指摘されている。(30)

本布告は境内外区別未了の段階を想定している。それは除税地について「市街郡村ニ屬スル埋葬地制札行刑場道路堤塘及郷社寺院ノ類當分此ノ分ニ入ル」とあることからも伺える。境内外区別中の租税をどうするかという問題の解決が最大の目的であり、本布告は地租改正完了後改正される運命であった。本布告は直接的に境内外区別に基準を提示するものではないが、しかし官民有の地種を定め、有税地無税地の区別をしたことにより、土地所有者の判定基準としての公租負担が原則化した。結果旧境内地に属していた百姓地や社寺請地の私有地化を推進したと思われる。

また、本布告で注目すべきことは本布告によって社寺に付属する墓地が社寺から独立する素地が出来たということである。さらに従前個人墓地は有税であったが、「地所名称区別」以降個人、共有を問わず墓地は無税地とされた。(31)この他特殊な事例として上野寛永寺のように明治六年一月十五日太政官布告により公園地に指定されたものもあるが、本論文では割愛する。

明治七年十一月七日太政官布告第一二〇号により「地所名称区別」が改正される。(32)これは大竹が指摘しているように、地租改正成業後の土地制度を想定しているものである。これにより地種が官有・民有の二分され、さらに官有地は四種、民有地は三種に区分された。この「改正地所名称区別」により官有地だけではなく、民有地に属する境内地も法律上明文化されることとなった。そのため郷村社において民有の証拠のある境内地は向後民有地として扱われることとなり、同時に払い下げの素地が作られた。この時期の民有の証拠というのは租税の負担の有無である。「地所名称区別」は租税上の地種を定めたに留まり、土地所有に変更を生じさせなかったという見解があり、[33]それに対し大竹が「地租改正期が公・私法未分化の段階にあったことを忘れたもの」[34]と批判している。社寺境内地に関して言えば、例えば現境内と墳墓地の地種が区別されたことにより所有に影響を与えた可能性が指摘できる。

「改正地所名称区別」の内容に触れておくと、神宮・山陵・官国幣社・府県社及び民有にあらざる社地は官有地第一種神地に、民有地ではない堂宇敷地及び墳墓地は官有第三種に、民有地ではない寺院と説教場は同様の学校・病院・貧民院とともに官有地第四種とされた。民有の証のある社寺地は個人所有地であれば第一種、複数所有地であれば第二種、墳墓地は第三種に区分された。但し後に法令が改正されて民有の確証のある郷村社以上の社地も第三種に編入となった。[35]官有地は地券を発行せず、地租を賦課しないのが原則であり、一種、三種、四種の違いは区入費の有無である。第一種は区入費を課されない、第三種は区入費を課さないのを原則とするが人民に貸す時は区入費と借地料を課す、第四種は区入費を課される。民有地第一種同二種は地券を発行し地租区入費を課すが、三種のみ地租区入費ともに賦課されない。

「地所名称区別」によって地種と租税が確立し、境内外区別の受け皿ができた。

六　地租改正中の境内外区別

地租改正事業とは、地租収納のため境界を正し、所有者を確認し、その地目を区分して地積を丈量することである。境内外区別にとって地租改正は千載一遇の好機であり、地租改正と同時に終了せんと考えていたことは明治九年一月二十日地租改正事務局達乙第一号[36]に「地租改正概成迄ニ取調届出候儀ト可相心得」とあることからも明白である。そのため、この時期詳細な基準が提示され、地租改正事業と共に上地事業は進められていく。

第一に現境内については景況、地形を基準として区画することとなっていたが、明治八年六月二十九日地租改正事務局達乙第四号「社寺境内外区画取調規則[37]」（以下「取調規則」と略す）第一条において「社寺境内ノ儀ハ祭典法用ニ必需ノ場所ヲ区画シ更ニ新境内ト定其余悉皆上知ノ積取調ヘキ事」とある。祭典法要に必需の場所というのも担当行政官の裁量に大きく依存する基準ではあるが、地形ではなくその機能によって区画を試みた意義は小さくない。

郷村社以上でこれまで租税を納めるなど、民有地である確証がある旧境内地について、本達においては旧境内地をそのまま有税の民有地としていた。しかし明治八年十月十五日地租改正事務局達乙第六号[38]をもって第一条が改正され、「祭典法用ニ必需ノ場所」と境内付属地を区分して、「祭典法用ニ必需ノ場所」を現境内と定められるよう変更がなされた。これは郷村社以上の民有社地が「改正地所名称区別」改正後の民有地第三種に編入されることと関係している[39]。郷村社以上の境内地は国家の保護として無税であるという原則でありながら、有税民有地としてしまった制度上の誤りである。

この「取調規則」を第二次上知令と称する研究もある[40]。確かに「取調規則」が境内外区別に果たした役割は大きく、第二次上知令と呼称するだけの影響力を有している。しかしながら上地事業は停滞していたものの、中止にはなっていなかった。法令を時系列に見ていくと本達は上知令の施行細則という位置づけるべきであろう。また上知令が太政官布告であるのにたいし、「取調規則」は地租改正事務局達と形式が大いに異なる。従って「取調規則」を第二次上知令と評価することは妥当ではない。

第二に免租地について、この時期まで租税の負担というのが土地所有権の要件であった。そのため朱印などによる免税の地は上地と定められていた。[41]しかし免租地の中には元々社寺地で免租指定がなされた土地もある。それらは指定が解除されたら社寺の所有地となるのが道理である。そのため土地明治八年七月八日地租改正事務局議定「地所処分仮規則」第七章第二節第一条但書が、[42]明治九年三月二十二日に改正され[43]検地帳に社寺名請とある高内地、高内引地は社寺所有の民有地とされた。社寺名請が確認できない場合は官有地となる。この規定は社寺所有地の問題であり、高内地が境内地であるか、境内付属地となるかはその土地が「祭典法用ニ必需ノ場所」であるか、当該神社の社格によって異なってくる。しかし実際社寺の土地と認められたのは少なかった。それは払い下げに際して法廷論争となり、三上参次[44]や中田薫[45]が社寺領の性質に関する論文を発表していることから明らかである。

第三に耕作地又は購入地について、この時期の土地所有者確定の特徴として租税負担の他に開墾や売買などの土地取得事由が重視されてくると大竹は指摘している。[46]境内地に関して見てみれば、明治七年十一月二十九日内務省達乙第七二号「社寺領上知跡処分規則」[47]において旧神官・僧侶が自費開墾した土地は開墾者に、神官・僧侶の先祖が開墾又は売買で取得した土地で子孫に遺産として残した分は相続人にそれぞれ所有権を認めている。このような社寺又は旧神官僧侶が開墾・売買で取得した土地はその取得者に所有権を認めるという原則はその後も貫かれる。明治九年六月二十日地租改正事務局及地理局議定、[48]同年七月二十八日内務省達乙第八七号[49]において開墾・売買の証拠は証文がなくとも氏子や戸長の証言により足りる旨定められている。こうした背景には租税の有無で判断した場合多くの土地が上地され、結果として社寺又は旧神官・僧侶の生計を圧迫する恐れがあったからであろうと考えられる。

第四に旧神官・僧侶・人民の宅地については、境外地として差し支えないものについては低価を以って払い下げられるという方針が継続された。その基準は明治九年三月二十九日地租改正事務局指令「社寺境内地処分心得書」[50]に社寺の風致を損ねる場合、祠堂と接続し又は一宇をなす場合、祭典法要に必需の場所である場合は境内地に据え置くと記載されている。居住地が境内地に据え置かれる場合は拝借地となった。この規程は僧侶と違って維新後精選補任とされた社家の家計を圧迫した。旧神職がそのまま神職として奉仕すればよいが、世襲禁止により新たに神職として任命されないと、その者は退去せざるを得なくなる。この規程は社家にとって酷なものであったであろう。

第五に山林は原則として上地され官有地となる。この点は当初より変更がない。そもそも山林は藩の管理に置くのが原則であった。材木の資産価値は高く、そのため妄りに山林を所有させると際限なく竹木を伐採する者が出てくる。資源の維持という観点から山林の管理は他の地所より厳しくならざるを得なかった。明治政府における山林政策もこうした歴史を踏襲している。しかしながら山林は社寺にとっては経済的基盤であり、実質山林収入に依存していた社寺も多いと思われる。同時に信仰上風致上必要な土地でもあった。また近隣住民において入会などの一定の掟のもと旧境内の山林で生計を立てていたものも少なくない。山林が悉く上地されればこうした人々が困窮するのは明白であった。そこで自費栽培した立木のみ無代価にて払い下げることとし、地所は官有地とすると定めている[51]。しかし居住地が人民の証言にて足りるのに対し、氏子檀家の証言のみでは許されず、それ以外の人間の証言、書類が必要となり、伐採についても官許を要するなど条件は厳しい。しかも払い下げは竹木のみで一時のものであるから当然不満の声が上がり、官有林野はその後の下戻処分の中心的問題となっていく。

以上、地租改正中の境内外区別についてみてきた。新境内は「祭典法用ニ必需ノ場所」と定められ、この規定は他の規定に優先し、祭典法要に支障のあるものは例え居住地であっても新境内に残された。この時期租税負担に加えその取得事由が土地所有権の判定基準となってくるのが特徴である。このような基準で地租改正とともに境内外区別は終了した。下戻処分や先述した官有林野の問題はあったが、それは境内外区別、上地処分の訂正と見なすべきであり、境内外区画判定と上地は地租改正と同時に進められ、同時に終了したと考えてよいだろう。

七　京都府における実例

本節では、実際の区画事例として京都府における境内外区別について見ていきたい。京都府管内の境内外区別は明治八年から十五年にかけて地租改正とともに進められ、境内外が確定した。この間に作成されたのが『社寺境内外区別取調帳』(以下『取調帳』と略す)[52]、『社寺境内外区別図』(以下『区別図』と略す)[53]であり、その後、十六年に内務省提出用書類として清書されたのが『社寺境内外区別図面』[54](以下『区別図面』と略す)である。これらの図面はその後も京都府の社寺管理に用いられており、その後の境内地の変遷(境内地への編入、山林払い下げ等)が書き込まれている。

地租改正中における京都府内の境内外区画の特色として、内務省の官員派遣が計画されていたことが挙げられる。これは全国でも珍しい[55]。だがこの時点で区画を完了させる意図は内務省にはなかったであろう。おそらく内務省官員の調査は完全な土地所有者の判定ではなく、境内主域現状調査に主眼をおいたものと思われる。明治八年三月から七月中旬というと「取調概則」が発令されたか否か微妙な時期であるが、内務省内には既にその構想があったであろう。

法令において神社又は一定の宗派を優遇するという文言は見られなかった。実際に京都府内において神社が優遇されていたという形跡は一切存在しない。官幣大社ですらかつての広大な社領を法令に従い上地されているのである。例えば『区別図』[56]、『区別図面』[57]によると松尾大社は旧境内一四九町のうち三町を現境内として残されている。この三町の松尾大社境内主域は東を最寄りの鳥居、西は本殿の背後若干の山林までと定めている。南北は本社を囲む塀のはばである。この時点の松尾大社の平地部分が現在のものより狭いことは、同社が昭和初年より境内地整備事業で周辺の土地を購入していることから明らかである。[58] 山林は官有地という規定ではあるが、松尾大社の背後一定の山林が境内地に組み込まれている。これは神官僧侶居住地と同様に「祭典法用ニ必需ノ場所」を優先するという判断が山林においても適用されたものと思われる。松尾大社の場合本殿のすぐ背後まで山林が迫っており、山林際で境内外を区画すると境内が諸々の問題があった。景観の問題もあるが、倒木などから本殿を守るためにも一定の山林を確保が必要である。[59] また賀茂別雷神社は東西二一町、南北三五町と旧山城国内では最大の神社であり、境内主域の他、神山を含めた山林、門前の社家町、民家を含む広大なものであった。[60] これが上地により朱印地は悉く上地、境内主域についても門前町や山林の大半が上地され旧境内九四二町のうち一五町しか残されなかった。[61] 賀茂御祖神社においても賀茂別雷神社同様神官人民の居住地が境外地とされている。[62] 但し同社の場合糺の杜が東遊など祭典で用いられるため、そのほとんど残されているのが特徴である。[63] 男山八幡宮(石清水八幡宮)の場合も山林の大半が上地され、後の払い下げを受けている。同社の場合本殿周辺と頓宮、それを結ぶ参道が現境内に残されている。同社の本殿周辺の山林が一部境内に残されていることは先に述べたが、その理由として境内社の石清水社やその他施設がその部分に含まれていることが考えられる。[64]

この他、上地された割合の多い神社として伏見の官幣大社稲荷神社[65](伏見稲荷大社)、官幣中社貴船神社[66]が挙げられる。伏見稲荷大社は旧境内一一九町のうち七町を残し上地、官幣中社貴船神社は旧境内一三〇町のうち三町を残すのみであった。貴船神社は山内に境内社が散在しており、『原図』[67]の時点ではそれを含めて山林の半分以上を残される予定であった。しかし地租改正時では境内社は飛び地にされ、山林は悉く上地されている。これらの神社はいずれも朝廷の崇敬も篤い古社であり、当時官幣社と定められていた。こうした中心的な神社ですらその社領の大半を上地されているのである。

一方、寺院の方はどうであったかというと、寺院も醍醐寺が旧境内四一三町に対し新境内二〇町を始めとして、天龍寺が三〇町から一〇町となるなど、多くの寺院が神社同様の割合で上地されている。しかし京都府内の寺院でほとんど旧境内と新境内が変わらない寺院がある。本派本願寺（西本願寺）[68]と大谷派本願寺（東本願寺）[69]である。両本願寺が年貢を徴収する封建的領土を有していなかったことは知られている。しかし境内外区別において境外とされるのが封建的領土だけではない。したがって当然旧境内よりも新境内は小さくなるのが当然である。にもかかわらず両本願寺の境内地はほとんど変化していない。これは何故か。京都府が真宗を優遇したからでないことは、大谷派本願寺の別院（本廟）が他と同様の基準で上地されていることからわかる。[70]これは単に法令を厳密に適用した場合、両本願寺の構造が境外とされ難いものであったからに過ぎない。境内外区別において堀や塀で囲まれた部分は一区画として扱うしかほかない。両本願寺のほとんどの部分は塀の中にある。よって大部分の土地は一まとまりとして境内に残ることとなる。同様のことが寺院では教王護国寺、[71]神社では下御霊神社[72]といった塀で囲まれるか、市内にある社寺について指摘できる。つまり法令を厳密に適用した結果、その社寺の境内の構造により上地される割合に差が出たのである。

八　おわりに

境内地とは社寺にとって神聖なる土地であると同時にその経済を支える基盤でもあった。為政者もそれを認め朱印黒印などの保護を与えていた。しかしながら近代国家の樹立の為には、こうした特権は解体しなくてはならないというのが明治政府の方針であった。そのため上知令により社寺領は解体されることとなる。そしてこの上知令はその後の土地制度の確立過程の中で性格を変えていき、境内外の区画事業へと発展していく。その過程で特権的保護を与えられた土地だけではない土地までも社寺から切り離されることが行われた。その境内外の区別基準はなかなか定まらなかったが、最終的に「祭典法用ニ必需ノ場所」と定義される。京都府の史料を概観すると、それは祠堂や参道や社務所などを必要不可欠な場所として最小限確保している。社寺において広大な面積を占める森林については基本的に上地された。この点当事政府は我が国の鎮守の森という信仰・文化について無理解であったといえよう。そのため後年多くの社寺より払い下げの申請がなされることとなる。

この上地事業は、社寺にとってその経営の根幹に関わる問題であるが、国家にとっては租税制度・土地所有制度に確立という財政問題であった。法令を見ると政府は境内地を社寺に属する特殊な歴史沿革を有する土地と認めつつも、それを保護するという特別な取り計らいをしなかった。それは一連の法令が宗教行政官衙である教部省ではなく、大蔵省・内務省であることからも伺える。政府の境内地に対する対応は、社寺を区別せず、あくまで必要最小限の土地を区画している。そこには積極的に風致を良くし、新たに経済上の基盤を与えようという態度は見受けられない。法令において免租地である境内地の坪数の制限を行っていることからも政府が境内地の保護に消極的であったことは明白である。[73]境内地に対する保護という点ではむしろ明治政府よりも幕藩体制の方が社寺にとって厚かったといえよう。この背景には当時の苦しい財政状況がある。当時人民教化の観点から神社・宗教行政が現在よりも重視されたことは確かであるが、もとより国家というものはイデオロギーのみで成立するものではなく、幅広い行政の一分野として神社・宗教行政というものが存在する。上地事業における境内外区別を考察する限り、明治政府の社寺への保護とは国家財政を度外視してでも優先すべき事項ではなかった。現在の国家神道研究はその思想面に重点が置かれているが、反面国家制度の一環として制度面からの研究が遅れているように思われる。特に神社・寺院の経済問題については未開拓の部分も多く、今後の研究が必要である。

註

(1)三上参次他『社寺領性質の研究』(東京帝国大学文科大学紀要第一号、大正三年)。
(2)中田薫「御朱印寺社領の性質」(『国家学会雑誌』二一巻一一、一二号所収、明治四十年十一月、同十二月)のちに中田薫『法制史論集』第二巻(岩波書店　昭和十三年)に所収。本論文では『法制史論集』を参照した。
(3)中田薫「徳川時代に於ける寺社境内の私法的性質」(『国家学会雑誌』三〇巻一〇、一一号、大正五年十月、十一月)のちに中田薫『法制史論集』第二巻(岩波書店　昭和十三年)に所収。
(4)豊田武『日本宗教制度の研究』(厚生閣、昭和十三年)所収。
(5)阿部真琴『上知問題』(日本宗教講座第四回配本、東方書院、昭和九年)。
(6)豊田武「明治初年の上知問題」(『宗教行政』一〇号所収、昭和九年)。
(7)安藤宣保『寺社領私考―明治維新を中心として―』(愛知県郷土史料刊行会、昭和五十二年)。
(8)安藤宣保『寺社領私考拾遺―明治維新を中心として―』(寺社領研究会、昭和五十五年)。
(9)阪本是丸『国家神道形成過程の研究』(岩波書店、平成六年)。
(10)丹羽邦男「社寺領上知と新たな社寺地形成過程」(『明治政府の社寺支配過程の総合的研究』所収、神奈川大学、昭和六十三年)。
(11)福島正夫『地租改正の研究』(有斐閣、昭和三十七年)。
(12)福島正夫『地租改正』(吉川弘文館、昭和四十三年)。
(13)福島正夫「維新変革と土地制度」(北島正元編『土地制度史』Ⅱ所収、体系日本史叢書⑦、山川出版社、昭和五十年)。
(14)大竹秀男「近代的土地所有権の形成―明治初期における社寺地処分の観察を通じて―」(高橋幸八郎編『日本近代化の研究―明治編―』所収、東京大学出版会、和四十七年)。
(15)大竹秀男「明治初年における寺領地処分―上野山内の処分をめぐって―」(手塚豊教授退職記念論文集編集委員会編『明治法制史政治史の諸問題』所収、手塚豊教授退職記念論文集、慶応通信、昭和五十二年)。

(16)竹林忠男「京都府における地租改正ならびに地籍編纂事業（下）」（京都府立総合資料館『資料館紀要』第二八号所収、平成九年）。
(17)前掲「近代的土地所有権の形成―明治初期における社寺地処分の観察を通じて―」、一四六頁。
(18)前掲『法制史論集』第二巻、四四〇頁。
(19)前掲同書、四頁。
(20)前掲「近代的土地所有権の形成―明治初期における社寺地処分の観察を通じて―」、一二〇頁。
(21)大蔵省管財局編『社寺境内地処分誌』（財団法人大蔵財務協会、昭和二十九年）。
(22)大蔵省営繕管財局国有財産課『社寺境内地ニ関スル沿革的法令集』（以下、『法令集』と略す、大正十五年）、六頁。
(23)『法令集』、六頁。
(24)田中秀和「寺社領の変遷と神仏分離政策の動向―弘前藩を事例に―」（『国史研究』第七十九号所収、弘前大学國史研究会、昭和六十年）。
(25)阪本健一編『明治以降神社関係法令史料』（明治維新百年記念叢書、神社本庁明治維新百年記念事業委員会、昭和四十三年）、二九頁。
(26)『法令集』、一一頁。
(27)京都府立総合資料館所蔵『社寺境内外区別原図』（京都府社寺掛作成、明治四年、以下『原図』と略す）。
(28)『原図』葛野郡 M5-48-28。本殿を中心とする境内主域は問題ないとして、一定の山林が認められたことはその理由を考える必要がある。明治六年八月八日太政官布告第二九一号により山林は悉く官有地と定められた。他方松尾社は明治四年官幣大社に列しており、明治六年三月二十五日太政官布告第一一四号「地所名称区別」によればその境内地は神地である。従って松尾社の調査がいつ行われたかということによって山林の性格が異なってくる。「地所名称区別」以前の調査であればこれらは松尾社の現境内として認定されたものとなる。「地所名称区別」以降明治六年八月八日以前であれば、山林が神地として認められたこととなる。明治六年八月八日以降となると山林は官有地と定められており、「地所名称区別」では神地と官有地は別のものであるため、山林が松尾社境内地になっていることは不都合である。従って「神地」とかいった地種の記載がないこともあり、『原図』に示された松尾社の調査は「地所名称区別」以前のものと考えるのが妥当である。

(29)『法令集』、一八〇頁。
(30)前掲「近代的土地所有権の形成—明治初期における社寺地処分の観察を通じて—」、一二九頁。
(31)前掲同書、一二頁。
(32)前掲「近代的土地所有権の形成—明治初期における社寺地処分の観察を通じて—」、一三〇頁。
(33)大正元年十二月十九日大審院判決『大審院判決抄録』第四五巻、一〇五二頁。
(34)前掲「近代的土地所有権の形成—明治初期における社寺地処分の観察を通じて—」、一四七頁。
(35)『法令集』、一八四頁。社寺に対する地租・地方税の沿革については、宮澤佳廣「宗教団体「非課税」措置の沿革と宗教の特殊性」(神社本庁教学研究所『神社本庁教学研究所紀要』第一号所収、平成八年)にて精致に考証されている。
(36)『法令集』、三二頁。
(37)『法令集』、二一頁。
(38)『法令集』、二二頁。
(39)前掲『国家神道形成過程の研究』、三七五頁。
(40)京都府立総合資料館「総合資料館だより」(NO136、平成十五年)。
(41)明治八年六月二十九日地租改正事務局達乙第四号「取調概則」において境内外の帳簿の雛形が規定されている。その中に旧境内が朱印地・黒印地・除地・見捨地いずれに帰属するか書く部分がある。この時点においてはまだ免税地は悉く上地と考えられていた。
(42)『法令集』、二四頁。
(43)『法令集』、三六頁。

(44)三上参次他『社寺領性質の研究』(東京帝国大学文科大学紀要第一号、大正三年)。
(45)前掲「御朱印寺社領の性質」及び「徳川時代に於ける寺社境内の私法的性質」。
(46)前掲「近代的土地所有権の形成―明治初期における社寺地処分の観察を通じて―」、一四六頁。
(47)『法令集』一五頁。
(48)『法令集』、四二頁。
(49)『法令集』、四二頁。
(50)『法令集』、三七頁。
(51)『法令集』、四〇頁。
(52)京都府庁文書、京都府立総合資料館所蔵。今回の研究では同資料館の「北山アーカイブス」所収ものを利用した。
(53)京都府庁文書、京都府立総合資料館所蔵。今回の研究では同資料館の「北山アーカイブス」所収ものを利用した。
(54)京都府庁文書、京都府立総合資料館所蔵。今回の研究では同資料館の「北山アーカイブス」所収ものを利用した。
(55)内務省は全国派遣を企画したものの、地租改正は地方官に任せるという方針により中止している。
(56)『区別図』葛野郡 4-83。
(57)『区別図面』葛野郡46-81。
(58)河田晴夫『松尾大社境内整備誌』(昭和四十六年十月五日、松尾大社社務所)。
(59)同様に一定の山林が現境内に残されたものとしては男山八幡社、向日神社、清水寺、大谷派本願寺別院などがある。
(60)『京都御役所向対外覚書』京都府立総合資料館所蔵。
(61)『区別図面』愛宕郡1,44-103。
(62)『区別図面』愛宕郡3,45-38。
(63)当時すでに官有地第三種公園地の概念が確立しており、糺の森の景観維持のためだけならば同地を公園地に指定すればよいところ、あえて境内地としている。なおこの時期に境内地の一部が名所公園地の指定を受けた社寺としては八坂神社、清水寺、平等院がある。また御祖神社の『原図』(愛宕郡 M5-46-16)の糺の森の部分には「神幸」

の文字が見える。紀の森の広さや山林は悉く上地するという法令などの状況を考えると容易に境内と認めがたく、祭典のために必要不可欠な土地であったから賀茂御祖神社に残されたとしか考えられない。

(64)男山八幡社の参道のうち、東側参道は境内とされたが、西側参道は境外とされている。東側の参道が境内地として認められたのは、同社の石清水祭（石清水放生会）で用いられるからである。

(65)『区別図面』紀伊郡47-2。

(66)『区別図面』愛宕郡1,44-85。

(67)『原図』愛宕郡 M5-46-17。

(68)『区別図面』下京区3,42-110。

(69)『区別図面』下京区3,42-146。

(70)『区別図面』下京区2,42-79。しかし本派本願寺の場合、現在の堺町、丸屋町にあった法話堂や現在の龍谷大学の敷地近辺にあった旧家来の居住地が、境外と区画することが可能であったにもかかわらず境内地とされている。法話堂は堀川通りを隔てていながら境内地に組み込まれており、この点本派本願寺が優遇されたといえなくもない。

(71)『区別図面』下京区42-162。教王護国寺の塀の外では、観智院と庫裡が境内地として残されている。観智院は東寺の北側に突出しているが、飛び地とはせずに堀の内側と一体として境内地としている。

(72)『区別図面』上京区41-124。

(73)明治九年二月二十八日太政官達。

第八章　神社境内の公園的性格

一　はじめに

神社の公共性を論じる際に、空間、即ち神社境内が社会に対し、どのような意義をもっているかという点を考察することは重要である(1)。その観点から、公園と神社境内を比較することは神社境内のもつ公共性と特殊性を明らかにする上で有効であると考える。神社境内が不特定多数の散歩コースとなっていたり、子供の遊び場となっていたりと公園的に利用されている事例は少なくない。また都市部における神社の森林は緑と憩いを市民に提供しており、近隣との触れ合いという点からも神社が持つ公園的性格が果たす社会的役割を肯定的に評価できる。しかし、神社とは祭祀の場であり、一般のレクリエーションの場である公園とはその設立目的が異なる。そのため神社の尊厳護持、祭祀厳修のために公園的利用が制限されることもありうる。具体的な例を挙げれば、犬の散歩の問題があり、多くの神社は歴史的経緯によって犬の進入を禁止している。進入を注意する神職と犬の飼い主とが口論に発展する事例もあり、多くの神社関係者にとって切実な問題の一つである。また、当然であるが、神社は公園として設計、運営されていない為、一般が求める公園的利用に対処できないという問題もある。転倒の危険性のある燈籠、キャッチボールをする空間と参道との距離など、境内を公園として開放した場合、そこには多くの危険を孕んでいる。以上から境内の公園的性格を研究することは神社の公共性を考察する上でも、実際の神社運営の上でも喫緊の課題であると筆者は考える。

既に先行研究が指摘しているように、神社と公園とは密接な関係にある。明治六年一月十五日の太政官布告第一六号に依って我が国に公園制度ができた時、上地事業[2]の最中にあった社寺境内がその対象となっており、その後も東京市では神社境内が公園地へと編入されていった。また、上地事業以降、官有地として管理されることとなった境内は自然、公共空間としての性格を徳川時代と比べて一層強めることとなる。

本章では近代神社行政下における神社境内地の公園的性格について、土地制度、風致林野、神苑といった関連分野を含め考察する。時期としては明治初年から終戦直後までが対象となり、到底論じきれるものではないが、この問題の全体像と研究課題を明らかにすることを本章の目的とし、個別の課題については第九章以下で検討したい。

二　太政官公園の成立と神社境内

我が国の公園制度は前出の法令によって始まるが、その内容を掲げておきたい。

明治六年一月十五日太政官布告第一六号[3]

三府ヲ始人民輻湊ノ地ニシテ古来ノ勝区名人ノ旧跡等是迄群集遊観ノ場所（東京ニ於テハ金龍山浅草寺東叡山寛永寺境内ノ類京都ニ於テハ八坂社清水ノ境内嵐山ノ類総テ社寺境内除地或ハ公有地ノ類）従前高外除地ニ属スル分ハ永ク萬人偕楽ノ地トシ公園ト可被相定ニ付府県ニ於テ右地所ヲ擇ヒ其景況巨細取調図面相添大蔵省へ

可伺出事

この布告においていくつかの社寺の名が例示され、人民輻湊の地でかつ景勝地や名所旧跡を公園とする旨が述べられているが、社寺境内を境内地（即ち社寺に所属する土地）のまま公園とすることを意図しているのではない。明治四年の上知令により社寺領は解体された。しかしそれは知行権の解体に留まり、近代土地所有制度を確立するためには、それまでの複雑な土地所有権を判別する必要があり、それは地租改正事業によって完成された。従って明治六年時点で社寺の土地所有は確立しておらず、上地事業の最中であった。上地事業によって境内地（新境内）とされる部分と上地され官有地となる部分、更に個人の所有地となる部分に社寺領は区画されるのであるが、その所有権は当初、租税負担が判断基準であったが、後に土地の取得原因が考慮されるようになる。明治六年一月は、租税負担が原則の時期であり、「除地」や「朱印地」は上地されるものと考えられていた。そこで、布告をもう一度みると「従前高外除地ニ属スル分」とあり、公園の対象となるのは社寺領のうち上地され公有地となる土地であることがわかる。後述する日枝神社などのように、境内地をもたず、公園地内に社寺が存在する事例も生じたが、太政官布告の意図していたものは、文面及び事例から上地された公有地を公園とするものであった。また社寺境内のみが例示されているが、城址も社寺境内とほぼ同件数が公園となっている。[4]

この太政官布告第一六号による公園（以下、後述の高橋理喜男論文にならい「太政官公園」と呼称する）に関する研究はこれまで主に造園史の分野で進められてきた。「太政官公園」の目的については田中正大[5]が「欧風都市の建設」、「遊観所の安堵」、「封建時代の跡地処理」の三点を挙げ、次いで守屋毅[6]「近代「盛り場」考」[7]において遊観所の近代化の側面からこれを考察し、それらを受けて、高橋理喜男が遊観所の安堵を本布告の目的としつつも、外国の影響があったことを指摘した。更に、白幡洋三郎[8]は（一）寺社地処分問題への決着、（二）欧化、（三）行楽地の保全、と目的を序列化した。田中の指摘した三点が通説視されてきたが、丸山宏[9]は法令の制定過程を精査し、且つ神仏判然並びに社寺領上知令を中心とした一連の社寺行政に注目して、社寺境内地の保護に本法令の目的があると指摘した。また、小野良平[10]は地租改正にともなう官民の土地所有の峻別化という説を支持している。

これらの議論は対象をどこに定めるかによって異なってくる。政府並びに公園の主管である大蔵省を対象とするならば、丸山が既に指摘しているように、社寺境内地を中心とした景勝地の保護が目的であったことは次の文書に明記されている[11]。

過日御出省ノ節、松方租税権頭へ御談有之候公園ノ儀逐一致承知候、見込ノ通迚モ現今ヨリ欧米諸国ノ体裁ニ相倣候儀者難出来、元来有名ノ勝地無故取壊候儀無之様致度本旨ニテ、鄭重ノ入費ヲ人民へ賦シ、更ニ風景ヲ装飾致候趣意ニ無之候間、御見込ノ如ク簡便ノ御処置有之度、猶見込ノ趣者別紙ヶ条書ヲ以テ及御達候間、先是ニ御参酌適宜之方則御取調、今一応御申出有之候様存候此段申入候也

明治六年四月二十三日　租税頭　陸　奥　宗　光

東京府知事大久保一翁殿

このように公園制度は政府より地租改正時における景勝地の保護の役割を期待されていた。これを受けた府県においてはその意図の通りの公園を設定したのであるが、東京府では都市の近代化や外国人への対応を考慮し、西洋風公園の設置を企画した[12]。しかし、この計画は財政上の問題から頓挫し、結局のところ、芝公園（三縁山増上寺）、浅草公園（金龍山浅草寺）、上野公園（東叡山寛永寺）、深川公園（富岡八幡宮[13]）、飛鳥山公園（飛鳥山・幕臣領地）が公園として発足した。しかしこれらの公園運営が始動するまでは相当な紆余曲折があり、その原因として

は運営方法及び公園像が定まらなかった点や公園地となるべき場所の住民の処遇を含めた旧社寺領の処分が進まなかった点である。[14]また、公園設定過程において借地収入による西洋風公園建設費用を捻出しようとしたため、東京府における公園は近代的「盛り場」という特殊な性質をもつこととなり、それは公園制度に大きな影響を残すこととなる。この時点において多様な公園観が存在した、若しくは発生したことは、以降の公園に関する言説を考察する上で注意しなくてはならない。

東京府の公園制度が近代的「盛り場」としての性質を持つことになったのは、あくまで西洋風公園を建設する為の暫定的な処置であり、恒久的に「盛り場」を残す意図はなかった。むしろ東京府の方針は、従来の「盛り場」を撤去しようとするものであり、浅草公園の住民の立ち退きを計画したり、[15]住民を借地人ではなく、居住を認めない出稼人にしようとしたりしている。[16]しかし、一度運営を始めてしまうと毎年一定の公園運営費を捻出しなくてはならず、「盛り場」としての性質を維持するようになってくる。その方針転換の嚆矢となるのが、明治九年九月の深川公園の出稼出願の奨励である。[17]東京府の公園運営が本格的に軌道に乗るのが、府による運営が確定した明治八年以降である為、公園運営費用の捻出が容易でなかったことが窺える。この方針により神社運営が大きく左右されたのが、境内地全てを麹町公園として公園地に設定した赤坂の日枝神社である。

三　神社境内の公園化

1　日枝神社境内の公園化

公園制度発足以降、神社境内の一部や近隣が公園化されることがあった。そうした中で、赤坂の日枝神社は境内全域が公園地となり、長年公園地解除が申請されながら、終戦まで認められなかった。日枝神社の公園化とその解除までの過程を考察することで、神社と公園との相違を浮かび上がらせることができる。日枝神社の事例については、『日枝神社史』[18]において自社所蔵の文書を基にその経緯が詳細に整理されている他、近年、藤本頼生[19]が社会事業と都市行政の観点から内務官僚の神社観に焦点を当てながら考察しており、また、藤田大誠[20]が公共空間との関わりから、神社と公園について考察している。ここでは先行研究を基に神社経済に注目して、神社境内の公園化を考察する。

日枝神社の公園化の発端は、祠官、総代連署の下に、明治十四年四月二十五日付で麹町区長を経由して東京府知事宛に提出された「日枝神社境内地公園御開設願」[21]である。連署したのは府社日枝神社祠掌総代、権中講義千勝興文と官幣大社氷川神社宮司兼日枝神社祠官、大教正平山省斎の他総代七名である。連署によりこの嘆願は日枝神社の総意であったことは明らかである。公園化の理由としては「一ノ遊園ニ創築セバ、一ハ以テ人々ノ健康ヲ養ヒ、一ハ以テ宮殿維持ノ道モ相立、旁ラ将来ノ福祉ヲ植ル、何ノ洪慶カ之ニ加ヘムヤ」とあるように、周辺住民に公園を提供すると共に境内の維持運営にとっても便利な方法であると述べている。嘆願を受けて、明治十四年五月七日に東京府知事松田道之は内務卿松方正義宛に荒蕪地となるよりは公園とすべきであるとの伺いを立てて[22]、明治十四年六月一日に公園地として承認されている。この時、経営費について「外公園地内ノ所得（借地料）ヲ以流通可致見込有之」と申し添えている点より東京府のが借地料を公園運営の財源として当て込んでいることが明らかになる。公園設定後、日枝神社境内は整備が進められ、崖の崩壊修理や植樹がなされた。

日枝神社ではこのように神社境内を公園化することによって境内及び周辺の整備を進めたのであるが、他の神社の事例からも公園化の経済的利点があったことが窺える。例えば、明治十三年七月に富岡八幡宮表門の溝渠の浚渫について深川区長より公園内借地料より引去してよいか出願がなされ許可されている[23]。同年八月には同じく富岡八幡宮の出願により深川公園地の掃除費用が免除されている[24]。明治二十三年四月、湯島天満宮[25]より境内の公園地編入を出願、許可された時には、金二五〇〇円が手当として下げ渡されている。(26)この金額はそれまでの神社収入となっていた借地料年一七六円相当を利息で補償すべく算出されたものである。湯島天満宮の事例では、明治二十一年以降、東京市区改正委員会において神社公園の境内地編入が決定し、行政的に公園地編入が勧奨されていたという背景があるが、以上の事例から神社境内を公園化することは神社にとって相応の経済的利点があったことは明らかである。同時に公園化が進められた背景に当時の神社経済の事情があったものと推測される。社寺領上知、社有林の官有林化は近世までの社寺の収入源を喪失させ、又、封建的社会の解体により諸侯を始めとした庇護者の状況も大きく変化している。富突きも禁止されており、社殿本堂の修復などの大掛かりな境内整備は経済的に難しい状況にあったものと思われる。この時期に社寺による官有林の無断伐採が史料に散見されるが、かかる経済的事情があってのものと思われる。

府社日枝神社は、公園化後の明治十五年に官幣中社に列格、次いで大正四年には官幣大社に列格した。この昇格は神社の管理・運営に大きな変化を齎したものと思われる。抑々、官国幣社と府県社以下では次のような差異がある。まず祭典に際し、官国幣社へは、皇室又は国庫より神饌幣帛料が供進されるのに対し、当時の府県社以下へはこの制度がない。(27)次に管理について、官国幣社へは国家より営繕などに付、経費が支出されるのに対し、府県社以下は神社、氏子崇敬者、地方公共団体に維持運営が委ねられている。更に、神職についても、役職名や任免、待遇において差がある。(28)以上のような変化から日枝神社の神職が昇格と共に祭祀と神社の管理について更なる厳格さを求めたであろうことは想像に難くない。

実際、昇格以降、境内が公園であることが神社の尊厳維持に欠くところあることが、日枝神社関係者から問題視されるようになり、(29)公園の指定解除の請願が相次いで提出されるようになる。その最たるものは、大正九年八月に宮西惟助宮司が氏子総代連署の下に内務大臣、東京府知事、東京市長に提出した「麴町公園ヲ官幣大社日枝神社境内地ニ復旧セラレタキ件陳情書」[30]である。陳情書には、「然ルニ明治十四年四月、本社ノ社格府社タリシトキニ於イテ、境内地ヲ挙テ公園地ニ編入セラレタルハ、当時神社制度不備ノ際、充分ノ考慮ヲ欠キシモノニシテ、本来神社境内地ト公園トハ根本ニ於テ其ノ性質ヲ異ニシ、荘重森厳ナラザルベカラザル神域ノ施設ト、散策遊楽ヲ目的トスル公園トハ、決シテ両立スルモノニ無之」と神社境内と公園を根本的に異なる存在とし、具体的な弊害として、本殿間近に設置されたベンチでの醜態昼寝の不敬者や本殿付近での掛茶屋における放歌弦声、常住営業者が弊衣を竿頭に高揚すること、本殿背後の共同便所の設置が挙げられ、何れも「国家ノ神社ヲ宗祀スルノ趣旨ト相副フモノニ非ズ」と主張する。

2 神社界の公園観

ここで明治から大正期における神社界の公園観について、『神社協会雑誌』[31]（以下、本章では『雑誌』と称する）、『全国神職会会報』（以下、『会報』と称する）を見ていくと、様々な意見のあったことが判る。

まず明治三十六年刊行の『雑誌』第一一号の「質疑解答」[32]欄において、国幣中社が中央に鎮座して、その周りが悉く公園地であるのは不敬かという問いに対し、編者は不敬の建物を接近して建てるなどしなければ、別段不敬ではないと回答している。神社協会が内務省神社局長を会頭に擁して発足した経緯から、『雑誌』の内容が内務省神社局の方針に沿ったものといえる。他方、神職の側からは、寒川神社宮司額賀大直が「神域風致論」[33]を『雑誌』に寄稿し、「神境は決して公衆の遊興地にあらず、又決して公共の公園にもあらず、神境は公衆一般の崇敬を撃くべき神祇の鎮祭せらるゝ聖地たるなり、換言せば、人を楽ましめ喜ばしめむが為めに、決して其神聖を滅却する能はざる所たるなり」と境内の尊厳護持を訴えている。又、森川一郎は『雑誌』への寄稿「神社境内の注意に就て」[34]において靖國神社周辺の非教育的な興業は遺憾と述べ、中野周次郎は「神社境内を小公園となすの説に就て[35]」において子供の遊び場となることで親しみから狎れとなり、神社の尊厳を損なうとして公園地化には反対意見を述べている。こうした反対意見に対し、社頭隆昌の為に公園化に賛成するものとしてとしては、山口正興が『会報』に寄稿した「帝都に一大神苑の開設を望む[36]」があり、靖國神社周辺に商業施設を併せた一大公園の設置案を開陳している。

こうした議論は、大正八年以降、造園学や建築学の方面からこの問題について指摘がなされるようになり、転機を迎える。即ち、造園学の立場から本多静六、上原敬二、本郷高徳、建築学の立場から角南隆が『雑誌』に神社境内、神苑、公園、社有林に関する論考を寄稿するようになる。この時期に上原らの論説が『雑誌』に寄稿されたことは、上原らが携わった明治神宮造営の成果を神社行政に反映しようとするものと評価できる。これらの論説は多少の差異があるものの、神社と公園について共通する問題意識としては、上原敬二が「神社風致林の造成に就て[37]」において「既に遊園地化し、神境全く俗化した其例は乏しくない」と述べ、本郷高徳が「神社林の意義[38]」において「小規模の神社境内を公園的に利用しようといふのなら、これは神社と公園との混同で、無論問題にはならない」と批判し、角南隆が「速谷神社境内植樹の計画に就て[39]」において自己が設計上心得としている「神社境内施設心得八則」において、その第一に「神社境内は公園に非ず」を掲げているように、神社と公園とを明確に区別することを志向するものである。そして、両者を区別する具体的な方法として「分割」（ゾーニング）を提示している点が、それまでの議論とは異なる点である。「分割」とは、青井哲人が指摘するように上原ら以降の神苑設計において見られる神社境内中枢部（内苑）と公園的施設（外苑）を峻別化するという理論である[40]。ゾーニングによって、単純に境内を公園化する、しないの議論ではなく、境内を神聖さによって区分し、公園的施設を設置しても尊厳上風致上問題のないよう設計するということが可能になった。

3　境内地の公益使用の方針転換

ここで、神社行政において境内地の公共利用がどのように考えられていたかについても検討したい。まず、明治政府が急速に進めなくてはならない公共用地を場合によっては社寺境内によって代用しようとしたことは、明治六年三月の文部省布達「神官僧侶ノ其社寺内ニ中小学校ヲ開クヲ許スノ件」[41]などから窺える。しかし、それは近代化の過渡期であったからであり、公共施設が整備された時期にあっては、寧ろ混乱の元となりかねない。明治三十五年『雑誌』の「質疑解答」には、

（問）神社境内へ町村役場又は公共事業に係る建物を特別を以て建設せしむるを得るや（会員松山若冲）

（答）神社境内は祭典上又は神社風致上必要なる区域を画し定められたるものなり従つて町村役場又は公共事業に係る建物等を取設くること能はす尤も不得已必要あり或短年月を期し（仮令は学校又は役場を他に移転建築の必要生ずるも差当り其付近に適当の場所見当らす依て他に適当の場所選定の期まて）之等建物を取設けんとするものなるときは事由を具し地方庁へ願出て地方庁より内務省に伺出つれは其年限に依り或は特に許可せらるることあるやに聞く

とある[42]。法令上も公共事業に境内を提供するという規定はなく、神社行政において、境内地はあくまで「祭典法用ニ必需ノ場所[43]」であって、公共事業に供するのは非常の場合と考えていたことが判る。

転機となったのは、明治三十六年十一月二十日内務省令第一二号「社寺佛堂境内地使用取締規則」第一条[44]である。

第一条　神社寺院仏堂境内地ハ左記各号ノ一ニ該当スルモノヲ除クノ外其神社寺院仏堂以外ノ者ニ於テ之ヲ使用スルコトヲ得ス

一、一時限リノ使用

二、参詣人休息所等其使用一箇年以内ニ止マルモノ

三、公益ノ為ニスル使用

本省令以降『雑誌』における公共事業への境内地の提供に対する見解も明らかに変わってくる。例えば、『雑誌』第五年第五号の「解疑」[45]では電線設置の際の境内樹木伐採の可否に対し、風致を斟酌し、やむを得ないものに限り伐採すると軟化し、同第八号[46]では神社境内に公共施設の為に境内地を借りることの可否に対して、地方長官の裁量と回答している。更に同第一二号[47]では鉄道敷設のための境内林伐採を神職は拒否できるかという問いに対して、理由を詳具して地方長官に上申し指示を受けるよう回答する等、「社寺佛堂境内地使用取締規則」以降、祭典法要の土地の保護が公益目的の前では絶対ではなくなってくる。

4　東京市と内務省の見解の相違

日枝神社の事例以降も境内の公園化は推進される。明治二十一年十一月開催の第一五回東京市区改正委員会[48]では、

十九番銀林曰　梅若ノ如キハ神社ニナリシ故公園ニ編入為シテ可ナレトモ、寺院ニハ墓地アリテ公園ニ為スハ面倒ナルニ依リ蓮華寺ハ省キタリ。

四番福地曰　　長命寺ハ如何ナリシヤ。
二十五番芳野曰　私ハ長命寺ヲ公園ニ編入セント欲シタレトモ委員ノ多数ハ之ヲ省カレタリ。
十九番銀林曰　　寺院ヲ公園中ニ編入為ストキハ葬儀等ノ差支アルヲ以テ長命寺ハ除キタリ。

とあって、寺院における葬儀、墓地という性質が公園に相応しくないので公園より寺院を除くと述べているのみで、社寺ともにその境内を公園に編入すること自体は問題とされていない。

こうした状況に神社行政の側からは、明治二十八年十一月二十六日内務省訓令第八三二号「公園地内ノ境内区域更正ノ件[49]」で、

官有地ニ係ル公園中従来社寺仏堂ノ境内地タリシモノハ其祭典法用ニ必要ナル区域ヲ限リ公園ヨリ除去シ更ニ社寺仏堂ノ境内地トナスヘキ見込ノ個別精細取調実測絵図面相添ヘ更正方按ヲ具シ来ル十二月二十五日限リ取纒稟議スヘシ
右訓令ス

と祭典に必要な区域を区画する趣旨の訓令が出される。しかし本訓令は、同年十一月二十六日通牒社甲第四一号「公園地内ノ境内区域更正取調方ノ件[50]」に「尤モ本件ハ種々ノ関係モ有之儀ニ付貴庁限リ調査セラレ候儀と御心得有之度依命此段及通牒候也」とあって強制力を伴わず、日枝神社の公園解除には至っていない。尚、公園設置後に社寺仏堂が建設された事例もあったようで、そちらも調査するよう明治二十九年一月十五日通知秘別第一五七号「公園設置後建設ノ寺院仏堂境内区域取調ノ件[51]」が出されている。

その後の神社行政において本訓令は支持されており、例えば、稲村貞文・宮尾詮の『神社行政法講義』では「由来神社境内地と公園とは其設備の相似たるものありといへども、一は神聖荘厳を主とし、神明を慰むるを目的とし、他は清楚快豁を主とし、民衆を楽ましむるを目的となすが故に、設備上其趣旨を異にするのみならず、時としては公園の経営上神社を移転せしめざるを得ざることあるべし。然れば少くとも神社境内地を区画し置くの計画をなすこと急務なるべし(52)」とし、櫻井稲麿の『現行神社法令通解』は「官社府県社の如きものの中にも公園地内にあつて神社自から境内地を有たぬものがある。これは敬神本旨の我国では素より杞憂には相違ないが、厳格に考へると誠に心細い次第であつて、明治二十八年には当事者に関係なしに神社祭典に必要な区域を地方庁に取調べさした事があつて(同年十一月二十六日内務省訓令第八百三十二号同日社第四十一号社寺局長通牒)その後神地を分割したものもあるが未だにそのまゝのものもある。これは速かにそれぐ区分するやうにせねばなるまい(53)」と述べている。

内務省の方針は神域の尊厳よりもむしろ管理上から公園上にあることを不適切としている感があり、それは前出の『雑誌』第一一号の回答からも窺える。

東京市と内務省との相違は、都市行政と神社行政との相違とも見えるが、明治三十五年の日比谷公園起工式において造営委員長・東京市助役吉田弘蔵が「概スルニ古神社仏格《ママ》ノ境内ニシテ真ニ公園トシテ適格ヲ備フルモノアル事ナク(54)」と述べているように、明治三十年頃には公共設備も整い始め、東京市でも初期公園政策再考の気運があり、単純に割り切れない部分がある。行政における公園観の変化については向後の課題としたい。

5　公園解除の阻害理由

境内の公園化が廃止されなかったのは、東京における太政官公園が「盛り場」の経済力を背景に運営されていたことが最大の理由である。昭和八年十一月二十八日開催の神社制度調査会第三六特別委員会に宮西惟助が特別に番外臨時委員として参加し、公園内の神社が問題視された。この時、神社局総務課長の児玉九一より日枝神社のような事例は東京においてのみ確認でき、国有財産上の公用財産としての神社用地として区画することが望ましく東京市と交渉しているが、「是ハ公園ノコトニ付キマシテハ東京市デハ色々財源ノ関係等デナカ〳〵困難ナ問題ガアルノデゴザイマス、東京市デハ公園地トシテ国カラ供用サレテ居リマス土地ヲ色々貸地ニシテ居ルノデゴザイマス、例ヘバ本所緑町デアルトカ或ハ芝公園デアルトカヲ貸地ニ致シマシテソレデ収益ヲ挙ゲテ居ル所ガゴザイマス」[55]と公園地の借地料が東京市の財源となっていることを理由に難航していると述べている。公園制度発足時から東京は借地料収入を公園の運営資金に当て込んでおり、集客力のある「盛り場」が公園化されてきたという経緯がある。その代表が浅草公園における仲見世の借地料収益であった[56]。このことから明治二十八年の訓令も東京が財政上の理由から調査のみに留めたのであろうと推測できる。また、神社行政には解決すべき事案が山積していたことも解決が遅れた原因と推測できる[57]。

結局、日枝神社の公園問題は、昭和二十年十二月に発出された神道指令によって国有地上に社寺があることが問題化したことで解決される。政府はそれまで社寺に無償で貸し付けてあった国有地を譲与、または払い下げることとし[58]、内務省ではその前に、公園解除と境内地復旧をすべき旨通達した[59]。これを受けて日枝神社は各種手続きを行い、昭和二十四年にようやく境内地の公園地設定が解除されることとなる。

四　神社林と神苑

1　行政における社寺山林の取り扱い

上地事業における山林の取扱いについて、政府は当初より社寺の所有とするのに反対であった。そのため、上地事業においても、林野は原則官有化の方針で進められた。京都における社寺の境内林の上地状況を、京都府立総合資料館所蔵の史料[60]を元に検討すると、祭典法用に差支えない限りほとんどの森林が上地され、窮屈な印象を受ける。社寺の森林管理に対する政府の不信感は相当なものであり、明治十年に内務省が太政官に対し社寺公費を以て植栽した森林を社寺に下げ渡すのは良質の林を「忽地禿尽スル」[61]と伺いを立てている他、上地事業中より官有地又は境内地の無断伐木を禁止する法令が出されている。こうした背景に社寺による無断伐採が少なからずあったことは事実であるが、社寺が無断伐採した理由として上知令以降の社寺経済の大変化の影響も考慮しなくてはならない。抑々、神社、寺院の所有する森林が信仰上神聖な空間であるということは云うまでもないが、同時に近世以前より経済林としての側面も有していたという事実も失念してはならない。神社によっては近世より社殿修復の材木若しくは資金源として計画的に植林していた事例もあり[62]、上知令により森林のほとんどを官有化されたのは社寺にとって信仰のみならず経済上においても大打撃となった。

社寺としては、信仰上経済上必要な森林の返還を繰り返し政府に要求していたのであるが、なかなか受け入れられなかった。しかし、社寺側の根強い交渉に政府も態度を軟化させ、明治十七年以降、保管委託制による使用収益の途が講じられるようになり、明治二十四年四月八日農商務省令第五号「社寺上地官林委託規則」[63]、明治三十二年八月二日勅令第三六一号「社寺保管林規則」[64]へと保管林の制度が整備されていった。

上地事業時に誤って収公された土地の還付も行われるようになった。これについては学問分野の功績も大きい。例えば朱印地について、政府は当初全てを封建的領土と見做していたが、その後、中田薫らの研究により社寺の所有地を朱印状で免税した場合があることが証明されている(65)。こうした学問的成果を受けて、明治二十三年四月十五日農商務省訓令第二三号「官有森林原野引戻ノ件(66)」などにより正当な事由による還付の途も漸次開かれたのであるが、政府としてもいつまでも下げ戻しを続けるのは、行政上不安定であり、明治三十二年四月十七日法律第九九号「国有土地森林原野下戻法(67)」により下げ戻し処分に期限を定めると共に、明治三十二年三月二十三日法律第八五号「国有林野法(68)」において、

第三条　社寺上地ニシテ其ノ境内ニ必要ナル風致林野ハ区域ヲ画シテ社寺現境内ニ編入スルコトヲ得

と定め、社寺の尊厳護持に必要な風致林野を境内編入することを認めた。この「国有林野法」以降、神社境内の理解は上地事業において定められた「祭典法用ニ必需ノ場所」に風致林野が加わることとなる。また、一連の法令により神社林は法律上、現境内上の林野と官有林を委託された保管林の二種類に分類されることとなった。

2　上地林還付の影響

この上地林の還付は、神社境内の公園的性格に強く関係している。上地事業において、旧境内の森林のほとんどが官有化されたことは既に述べた通りであるが、これによって形成された新境内は極めて窮屈なものであった。神社境内に公園的性格を持たせようとした場合、空間的な余裕が必要となる。同時に緑地も求められよう。しかし、上地事業によって形成された新境内には空間的な余裕も十分な森林も残されていない。明治二十一年十一月

五日開催の第一五回東京市区改正委員会において、小石川の白山神社、根津神社等を公園に指定する議論がなされた際、上地林の還付を条件として求める意見が出されている。[69] この議事録より上地林の還付の途が開かれたことは、神社の公園化そのものを促進したことは明らかである。同時に、公園化されなかった神社境内についても、上地林が還付されたことにより空間的に余裕が生じ、公園的性格を付することが可能になったものと推測される。この点については、具体的事例を基に神社整備と上地林の還付の時期などを考察していくことでより、関係性を明らかにすることができると思われる。

風致林野の制度は公園的性格を促進しただけではなく、神苑の誕生や境内整備、営林の必要性を神社管理に付すこととなった。法令により官有林野を風致林野として還付された以上、社寺には林野の適切な運用を求められる。特に阪本是丸が既に指摘するように、政府は官有林還付の制度を全面的に支持したのではないという背景がある。[70] そのため、社寺は官有林の下げ戻しや風致林野の編入を許可されたと同時に、風致という理念に基づいた管理運営の義務を負い、反対に、行政は適正な管理運営を監督する必要が生じたと考えるべきであろう。当然、風致林野の有り方については、議論が重ねられたのであろうが、法律上に留まらず、植生などにも及ぶ問題であるために、本格的な神社林の有り方に関する学説は造園学と林学の登場以降となる。我が国における造園学と林学は明治神宮御造営に始まるのであるが、単なる西洋造園学の輸入と日本の風土への適応に留まらず、神社の信仰、歴史への積極的な適応が図られた。即ち、上原敬二らは神社林を神社の尊厳に基づき「分割」し、具体的な神社林を含めた境内設計や林野の運営を提唱している。こうした日本的造園学の誕生又は優れた建築技術の進歩は、挙国一致の大事業であった明治神宮御造営であったからこそ可能だったのであり、その後、多くの神社がその恩恵に浴した。行政にとっても日本的造園学の誕生は要望するものであったと考えられ、上原らの説は『雑誌』に掲載されるなど神社局において採り上げられた。

神社林に関する学説を幾つか紹介すると、上原敬二は前出「神社風致林の造成に就て」において、神社林を「神社境内林」、「神社風致林」、「社有林」、「外苑」、「神體林」に「分割」した。「神社境内林」とは直接神社の風致に関係する普通最も狭い意味の神社林であり、「神社風致林」とは間接的には神社の風致に関係のある部分であり、「社有林」とは神社の所有する経済林であり、「外苑」とは外域林又は境外に在る場合には公園的設備、公園林施業等の必要とする部分であり、「神體林」とは「境内林又は風致林の一部を以て神座を安置する本殿に代はらしめるもので、境内の首部である内域林の方針を襲用し、一層神秘幽厳の設備を必要とするもの」である。また、本郷高徳は「森林の施設経営（二）」[71]に於いて、神社林を三つに「分割」した。第一は社殿に遠い森林で、それは経済的に或は半分経済的に、半分風致的になって居る森林、第二は神社の風致としては別に必要はないが、国土の保安上経済的作業を許すことの出来ないもの、第三は神社の森厳維持或は境内の風致の上から厳格なる風致的の作業を要するものである。角南隆も前出「速谷神社境内植樹の計画に就て」に於いて、神域林、参道林、苑林に「分割」した植樹計画を解説している。

こうした学説の地方行政への波及については、京都府と滋賀県に「分割」が採用された社寺林苑の施策が見える。京都府社寺課林苑係作成の『社寺林苑計画並管理経営』[72]では「殿舎区域」、「参道及通路」、「祭庭、社頭及門前広場（馬場）」、「殿舎付近の樹林区域（本殿裏の森林）」、「社頭及堂前の植樹帯」、「境内森林」、「神苑、庭園」「外苑」、「社寺有林及保管林」と境内を分け、それぞれの林苑の設計について論じている。滋賀県学務部社寺兵事課編の『神社林苑提要』[73]でも「神聖区域（御敷地）」、「神厳区域（神聖区域の外周―内域）」、「清厳区域（神厳区域に連る区域）」、「清雅区域（神苑等）」、「自由区域（外苑等）」に境内を「分割」している。管見では府県のおいて採用した事例は京都、滋賀しか見えず、又、学説をそのまま採用している訳ではない。しかし、上原らの説は明治神宮内苑、外苑という見える成果があり、その後、明治神宮御造営に携わった人材が日本の造園学を牽引していったことから、相当な影響力があったものと推測される。

3　神苑の創出

こうした造園学と林学の影響を受け、多くの神社で創設されたものとして「神苑」がある。「神苑」については、現在でも神社において広く用いられている用語であるが、実はその歴史的経緯に関する研究はほとんどなく、定義も定まらないのが現状である。「神苑」の発生を主題として研究としては、京都の神社の境内整備に焦点を当てた中嶋節子の研究がある。[74]「神苑」の定義について中嶋は、

神苑は、明治以降の神社境内整備の過程で計画的かつ造形的につくられた林苑や公園のような場所である。明治二十二年に竣工する伊勢神宮内外神苑を嚆矢とし、以後、全国の神社で神苑整備が進められるが、大正九年の明治神宮内外苑の完成は、近代造園学の技術的水準を高め、それを担う技術者を全国に輩出した点において、全国の神社境内に与えた影響は大きい[75]

と述べている。また、戦前の行政における定義として、『社寺林苑計画並管理経営』では「神苑、庭園」と一括りにし、その区域は「社頭及堂前の植樹帯」又は「境内森林」の区域の内に設定される場合があり、造園的技巧はあくまで社寺林苑としての規模内で設計されるものであり、神苑又は寺院庭園としての品位を保ち清浄にして快適なる境域でなければならないと解説している。これに対して、角南隆は「神社境内施設心得八則」のうちに「神社境内は私庭に非ず」を掲げ、「単なる観賞、実利、或は風流、趣味乃至枝振り造庭に数寄を凝らすべきものではない。従来の所謂神苑と称するもの丶大部分は之である。慎むべきである。」と解説している。また、本郷

高徳も「神社林苑の取扱について」[76]において、

徒らに邸宅や遊園地の庭園を模して、これを神苑と名づけ、甚しきは最崇厳なるべき神殿地に繊細、華麗なる造園的手法を加へたるもの丶如き、唯に神社に理解なき施設として嗤うべきのみか、これは実に神域を玩弄したものとの誹あるとも余儀ないことでありませう。

と述べている。上原敬二も『神社境内の設計』[77]において、遊園地化を批判している。彼らは先述の通り、明治神宮御造営を始め神社の設計に際し、西洋風の建築、造園を単に輸入するのではなく、日本文化や環境へ適応させ、境内の尊厳を護持すべく苦心したのであり、そうした立場からの厳しい指摘であると思われるが、逆に、当時、多くの無名かつ小規模の「神苑」と称する施設が存在していたことがこれらの論説から判る。戦後の造園史では大規模な「神苑」が主に扱われ、小規模無名なものについては扱われてこなかった。向後の「神苑」研究では、こうした小規模の「神苑」をどのように位置づけていくのかが課題となってくると思われる。

また、神社境内における公園的性格を考察する上で、神社における公園的施設として用いられる「外苑」の定義も検討する必要がある。「外苑」の定義について戦前の言説を比較すると、公園的施設を有する若しくは公園的な施策が許される空間として捉えられている点が共通するが、「内苑」、「外苑」の関係、「分割」した場合の境内地内における位置付けなどについて論者によって差異があり、「神苑」を研究する上で用法の整理が必要となってくる。

以上、林野と神苑について概観したが、林野については、特に下げ戻しに至る経緯について未開拓な部分が多く、下げ戻しや保管林の実情についても不明な点が多い。神苑については、研究そのものが少なく、多様な事例を検討していく必要がある。いずれにせよ神社の公園的性格を考える上で、「神苑」、「外苑」はその中核となりうる問題であり、その前提として上知令以降の神社林の変遷がある。いずれも向後の課題としたい。

五　おわりに

明治六年の太政官公園の制度から社寺境内と公園は強い関係を持ち、日枝神社のように境内が公園に編入されることがあった。これは行政にとってもは用地確保において利便性があり、神社にとっても附属する景勝地を公園化することで、公費による維持が見込めるなどの経済的利点があった。また、神社関係者の根強い嘆願により上知官林が風致林野若しくは保管林として還付される途が開かれ、境内地に空間的余裕が生じたことも境内の公園化を促進した。しかし、日枝神社では官幣中社への昇格を契機に神社の尊厳と公園としての利用が問題とされるようになり、公園指定の解除が求められるようになった。さらには公園を取り巻く環境も変化し、明治三十年頃から神社の公園化について再検討するような動きが見え、神社界、行政において様々な意見が出されるようになった。こうした議論の中、大正八年頃より上原敬二や本郷高徳、角南隆らによって造園学、林学、建築学の方面から、境内を神社の尊厳に基づき「分割」し、具体的な神社林を含めた境内設計や林野の運営方法が提唱された。この「分割」により神社か公園かという二択ではなく、境内や神社林をその性質毎に分け、神聖との距離に準じて管理運営することが可能となり、そうした中に公園的なものを含めることが可能となった。こうした近代神社景観の画期となったのは明治神宮御造営による日本的な造園学の誕生と建築学の進歩である。そしてその成果は多くの神社にも恩恵を齎した。上原らの説は明治神宮という見える成果があったことで強い説得力があったものと思われ、内務省神社局において評価され、京都府や滋賀県においても採用された形跡がある。

近代の神社行政における神社境内の公園的性格を考察した時、神社境内に公園的な要素は見えるものの、究極的に境内とは神聖さが求められる祭祀の場所であり、市民の偕楽、福祉の場である公園とは異質なものであった。その性質の相違が激しく衝突したのが、赤坂の日枝神社の事例であり、建築、造園の分野で神社の尊厳護持を最大限に求めた上原、本郷、角南らの主張であったと思われる。日枝神社の問題が結果的には昭和二十年の神道指令によって解決したように、近代神社行政における境内地の問題はその道半ばにて中断され、問題を孕んだまま宗教法人法に取り込まれた印象を受ける。その未解決であったものが表面化して今日における諸問題の遠因となっているのではなかろうか。

註

(1)本章は、平成二十三年度科学研究費補助金・基盤研究（C）「帝都東京における神社境内と「公共空間」に関する基礎的研究」（研究課題番号：二二五二〇〇六三、研究代表者：藤田大誠）、並びに明治神宮国際神道文化研究所平成二十三年度共同研究「明治神宮史に関する総合的・学際的研究」、第八回研究会（平成二十四年一月二十一日開催）における発表を元に作成したものであり、両研究会の関係各位にまず以て深謝申し上げる。

(2)本章において、知行権を召し上げることを上知とし、土地を官有地化することを上地と記載し区別する。

(3)阪本健一編『明治以降神社関係法令史料』（神社本庁明治維新百年記念事業委員会、昭和四十三年）、五九頁

(4)高橋理喜男「太政官公園の成立とその過程」（『造園雑誌』vol38No4、昭和五十年）。

(5)田中正大『日本の公園』（鹿島出版会、昭和五十四年）。

(6)守屋毅「近代「盛り場」考」（林屋辰三郎『文明開化の研究』所収、岩波書店、平成六年）。

(7)高橋理喜男「太政官公園の成立とその過程」（『造園雑誌』vol38No4、昭和五十年）。

(8)白幡洋三郎『近代都市公園史の研究—欧化の系譜—』（思文閣、平成七年）。

(9)丸山宏『近代日本公園史の研究』（思文閣出版、平成六年）。

(10)小野良平『公園の誕生』(吉川弘文館、平成十五年)。
(11)東京市『東京市史稿』(遊園篇四、臨川書店、昭和七年)、五一四頁。
(12)前掲同書、四九一頁。
(14)史料によっては富岡八幡社、富岡神社ともあるが、本書では富岡八幡宮にて統一する。
(15)前掲『東京市史稿』(遊園篇四)には、特に浅草寺の住民への対応が難航したことが窺える。
(16)前掲同書、五三九―五四〇頁。
(16)前掲同書、六三九―六四二頁。
(17)前掲同書、九〇三―九〇四頁。
(18)日枝神社編『日枝神社史』(日枝神社御鎮座五百年奉賛会、昭和五十四年)。
(19)藤本頼生「近代における都市行政官僚と神社―神社局長佐上信一の神社観とその施策から―」(『神道史研究』第五七巻第一号所収、平成二十一年)。後に、『神道と社会事業の近代史』(弘文堂、平成二十一年)所収。
(20)藤田大誠「近代神苑の展開と明治神宮外苑の造営―「公共空間」としての神社境内―」(『國學院大學研究開発推進センター研究紀要』第六号所収、國學院大學研究開発推進機構研究開発推進センター、平成二十四年)。
(21)前掲『日枝神社史』、二四一―二四三頁。
(22)前掲同書、二四四頁。
(23)東京市『東京市史稿』(遊園篇五、臨川書店、昭和八年)、四〇三―四〇四頁。
(24)前掲同書、四〇六―四〇七頁。
(25)当時は湯島神社と称したが、本書では湯島天満宮にて統一する。
(26)前掲『東京市史稿』(遊園篇五)、八〇七―八一一頁。
(27)明治三十九年四月三十日勅令第九十六号により供進の途が開かれる。
(28)原則、官国幣社では宮司・権宮司(奏任官待遇)、禰宜・主典及宮掌(判任官待遇)とするのに対し、府県社以下では社司・社掌(判任官待遇)である。

(29)宮西惟助　明治六年～昭和十四年。大正八年、官幣大社日枝神社宮司を拝命。神明奉仕の旁、全国神職会、國學院大學院友会等の役員を歴任し、神社界の発展に多大な功績があった。又、関東大震災に際しては、東京府神職会会長として羅災神社の復興対策に尽力した。

(30)前掲『日枝神社史』、二五八―二五九頁。

(31)本章では神宮文庫所蔵本『神社協会雑誌』全三十七巻（国書刊行会、昭和五十九年～六十年）及び復刻神社協会雑誌編纂委員会編『別巻神社協会雑誌総目次・総索引』（国書刊行会、昭和六十年）を参照した。

(32)神社協会『神社協会雑誌』第一一号（明治三十六年一月）、五七頁。

(33)『神社協会雑誌』第五年（明治三十九年）第十二号、一〇―一六頁。

(34)『神社協会雑誌』第六年第五号（明治四十年）、六―八頁。

(35)『神社協会雑誌』第二十年第一二号（大正十年）、二二―二四頁。

(36)『全国神職会会報』（明治四十年五月号）、四五―四六頁。本稿では宮地正人・阪本是丸監修『全国神職会会報（復刻版）』第一七巻（ゆまに書房、平成三年）を参照した。

(37)『神社協会雑誌』第十八年第七号（大正八年）、三―八頁。

(38)『神社協会雑誌』第二十四年第五号（大正十四年）、六―一二頁。

(39)『神社協会雑誌』第二十四年第三号（大正十四年）、四二―五二頁。ちなみに八則とは次の通りである。

一、神社境内は公園に非ず
二、神社境内は私庭に非ず
三、神社境内は植物園に非ず
四、神社境内は動物園に非ず
五、神社境内は学校に非ず
六、神社境内は娯楽場に非ず
七、神社境内は神厳のみの境地に非ず

八、奈何乎神社境内
(40)青井哲人『植民地神社と帝国日本』(吉川弘文館、平成十七年)。
(41)営繕管財局国有財産課編『社寺境内地ニ関スル沿革的法令集』(大正十五年)、一二頁。
(42)『神社協会雑誌』通号第一〇号(明治三十五年十二月)、六〇—六一頁。
(43)明治八年六月二十九日地租改正事務局達乙第四号「社寺境内外区画取調規則」(前掲『社寺境内地ニ関スル沿革的法令集』、二一—二四頁)の第一条に「社寺境内ノ儀ハ祭典法用ニ必需ノ場所ヲ区画シ更ニ新境内ト定其餘悉皆上知ノ積取調ヘキ事」と規定され、以後、神社行政における境内地の定義となった。
(44)前掲『社寺境内地ニ関スル沿革的法令集』、三四一頁。
(45)『神社協会雑誌』第五年第五号(明治三十九年)、五四—五五頁。
(46)『神社協会雑誌』第五年第八号(明治三十九年)、五二頁。
(47)『神社協会雑誌』第五年第一二号(明治三十九年)、五六頁。
(48)東京市『東京市史稿』(市街篇七五、臨川書院、昭和五十九年)、七四七—七四八頁。
(49)前掲『社寺境内地ニ関スル沿革的法令集』、三二四頁。
(50)前掲同書、三二四—三二五頁。
(51)前掲同書、三二五頁。
(52)稲村貞文・宮尾詮『神社行政法講義』(集成堂、明治四十四年)、七〇八頁。
(53)櫻井稲麿『現行神社法令通解』(帝国神祇学会、昭和二年)、六四—六五頁。
(54)東京都『東京の公園—その90年のあゆみ—』(東京都、昭和三十八年)、四五頁。
(55)神社本庁編・発行『神社制度調査会議事録②』(近代神社行政史叢書Ⅱ、平成十二年)、九九頁。
(56)前掲『公園の誕生』、一二頁、六六頁。
(57)神社制度調査会において、神社と公園について言及されるのは第三六回のみである。
(58)「社寺等に無償で貸し付けてある国有財産の処分に関する法律」(昭和二十二年四月十二日法律第五三号改正)

(59)昭和二十二年三月六日内務省発第一三四通牒「公園地内にある社寺等の境内地の処分について」。
(60)京都府立総合資料館所蔵「社寺境内外区別取調帳」(二〇郡区全二〇冊)、「社寺境内外区別図」(二〇冊)、「社寺境内外区別図面」(二三冊)何れも明治八年から一八年頃に地租改正事業の報告書として作成。
(61)太政類典・第二編・明治四年～明治十年・第二百五十三巻・教法四・神社二。件名「社寺ノ資金ヲ以栽植セシ樹木ハ神官僧侶ニ下附セス」、件名番号034。国立公文書館所蔵　請求番号　本館-2A-009-00・太00476100。大蔵省管財局編『社寺境内地処分誌』昭和二十九年、一三〇―一三一頁。
(62)遠江国一宮小國神社の社家で賀茂真淵の有力な門人であった小國重年は十万本近い杉檜の植林を行っている(塩澤重義『国学者小國重年の研究』羽衣出版、平成十三年)。
(63)前掲『明治以降神社関係法令史料』、一四〇―一四一頁。
(64)前掲同書、一五八―一五九頁。
(65)中田薫「御朱印寺社領の性質」(『国家学会雑誌』二一巻一一、一二号所収、明治四十年十一月、同十二月)及び「徳川時代に於ける寺社境内の私法的性質」(『国家学会雑誌』三〇巻一〇、一一号、大正五年十月、十二月)。
(66)前掲『社寺境内地ニ関スル沿革的法令集』、二三八頁。
(67)前掲同書、二四三―二四四頁。
(68)前掲同書、二六〇―二六二頁。
(69)前掲『東京市史稿』(市街篇七五)、七五五―七五六頁。
(70)阪本是丸「近代の神社神道と経済問題」(『神道と現代・上』神道文化会、昭和六十二年)。後に『国家神道形成過程の研究』(岩波書店、平成六年)所収。
(71)『神社協会雑誌』第二十二年(大正十二年)第七号、一―七頁。
(72)京都府社寺課林苑係『社寺林苑計画並管理経営』昭和期。
(73)滋賀県学務部社寺兵事課編『神社林苑提要』昭和十七年。
(74)中嶋節子「近代京都における「神苑」の創出」(『日本建築学会計画系論文集』第四九三号所収、平成九年)。

(75)中嶋節子「稲荷山の景観」(伏見稲荷大社御鎮座千三百年史調査執筆委員会編『伏見稲荷大社御鎮座千三百年史』第三章、伏見稲荷大社、平成二十三年)。

(76)『神社協会雑誌』第二十四年第九号(大正十四年)、二六―三四頁。

(77)上原敬二『神社境内の設計』(嵩山房、大正八年)。

第九章　東京府における太政官公園と神社公園の成立

一　はじめに

明治六年一月十五日太政官布告第一六号を以て我が国の公園制度が発足した。既に公園という概念は、幕末から西洋から知識として入ってきており、また外国人居留地から設置の要望も出されていた。他方、我が国では御殿山や水戸徳川家の偕楽園など為政者による民衆への遊園の提供がなされていたという歴史的事実もある。太政官布告による公園が西洋の理念によるものか、それとも偕楽園などの近世来の理念を継承したものであるか、それともまた別の事情によるものであるかについては先行研究が積み重ねられている。我が国の公園制度の発足に関することであり、また、本布告は福利厚生などが整備されない時期に公園設置の政策が打ち出されたことから学術的探究心を刺激するものであり、主に行政史や造園史の分野で進められてきた。しかし、後述する通り太政官布告の目的については諸説にわかれる。

近代神社行政研究の方面では、本布告が社寺境内をその対象としていることもあり、関係性が戦前より指摘されているのではあるが、纏まった研究はなされてこなかった。明治四年の上知令により中世以来の社寺領は解体されたが、前章で述べたように時期的に封建的社寺領解体と太政官公園の成立は連動している。本章では東京府における太政官公園の成立を社寺境内の形成の視点から考察し、両者が互いに及ぼした影響について考察していく。

二　いわゆる太政官公園について

神社史の分野で公園を考察した研究としては、阪本是丸[1]が神社経済の方面から上地と公園の関係についての指摘している他、自社文書を基に公園としての設定から解除までの考察した『日枝神社史』[2]があったのみで、近年では藤本頼生[3]が日枝神社の事例や田園都市など広く関連分野の研究を進めているが、全体として公園と神社の歴史的関係についての研究は少ない。そもそも近代神社経済若しくは境内地に関する研究自体が少ない状況である。神社と公園の関係については戦前より神社行政、主に境内地に関する法令として明治六年一月十五日の太政官布告第一六号が掲載されるなど[4]、太政官公園の成立と社寺領の関係は認識されてきたが、具体的な関係性について神社史においてはあまり論じられず、太政官公園の成立は主に公園史の分野で進められてきた。

公園史における太政官公園に関する研究として、田中正大は本布告の目的を「欧風都市の建設」、「遊観所の安堵」、「封建時代の跡地処理」の三点に求めた[5]。次いで守屋毅が「近代「盛り場」考」[6]において遊観所の近代化の側面からこれを考察し、それらを受けて高橋理喜男は「江戸時代以来、庶民がレクリエーション地に対してもっていた永年の既得権の尊重にあり、「公園」の名において法的な確認と保証を与えようとした。それが布達の本旨であったと理解される。（中略）このような時点での公園設置の布告は、いかにも不自然であり、その布達の背後に異質の要因として外国の影響を認めざるを得ないと判断される[7]。」と遊観所の安堵を本布告の目的としつつも外国の影響があったことを指摘した。更に白幡洋三郎は「まず緊急のものとして、（1）寺社地処分問題への結着、があった。その背景となる重要な政策に地租改正がある。また欧米の文明国の社会制度を理想・模範と考えて、これをできるだけすみやかに、かつ大量にとり入れようとする、（2）欧化、という意識が底流にあり、それに日本に従来から存在していた土着の屋外レクリエーションを肯定する意味での、（3）行楽地の保全、が付け加わる。[8]」と目的を序列化し、政策としては「土地・宗教政策」「欧化政策」「社会政策」とまとめた。以上の研究は優先順序などに相違があるが、概ね田中の指摘する三点に集約できる。その後の、『日本の都市公園―その整備の歴史―[9]』や申龍徹の『都市公園政策形成史―協同型社会における緑とオープンスペースの原点[10]』においても、三点が太政官公園の目的とされており、ほぼ通説とされていた観がある。

右に含まれない見解として、丸山宏は法令の制定過程を精査し、且つ神仏判然並びに社寺領上知令を中心とした一連の社寺行政に注目して、「地租改正という急激な政治的社会的変革期には、そのために生じる破壊・乱伐等の弊害を回避するため、いわば地租改正を補完するための布告・達が出されている。」と公園制度の目的を社寺境内地の保護にあると指摘した。[11]また、明治六年七月から始まる地租改正にともなう官民の土地所有の峻別化に重点があったと指摘する研究もある。[12]

これらの説を検討するに、まず東京府では西洋風の公園設置を目指したが、政府によって認められなかったことからも欧風公園や都市近代化が主目的でなかったことが判る。次いで、レクリエーション施設を確保するのは、近世の偕楽園等の例との連続性があると思われるが、内外騒がしいこの時期に単に福利厚生として公園設置が布告されるのには違和感があって、他の土地制度と関連させて考察すべきである。発令時期が上地事業と合致することから、丸山の指摘する地租改正の補完が公園制度の本質であると思料する。

明治四年の上知令により、社寺領は解体された。しかしそれは知行権の解体に留まり、近代土地所有制度を確立するためには、それまでの複雑な土地所有権を判別する必要があって、それは地租改正事業によって完成された。従って、明治六年時点では上地事業はその途中であったのであり、上地後の土地の有効利用を計画する段階ではなかった。また、土地利用に関しても軍用地などもあり、必ずしも公園地とする必要はない。従って、跡地処分という考えは妥当ではない。公園制度の発足の直後、明治六年三月二十五日太政官布告第一一四号を以て「地所名称区別制定」が出され、更に翌七年十一月七日太政官布告第一二〇号を以て改正された。これは地種と租税を定めたものである。本法令は地種を定めたに留まり土地所有に影響を及ぼさなかったという見解があるが、これに対しては大竹秀男が「地租改正期が公・私法未分化の段階を忘れたもの」と批判している[13]。筆者も大竹と同様、地種を定め、有税無税の別を決めたことは、境内外区別判定を促進したと考えており[14]、地租改正に於いて公園制度という受け皿があった意義は大きいと考える。実際、明治六年三月の「地所名称区別制定」に公園が「官有地」として定められており、時期的な一致もあって土地所有の峻別化を本布告の目的とする説は整合性がある。しかし、法令に対する行政上のやり取りを考察していくと、丸山の指摘する通り、東京府の公園設置に関する稟申に対して、大蔵省租税頭であった陸奥宗光が「欧米諸国ノ体裁ニ倣侯儀者難出来元来有名ノ勝地無故取壊侯儀無之様致度本旨ニテ」[15]と東京府知事大久保一翁に回答していることや、同様にこの時期に社寺による無断の森林伐採を禁止する法令が出ている状況から旧境内の保護が当局の主眼であったと考える。また大竹秀男も上野公園の設置理由について、明治六年一月の大蔵大輔井上馨の正院への建言を挙げ、風致の保護を目的としていたと指摘している[16]。また当時の状況として社寺の森林保護を政府がどのように評価していたかについては、明治十年に内務省が太政官に対し社寺公費を以て植栽した森林を社寺に下げ渡すのは良質の林を「忽地禿尽スル」結果となると伺を立てていることから[17]、政府は社寺が森林を所有することに対して相当不信感を抱いていたと思われる。実際、社寺関係者による無断伐採が横行していたことが当時の史料に散見され、京都の境内外区別においても森林部分は必要以上に官有地にされている。こうしたことから上地された土地、特に森林の保護が政府要路の念頭にあり、少なくとも公園設置を主管した大蔵省の陸奥や井上が景勝地の保護を意図していたことは明らかである。このことから土地所有の峻別化は主目的ではなく、結果として、公園制度が土地所有権の形成に影響を与えたと評価するのが妥当であり、あくまで名勝地の保護に主眼が置かれていた。ここで注意しなくてはならないのは、この名勝地を近代境内地に組み込むのではなく、境外の公園地とした点である。政府としては名勝地や森林の風致保存を希望していたが、この時点に於いてその担い手を社寺と定めておらず、境内は「祭典法用」という社寺本来の活動用地として形成されていく。

三　公園制度発足以前

公園制度の発足は先述の通り明治六年である。それ以前に公園と称するものは国家の制度としては存在しなかったのであるが、明治初年は全ての制度が過渡期であり、様々な例外が存在した。公園に関しては、招魂社周辺及び秋葉原が所謂官有地でありながら、遊観地として用いられたことが挙げられる。両者の本質は、近世に於ける門前市の枠を超えないものであり、公園制度とは全く異なるものとして従前の研究ではほとんど注視されてこなかった。しかし同じ遊観地であっても近代化の中で近世とは異なる面も見せており、且つ、明治六年太政官布告第一六号以降、終戦まで公園制度、特に東京府におけるそれを束縛した「盛り場」という性格を顕著に表している事例である。本節では、より「盛り場」としての性格の強い秋葉原の設立について考察していく。

秋葉原若しくは語源となった鎮火社（現在の台東区松が谷御鎮座の秋葉神社）[18]の由来については、『秋葉神社御創建の由来』[19]にその経緯が示されているほか、東京市編纂の『東京市史稿』遊園篇及び市街篇に史料が記載されている。同神社が御創建される経緯は次の通りである。

明治二年十二月十二日神田相生町より出火し、八ヶ町が全焼した。[20] 神田周辺は人家が密集しているため、それまでも火災が相次いでおり、東京府では向後の防災対策のため、同地を火除目的の明地（火除地）とすることを発案、これに民部省、大蔵省が賛成し計画は推進されることとなった。この計画に対し代替地への移転せざるをえなくなる住民の反対も多少あったが、東京府は町年寄を通じ住民を懇諭し、東西一七五間、南北六五間、四方を土手で囲んだ総坪数九〇〇八坪の火除地が設けられることとなった。この計画中、火除地の中央へ火産靈神、水波能賣神、埴山毘賣神と何れも『延喜式』記載の鎮火祭にて祭られる神々を祀る「火防之御宮」（鎮火社）を創建する案が出された。神社創建の発案経緯は不明であるが、東京府[21]ではこの神社を府で直接管理するとし、祭祀者は府内神主から人選することとして、明治三年三月二十五日、神社行政を所管する神祇官に対し、設立が法令に抵触するか否かの照会を行った。[22] 尚、この後、平生の祭祀は神田神社に任されることとなっている。照会後も東京府は神祇官と連絡を取りつつ計画を進め、同年八月には社殿及び火除地の土手が落成した。府では鎮火社が新規の神社であり、且つ府の直轄神社となるため、同神社が向後の「府下諸社之標準」ともなると考え、勧請に際し神祇官に御神體の奉製並びに祭式調査について依頼した。[23] 後に、東京府は行政上の問題発生を防ぐ為に、辨官へも火除地設置と神社創建を上申している。神社創建は、神祇官の協力を得て順調に進み、同年十一月十五日に鎮火社は壬生基修知事を斎主として御鎮座祭が斎行されることとなった。鎮座の次第としては、東京府庁より鎮火社まで御霊代が神幸することとなり、十月十二日住民に対し不浄不敬のないよう申し渡し、十四日関係者は斎戒、十五日御霊代が出御すると、神社に於いては大祓と大殿祭を斎行し、御霊代[24]の到着を待って、鎮座祭が斎行された。[25] 当時、火防の神としては遠州秋葉権現が著名であり、民衆は同社を秋葉権現が勧請されたと認識していた。[26] この事が後年、同神社が秋葉神社と改称され、同地が秋葉原と称される所以である。

同神社と公園地との関係は創建直後から始まる。同神社は鎮座祭の折、開扉し、庶人に参詣を許し、当日の警備に町年寄を当たらせた。鎮座後も東京府では引き続き町年寄に対し神社の管理を委託している。かくして鎮火社は八ヶ町の町年寄により運営されることとなるのであるが、同時に鎮火社及びその周辺の火除地は遊観場化していく。まず鎮座直後の十月二十七日付で町年寄は、例月朔日、十五、十六、二十八日の計四日間、朝五時より夕七時まで開扉したい旨申請し、府より十五日のみ許可を受けた[27]。次いで、閏十月、町年寄より上地となった昌平橋金澤邸内の梅、椎の下渡しを受け、鎮火社境内へ植えたいとの請願があり、更に十一月には元講武所内樹木についても同様の請願がなされ、こちらも許可される[28]。そして、明治四年十一月八ヶ町より、招魂社においては最寄町家が新設され、境内に於いても花火や角力が催行され繁昌しているのに対し、鎮火社では草が生い茂っているため、「御社ハ勿論近邊繁榮之ため」休憩所などを設置したいとの願い出があった。これを受けて掛年寄では「今般最寄町々ゟ境内え楊弓場植木家業之もの等差置候様致度旨奉願候ニ付而ハ、御宮之義も右八ヶ町え御任セ、平日ハ勿論御祭典之義も無怠慢心付候様被仰付可被下置哉」と添えて東京府に対し休憩所等の設置を請願した。東京府では火除地の趣意を失わないこと、祭事等の関する事案については伺い出ることを条件として聞き届けた[29]。このように掛を仰せ付けられた八ヶ町では、行事、植樹、そして揚弓場植木家業などの商売という風に遊観地化を推し進めていく。このように精力的に遊観地化を推進した背景を示すものとして、明治五年六月に勧農寮が火除地を西洋果樹及び草花の栽培上とする計画した際に、八ヶ町総代が提出した請願がある[30]。そこには「右者町家御取拂後近邊追々及衰廢候ニ付、繁榮之仕法苦心談判中之折柄ニテ、御寮ゟ草木御植附相成候上は、諸人御社参詣旁見物等罷出、土地利潤可仕候間、於私共も懇望之儀」と理由を述べ、且つ通路等を整備するので栽培場を八ヶ町へ任せて戴きたいとある。東京府はこの請願を受け、栽培場は「借用」という扱いとし、住民の請願についても「御差含」戴きたいと申し入れた。本件はその後、栽培場となった形跡がなく、勧農寮もあくまで「引渡」が条件であったため、廃案となったものと思われる。官製の栽培場の件は中止となったが、明治六年一月、近隣住民井上久蔵（石渡世）及び斎藤彦太郎（植木渡世）の二名は東京府知事に対して、「山水花園の模様取設度、松椿梅櫻の類植込致し、掛茶屋取建、平民遊園所に仕度」と請願、同年十二月にも竹原太郎兵衛が薬麻の植付を請願しており、共に許可を受けている。(31)

このように鎮火社では近隣住民により積極的な「盛り場」化・遊園化が図られていた。当地に鎮火社が鎮座していたのは明治三年から明治二十一年とごく短期間である。にもかかわらず秋葉原が現在も地名として残るのは、こうした「盛り場」化が大きく影響していると推測される。火除地は公有地上の遊園であり、それは実質的に公園と見られるべきである。(32)管見では火除地の他は招魂社しか類例は見られないが、明治初年から諸制度が整うまでの間、このように制度外で公園地化（遊観地化）した例が他にもある可能性は低くない。また、この秋葉原の事例は、公園制度を発足時から終戦までを束縛した「盛り場」を市民がどのように考えていたのかということを示すものである。

四　東京府における公園設置方針

第八章で述べたように明治六年一月十五日太政官布告第一六号を以ていわゆる太政官公園、つまり、公園制度が発足した。布告にある通り、府県は公園に適した場所を調査し、大蔵省へ伺い出ることを求められた。丸山が指摘しているように大蔵省所管時代は一年に満たず、十一月には早くも内務省に所管が移される。(33)

太政官布告を受けて、東京府では候補地を絞ったものの、「其装置外國人ニモ不恥様ニ致度」との理由から維持運営について営繕会議所に対して二回下問を行った。(34)これに対し、第一回の回答は、当面はこれまでの設備をそのまま利用するとして、向後、「汚穢ニ相見へ」るような状況になれば、遊観場内の者に入費を課し、掃除を申付けるべしというものであった。第二回の回答は、「遊観場西洋風ニ致、雅麗ニ取立候テハ最上ノ事ニ候得共、未ダ邦人ノ風習其場合ニ至リ不申、舊風ノ儘ニ致シ置、其半ヲ公園ト相定メ、是迄ノ混雑汚穢ヲ掃除シ、稍眞ノ遊観場ノ如クニ仕立候ヨリ外有之間敷ト存候、右残半ヲ盡ク高除地ト致シ、酒店貸座敷體ノ營業ヲ差許シ、屋税地税ヲ以テ右入費ニ充テ候外無之ト存候」というものであった。これらから東京府では設置される公園像として西洋風公園が望ましいと考えていたが、西洋風公園は府民に馴染まないことや費用の問題から従前の設備のままその半分を公園とし、半分を商業用地として貸出し、その利益から維持費を捻出することを計画していたことが判る。この西洋風ではない「公園」が具体的にどのようなものかは不詳であるが、従来の露店などが並ぶ「盛り場」的なものを排除したものであることは、残り半分に「酒店」などを置いていることから明らかである。この回答を基に東京府では明治六年三月二十五日、大蔵大輔井上馨宛に五か所を公園と定めたい旨上申した。[35]

これを受けて東京府では三月二十五日を以て五ヶ所を公園地とし、[36] 三月二十八日には大蔵省、太政官に対し町触案を上申した。[37] この案には「珍禽奇獣ヲ畜ヒ、百花草木ヲ栽ユルノ類、其外凡テ人民ノ耳目ヲ歓ハシメ遊観ニ供スヘク商業醜態ナラサルモノハ取調之上地所貸渡、渡世可為致候間」と希望者に商売を許可する旨明記されている。「酒店」等を想定していた先の会議所回答に比べ、この案では動物園・植物園のようなものを募集する計画であり、より娯楽施設の要素が強いように思われる。次いで四月には大久保府知事が大蔵省へ出向き、公園取締について租税権頭松方正義と相談し、二十三日付で租税頭陸奥宗光より前出の回答がなされた。[38] それには「公園取扱心得（大蔵省案）」[39] が添付されており、東京府ではそれを受けて「公園取扱心得（東京府案）」[40] を作成、五月二日付で租税頭宛に送付、五月二十三日付にて租税頭代理松方より若干の訂正を受けた回答を得た。大蔵省案と東京府案の違いは大蔵省案では園内の取締を住民に任せたのに対し、東京府案では住民では怠惰が生じやすいとして戸長又は会議所詰に任せることとした点である。東京府案の概要は次の通りである。

イ、時限（東京府案では午後五時）を定め、渡世を許可する。
ロ、居住は許可しない。
ハ、借地人は地税を課さないが、相当割合を以て塀や通路の修理など公園維持の雑費を負担する。
ニ、花木が痛み枯れぬ様に注意する。
ホ、遊人退散後、火の元の確認、掃除をし、取締へ届ける。
ヘ、公園内の社祠堂塔及び祭祀法務に必要の建物等は祠官寺僧にて進退する。
ト、上野公園、飛鳥山公園の様に居住者の無い場所は新規家作住居は許可しない。
チ、浅草公園、深川公園の様に既に居住している場所は坪数、商売を調べ、差支えない場所については許可するが、新規家作住居又は増設は許可しない。
リ、公園内の住民は接続の町村へ編入し、区入費を納める。
ヌ、借地人の不取締りについては、その程度によって立ち退かせる。
ル、会議所詰、又は戸長に取締申し付ける。

東京府では松方の回答を受けて、「公園取扱心得」を正院に上申した。これに対する太政大臣三条実美の回答は「伺之趣、欧米各国ニ開設スル諸種公園之体裁モ有之処、申請之趣規則粗概ニ候條、尚実地ニ参考シ、築造之仕方、失費収納之計算等、一層精密ニ遂調査更ニ可伺出事。」であった。

この「公園取扱心得」で興味深い点として「公園内ニ存在セル社祠堂塔、及び祭祀法務ニ必要之建物等」という文言が挙げられる。明治八年六月二十九日地租改正事務局達乙第四号「社寺境内外区画取調規則」第一条に「祭典法用ニ必需ノ場所」とあり、それが上地事業に於ける境内外区画の基準となり、終戦までの境内地の定義ともなった。両者は多少の表現の違いのみで本質的には同様のものである。これが明治六年時点で大蔵省より出てくるということは、この概念が明治八年六月に明文化される以前に行政上のやりとりの中で発生していたことを示している。また、「公園取扱心得」上申に対して太政大臣三条実美が欧米の公園について言及している。所管する大蔵省幹部により公園制度が西洋風を志向するものではないと明言されていたのは、既に述べたとおりであるが、そうした中、太政大臣名で西洋風公園について言及されたということは、政府内に於いて公園像の一致がなされていなかったということではなかろうか。公園内住民の処遇も看過できない問題であるが、こちらは後述する。

東京府並びに大蔵省にて作成された維持運営方針「公園取締心得」に対し、正院において外国の公園を研究し、更に精緻な計画を示すべきとの回答が出された。これに対し東京府、特に営繕会議所では更に評議を重ね、明治七年五月十三日[41]、六月四日[42]と再度東京府知事を通じ公園運営計画につき伺を立てている。五月十三日伺は明治六年三月十三日会議所回答とほぼ同様の内容であり、半分を公園、半分を借地としてその借地料で公園を運営するというものである。一方、六月四日の伺はこれまでのものとは異なり、営繕会議所掛蔵田清右衛門、西村勝三名で「金龍山浅草寺公園築造並ニ保存受負方、私共へ引受被仰付候様仕度」というもので、欧米の公園を参照にした維持運営方針を示した。その概略は左の通りである。

イ、新道路を開き、馬車の往来を便利にする。
ロ、路傍に椅子（ベンチ）を設置する。
ハ、競馬場を建設する（附箋、仏国を参照とある）。
ニ、草木花園を建設。

ホ、駐在所を設ける。
へ、塀を設ける。
ト、門番、看守、植木師、掃除人を置く。
チ、相撲見世物小屋を建築し、希望によって貸し出す。
リ、植木師又は珍しい動物を飼うものに公園中に家屋建築を許す。
ヌ、料理屋、待合茶屋の七八軒程建築する。
ル、葭簀張茶店を建設する。
ヲ、従前、浅草寺境内で現在上地された町屋の分を公園付属地として下渡されたい。
ワ、車馬にて遊覧する者より修理費を受け取る。公園内に車馬用、馬用、歩行者用と道を分ける（附箋にて米国を参照していることがわかる）。

これまで東京府は半公園半商業用地という考えであったが、この案は敷地全てを公園としている点、これまで曖昧であった西洋風公園の設備として競馬場及び馬車道などを具体的に挙げている点が特色として指摘できる。東京府では公園整備にかかる費用を捻出するのは困難であるが、「現在ノ儘差置候テハ不都合」と考えており、営繕会議所の方針を基に運営を始め、漸次整備していくしかないと考えにより上申したが、太政大臣三条実美の回答は「伺之趣詮議ノ次第有之、當分従前ノ通可致置事」(43)というものであり、この回答により新たな公園創出という方針は潰えてしまう。

これまで旧風とは異なる西洋風公園として議論がなされていたが、西洋風公園といっても果たしてどのような形態のものを指すのか全く示されてこなかった。当時の公園観については、丸山宏がお雇い外国人や渡航経験者の記録を分析し、佐野常民や田中芳男らが公園を「積極的な近代化の〝啓蒙施設〟として把握していたといえる」とこの時期に近代的な公園を意図していた先覚者がいたことを指摘している。[44] しかし、欧米の公園に関する知識が行政及び世間一般に於いてどの程度共有されていたのかは不明である。渡航者の外、外国人からの公園に関する知識の流入については、高橋が太政官布告そのものにお雇い外国人や外国人居留地からの影響があったと推測している。そもそも公園制度の発足について、お雇い外国人ボードウィンが上野公園設置に向けて太政官に建白したという説が支持されていたが、これは具体的な史料を欠く。当時、外国人からの情報は貴重であり、公園に関する情報が広く流布していたとは考えがたい。営繕会議所の伺を見る限り、欧米の公園に関するある程度の情報を得ていたことは間違いないが、専門的な人材及び十分な資料があったとは考えにくい。ましてや一般市民にとっては、東京府と大蔵省とのやりとりに記された通り、西洋風公園は想像しがたい未知の代物であった。

では何故に東京府では太政官布告や大蔵省が目的としていた名勝地の保護という目的から逸脱し、公園を新たに創出しようとしたのであろうか。また半公園半商業用地という考えも太政官布告の趣旨に反するものである。実際、他府県でこの時期に公園となった土地は社寺若しくは城址であって、西洋風公園は設置されていない。こうした議論の背景として、東京府は既に外国人を意識する必要のある「帝都」であったこと、西洋風公園について理解できる人材がいたことが、従来の景勝地の保護以上に公園設置を目指した動機と考えられる。また、半公園半商業用地というのは江戸から続く人口密集都市であったからこそ可能な計画である。「盛り場」が経済効果を齎すことは、秋葉原の事例が示す通りであるが、車や電車といった移動手段のない、この時代に常設の「盛り場」が繁昌するには都市部でなくては難しい。よってこれらの公園議論は東京府だったからこそ生まれた案であるといえる。太政大臣の回答により、東京府の公園設計は西洋風公園を断念し、太政官布告の趣旨に沿った社寺や城址といった景勝地の保護とならざるをえなくなった。しかし、他府県であればこれまでの景勝地に公園の名を被せたものを意味するが、人口密集都市である東京府の場合、「盛り場」という要素が残っており、半公園半商業用地という計画は可能であった。この「盛り場」という要素はこの後の東京府の公園運営に強く影響を及ぼすこととなる。

五　東京府の公園維持運営法

前節にて東京府に於ける公園の方針は「當分従前ノ通可致置事」、即ち新しい設備は作らず、これまでの設備を利用するということに定まった。公園の維持運営費については当初より借地料で賄うことは一貫していたのであるが、その負担方法が定まっていなかった。設置方針と維持運営法の確立を以て、明治六年一月の太政官布告による公園制度が初めて軌道に乗る。本節では公園の維持運営方法、特に借地料と公園内の住民の扱いについて、前節と重複する部分もあるが考察していく。

まず、明治六年三月二日の営繕会議所の回答では修理費を「遊観場中ノ者ヨリ入費為差出、掃除申付取繕置可申旨」評決したとあり、次いで同月十三日の回答では「其半ヲ公園ト相定メ、是迄ノ混雑汚穢ヲ掃除シ、稍眞ノ遊観場ノ如クニ仕立候ヨリ外有之間敷ト存候、右残半ヲ盡ク高除地ト致シ、酒店貸座敷体ノ営業ヲ差許シ、屋税地税ヲ以テ右入費ニ充テ候外無之ト存候」と地税を以て入費に充てることとした。更に運営については「都下人ニ見込ヲ為出請負申付度存候」と会議所にて運営するのではなく、公募・審査の上請負者を定めるとしている。(45)これらの諮問回答を受けての大蔵省への稟申は「其施設ノ方法等ハ當府見込ヲ以テ適宜ニ取計可然哉」と具体的な運営方法は定めていないが、伺案には「右地中区域ヲ限リ、一ハ公園トナシ、一ハ茶店割烹店等ヲ差置、多少ノ冥加金ヲ納メシメ、以テ其入費ニ充テ度」と半公園半商業用地とする案を記している。(46)この稟申こそ、東京府が公園の設置とする三月二十五日の文書であり、東京府の公園発足は維持運営方法が定まらないまま、一先ず五か所の地名だけ届け出たということになる。次いで、三月二十八日に東京府では町触案について、太政官、大蔵省に上申しているが、そこには「右施設之法ハ手初之事ニ付往々ハ改正可致義モ可有之」とした上で「其業体不都合無之モノヘ差許、園中取締ノ義ハ警保寮ヘ打合ノ上取計可申存候」と商売を希望するもので、「商業醜態」でないものに対しては営業を許可すること、警備面については警保寮へ打ち合わせることを記している。(47)四月以降「公園取扱心得」作成が東京府と大蔵省との間でなされるが、そこには園内の住民の負担及び居住について、

イ、借地人は地税を課さないが、相当割合を以て塀や通路の修理など公園維持の雑費を負担する。
ロ、上野公園、飛鳥山公園の様に居住者の無い場所は新規家作住居は許可しない。
ハ、浅草公園、深川公園の様に既に居住している場所は坪数、商売を調べ、差支えない場所については許可するが、新規家作住居又は増設は許可しない。
ニ、公園内の住民は接続の町村へ編入し、区入費を納める。

と定めている。ここでは公園維持費を相当割合を以て負担すること、戸籍上は最寄町村とし、区入費を納めるという義務が定められている。住民の負担方法については、三月以来、冥加金、地税、そして今回は相当割合により維持費負担と変化しており、一定しない。特に今回の相当割合というのが果たしてどの程度なのか、定期的に徴収されるのか、それとも必要が生じた時に徴収されるのかが「公園取扱心得」の条文では一向に見当がつかない。行政において前例のない事業であるため、試算ができないというのが現状であったと思われるが、それ故「公園取扱心得」は大蔵省より内諾を得ていながら、正院より具体的な計算をした上で再提出を求められる結果

となる。

このように経営として見た場合、公園運営は先行き不透明であったが、明治六年より七年にかけて各公園の請負願いが出されている[48]。請願者の計画は不詳だが、秋葉原の事例と同様に、近隣住民の活計と地域の振興が目的であったと推測される。この請願者の中で、特異なものとしては明治六年二月時点で浅草寺が浅草公園の請負を申請していることが挙げられる。これらの請願は公園運営に関する規則が確定しておらず、時期尚早であることを理由に却下される。

これまでの経緯を見ると、明治六年一月以降、東京府では審議を重ね、大蔵省、太政官へと掛け合い、五ヶ所の公園について大蔵省の内諾を得た。しかし、設置方針について、この時点では前節で考察した通り、公園の設計方針が決定しておらず、運営方針についても「尚実地ニ参考シ、築造之仕方、失費収納之計算等、一層精密ニ遂調査更ニ可伺出事」と財源や管理規則について全く決定していなかったのである。こうした状況で行政以上に困惑したのは公園地内住民や該当する社寺であろう。住民の声を受けてか、東京府は明治七年五月十三日付で会議所掛の評決を添えた再伺を太政大臣宛に提出する。そこには「右地所住居ノ者曖昧ト仕、不都合ノ趣相聞候」[49]とあり、住民の困惑が想像できる。この再伺の内容は『東京府史稿』編者が明治六年三月十三日会議所の回答と同様と評価しており、先の太政大臣名で求められた具体的な計画を新たに上申するものではなく、東京府においても相当対応に窮していたものと見受けられる。

六月四日には、欧米の公園制度を参考にした公園計画が稟申されるが、それに対する太政官の回答は「伺之趣詮議ノ次第有之、當分従前ノ通可致置事」というものであったことは先述の通りである。前節で考察した通り、この回答によって公園の創出はしないという設置方針はほぼ定まったが、具体的に運営をどうするかというもう一つの問題は全く解決していない。そうした中、明治七年十月浅草公園を所管する戸長より取締方法について七ヶ条の伺[50]が出され、府では「下ヶ紙」を以て回答した。主な内容としては、新規出店、地代、取締に関することであり、この時取締三名が任命され、毎月地代を納めることが決定している。

明治七年十一月十七日、東京府は内務省宛に公園運営についての伺[51]を出す。これは太政官へ一度提出したものを差し戻されたもので、内務省が所管となって初めての伺である。そこで東京府は「巨多ノ金員ヲ費シ施設候儀ハ不宜」と前回の太政官の指示を理解した上で、次の案を提示している。まず有志を集め、それらに年限を定めて園内に居住させ、植物を植えることを義務付ける。更にその居住位置を移動させることで、風景を一変し、不潔を生じさせないというものである。これに対して、内務省は精図を添えて更に伺い出るよう指示している。本件は東京府が設置方針としては新規に西洋風の施設を断念しながら、その運営方法として半公園半商業用地の案を維持し、最終的には近代的な公園を目指していたことを示している

次いで、十二月四日にも東京府は内務省へ伺[52]を出しており、内務省では十一月十七日付伺同様に再調査を指示しているが、今回の伺は公園運営に関するものとは根本的に異なり、租税と人民管理に関するものである。「公園取締心得」では既に住居しているもので差し障りの無い者はそのまま家作住居を許可するという方針であったが、東京府では扱いを変え、その商店兼住居を出稼掛茶屋と見做し、住民ではなく「出稼人」としていた。「出稼人」ということは従来の住民にとっては、住み慣れた住居を離れ、別の場所から商店に通勤することになる上、公園が本格的に経営された時には引き払わなくてはならないことを意味していた。この時点で出稼人について、所管の戸長が把握しているだけで、実際に商店にて寝起きする者等の問題が一六〇軒あり、更に把握できていない住民も少なくなく、その対処を東京府へ伺った。それに対して東京府では目的とする公園経営が本格的に始動するまで、明治七年一一月七日太政官布告第一二〇号で改正された「地所名称区別」の規定に則り、出稼人を官有地第三種但書にある借地人と見做し、借地料を納めさせ、区入費を賦すこととしてよいかと伺ったのであった[53]。

公園地の借地料、区入費については改正前の「地所名称区別」には大蔵省の規定に従うとあるだけで、改正「地所名称区別」には「借地料及区入費ヲ賦スヘシ」と明記されたことにより東京府ではそれを適用したのである。この伺の背景として浅草寺における土地及び住民の問題が境内外・官民有に跨っていたこと、また、この後問題となるが借地料を浅草寺に納めるか、区に納めるかといった行政上の規則が制定されていなかったことが指摘できる。従って、この十一月十七日と十二月四日の二つの伺は全く性格を異にするものであり、内務省の回答は不適切と言わざるを得ないが、この問題は複雑であり、未着手のまま解決は長引くこととなる。

明治六年二月時点で浅草寺自身が公園運営に名乗りを上げたのは門前町に居住する人々の秩序を維持しようという判断もあったのではと思われる。こうした新旧境内の住民について法令でその居所をどのように処分するか定めたのは明治八年四月十九日付内務省達乙第四九号「神社境内旧社人居屋敷処分方ノ件」(54)が最初であり、そこには、

イ、旧神官屋敷で境外に区画して差支えない場所は境外として半価にて払下げる。
ロ、区画しては風致を損し差支える場所は当分拝借地として借地料を賦し漸次引き払うよう年季を定める。
ハ、社費にて建設した社務所を住所としていた場合、境内とする。
ニ、休息所は営業しても差支えの無い場所で、絵図面を以て伺い出れば三ヵ月以内の期限を設けて許可し、借地料を徴収する。(55)

と定められている。これを受けて、明治八年十月三十一日、東京府では浅草寺などの出稼人を借地人へと名称を変更する。(56)これは内務省達乙第四十九号等との法令上の整合性を図ったのであって、住民が借地人として居住す

ることを認めたものではなく、東京府は公園及び新境内から住民が引き払うのが望ましいと考えていた。しかし、居住区域が新旧境内に跨る上に、人数の上でも相当な住民がいたため整理は容易に進まず、翌九年五月一日東京府権知事楠本正隆は内務卿大久保利通に対し、当面の処置として旧住民を借地人として土地を貸渡すことを伺い、許可されている。(57) 借地料の扱いとしては、従前曖昧であった借地料の徴収先を浅草寺から区へと変更し、公園内の借地料を公園運営費とすることが確認され、次いで明治九年五月十七日には行政上の借地料出納方法が定められた。(58) 官有地の社寺境内地の借地料については、後に明治十九年六月十七日地理局通知にて修繕費として社寺の収入とされることとなる。(59) 区入費については、「地所名称区別」に準じ課されることとなっていたが、明治九年六月十四日、博物局制定上野公園貸地仮条例の規定との整合性を図る為、かつ公園内借地人は他の官有地の借地人に比べ住居や引き払い等の制限が多いことを考慮して免除されている。(60) 内務省達乙第四九号をはじめとする一連の公園行政の決定により運営主体が行政ということが確定した。そのため東京府は民営の公園に等しい状態であった秋葉原の八ヶ町への委託を明治九年六月十四日付で取り消している。(61)

以上により太政官布告の公園の運営方法は粗方定まることとなった。運営は請負の案が当初出されていたが、結局行政において行うこととなり、その費用は借地料にて賄われることとなった。公園内の住民の身分は借地人という形に収まり、改正「地所名称区別」に基づき借地料と区入費が課せられることとなったが、後に区入費のみ免除された。東京府の運営方法はいわば従来の「盛り場」を近代行政の中に取り込み、その経済力で公園の運営費を賄うというものである。浅草寺の事例に顕著に示されている通り、東京府は従前の関係を一旦断ち切り、新たな環境を創立しようと目指していた。東京府と政府とのやりとりを見ると、旧来の盛り場の商売を近代公園に相応しくないものととらえていた節がある。しかし、浅草寺の場合、複雑な土地関係の整理には至らず、それまでの「盛り場」がそのままに残ることとなった。他方、芝公園などは近世からの「盛り場」が解体されているように見受けられる。これは「盛り場」としての規模や徳川時代の土地権利関係が影響していると推測される。

六　おわりに

上地事業から太政官公園の成立過程を考察すると、公園設置事業と社寺境内外区別とは不断の関係にあった。既に指摘した通り、上知令により即時に土地所有が決定した事例は少なく、多くの社寺境内は近代土地所有制度の確立と地租改正によって境内外の区画がなされたのである。従って社寺に隣接する公園設置は上地処分後の土地を公園化したというよりは上地事業中の土地の一部を公園化したと見た方が適切であり、浅草寺などはまさに区別未整理の状態を公園化したものである。浅草寺は日本最大級の「盛り場」であり、境内外及び官民有区別の難航した土地であるといえるが、公園という受け皿が以前からの「盛り場」を引き受けたために、浅草寺は「祭典法用必需ノ地」という近代社寺境内を形成することができたと評価できる。

東京府における初期公園は、いうならば近代的「盛り場」であり、それは人口過密という条件と先述の経緯によって作られたものであり、他府県における景勝地の保護を目的とした公園とは異なる性質の遊観を目的とした公園であるといえる。(62)東京府の公園設置過程が示すように我が国の公園制度は多様な公園観が入り混じった状態で始まり、それは終戦まで影響を及ぼしていく。またこの近代的「盛り場」の要素は後年、東京府の公園維持費の大半を浅草公園の収入が占めたように東京府の公園行政を左右し、赤坂日枝神社が公園地から境内地に復帰することを妨げたのもここに原因がある。また戦前の境内地の定義である「祭典法用ニ必需ノ場所」という概念も東京府の「公園取扱心得」で出されており、公園設置に向けた行政上の蓄積が社寺行政にも反映されていることも指摘できる。

註

(1)阪本是丸「近代の神社神道と経済問題」(『神道と現代・上』神道文化会、昭和六十二年)。後に『国家神道形成過程の研究』(岩波書店、平成六年)所収。

(2)日枝神社編『日枝神社史』(日枝神社御鎮座五百年奉賛会、昭和五十四年)。

(3)藤本頼生「近代における都市行政官僚と神社―神社局長佐上信一の神社観とその施策から―」(『神道史研究』第五十七巻第一号所収、平成二十一年)。後に、『神道と社会事業の近代史』(弘文堂、平成二十一年)所収。

(4)営繕管財局国有財産課編『社寺境内地ニ関スル沿革的法令集』(大正十五年)。

(5)田中正大『日本の公園』(鹿島出版会、昭和五十四年)。

(6)守屋毅「近代「盛り場」考」(林屋辰三郎『文明開化の研究』所収、岩波書店、平成六年)。

(7)高橋理喜男「太政官公園の成立とその過程」(『造園雑誌』vol138No4、昭和五十年)、三頁。

(8)白幡洋三郎『近代都市公園史の研究―欧化の系譜―』(思文閣、平成七年)、一七一頁。

(9)「日本の都市公園」出版委員会編『日本の都市公園―その整備の歴史―』(株式会社インタラクション、平成十七年)八頁。

(10)申龍徹『都市公園政策形成史―協同型社会における緑とオープンスペースの原点』(法政大学出版局、平成十六年)。

(11)丸山宏『近代日本公園史の研究』(思文閣出版、平成六年)。

(12)小野良平『公園の誕生』(吉川弘文館、平成十五年)。

(13)大竹秀男「近代土地所有権の形成―明治初期における社寺地処分の観察を通じて―」(高橋幸八郎編『日本近代化の研究―明治編―』所収、東京大学出版会、昭和四十七年)一四七頁。

(14)本書第七章。

(15)東京市役所編『東京市史稿』(遊園篇四、頁〇〇、昭和〇年)。本章では昭和四十九年に臨川書店より復刻されたものを参照した。五一四頁。

(16)大竹秀男「明治初年における寺領地処分―上野山内の処分をめぐって―」（手塚豊教授退職記念論文集編集委員会『明治法制史政治史の諸問題』所収、慶應通信、昭和五十二年）。

(17)太政類典・第二編・明治四年～明治十年・第二百五十三巻・教法四・神社二。件名「社寺ノ資金ヲ以栽植セシ樹木ハ神官僧侶ニ下附セス」、件名番号034。国立公文書館所蔵　請求番号　本館 -2A-009-00・太00476100。大蔵省管財局編『社寺境内地処分誌』昭和二十九年、一三〇―一三一頁。

(18)鎮火社が秋葉神社と改称したのは、昭和五年六月二十日からである。尚、明治六年までは公文書に於いて「鎮火社」と記載されていたが、明治二十一年の移転の際には「鎮火神社」となっている。これは神社明細帳など神社制度が整えられていく過程で、正式名称が「鎮火神社」となったものと思われる。

(19)秋葉神社社務所『秋葉神社御創建の由来』（秋葉神社社務所、昭和四十四年）。

(20)東京市役所編『東京市史稿』（市街篇五十一、東京都、昭和三十六年）。本章では平成十三年に臨川書店より復刻されたものを参照した。二頁。

(21)鎮火社創設が誰の発案であるか明確な記載もないが、経緯及び府において鎮座及び維持管理が行われていることから東京府の発意であることは疑いようがない。

(22)前掲『東京市史稿』遊園篇四、二二四頁。

(23)前掲同書、二二六―二二七頁。

(24)鎮座祭の次第及び祝詞に遷霊、降神の語がないことから御神體に遷霊された状態で神祇官より東京府に移されたもの判断できる。鎮火社について、元々江戸城内に秋葉社が鎮座しており、それを遷座したという説があるが、当時遠州秋葉山が神仏判然途中であったことや史料から、江戸城内秋葉神社が遷座したと考えるより神祇官にて鎮火三神を新しく勧請したと見るのが自然である。江戸城内に秋葉社が存在したかということについて、明治二年当時の状況は不明であるが、天保の頃、秋葉社が建立された記録がある。渡辺修二郎『阿部正弘事蹟』（昭和四十三年）によれば、阿部家文書に日啓という僧侶の裁判記録があり、それには大奥女中の依頼で秋葉の宮を建立したとある。同記録からそれ以前に秋葉社は江戸城内に存在せず、後日、日啓が遠島となった際に秋葉宮も廃されたこともわかる。事件の経緯を考えるとそれ以降に再興又は再勧請は難しいと思われ、明治二年当時、江戸城内に秋葉社はなかったと思われる。この事件の概略については、渡辺の研究を基に、北島正元が『水野忠邦』（人物叢書一五四、吉川弘文館、昭和四十四年）と『日本の歴史』十八（中央公論社、昭和五十九年）にて解説し、更には近年、蒲生眞紗雄が「妖僧日啓と感応寺事件」（新人物往来社編『江戸諸藩　妖談奇譚手控え帖』所収、平成二十二年）にて紹介している。

(25)前掲『東京市史稿』（遊園篇四）、二三七―二三八頁。

(26)斎藤月峯の『武江年表』後篇（明治十一年成立）に秋葉権現が勧請されたと誤解する者が多かった様子が記されている。

(27)前掲『東京市史稿』（遊園篇四）、二四二頁。

(28)前掲同書、二四三―二四六頁。

(29)前掲『東京市史稿』（市街篇五十一）、一七―一九頁。

(30)前掲『東京市史稿』（遊園篇四）、四四五―四四六頁。

(31)前掲同書、四八一―四八五頁。

(32)それ故、『東京市史稿』の編纂者は鎮火社の創建を遊園篇に記載したのであろう。

(33)その間の稟申は国立公文書館所蔵の『大蔵省考課状』に記載されており、前掲『近代日本公園史の研究』序章に整理、分析されている。

(34)前掲『東京市史稿』（遊園篇四）、四九一―四九二頁。

(35)前掲同書、四九〇―四九一頁。

(36)丸山が指摘する通り東京府の五公園に関しては『大蔵省考課状』に記載がない。井上や陸奥が了解した旨を述べているから、大蔵省にて不許可であったということはありえない。東京府の申請が大蔵省へ出頭など他県と異なっていることで稟申が『大蔵省考課状』より漏れたか、若しくは東京府の公園設置に関する正院上申が明治六年一月十九日で「更ニ可伺出事」と回答されていることから、大蔵省が担当していた十一月までの時点では大蔵省が内諾したのみで、正式決定と見做されていなかったのであろうか、この点については更に研究を要する。

(37)前掲『東京市史稿』(遊園篇四)、五〇二―五〇三頁。
(38)前掲同書、五一四頁。
(39)前掲同書、五一五―五一六頁。
(40)前掲同書、五一八―五一九頁。
(41)前掲同書、五九三―五九四頁。
(42)前掲同書、六〇二―六〇七頁。
(43)前掲同書、六〇四頁。
(44)前掲『近代日本公園史の研究』、六三頁。
(45)前掲『東京市史稿』(遊園篇四)、四九二頁。
(46)前掲同書、四九〇頁。
(47)前掲同書、五〇二―五〇三頁。
(48)前掲同書、五九〇―五九三頁。
(49)前掲同書、五九四頁。
(50)前掲同書、六三九―六四二頁。
(51)前掲同書、六四五―六四七頁。
(52)前掲同書、六五四頁。
(53)前掲『社寺境内地ニ関スル沿革的法令集』、一八一―一八三頁。
(54)前掲同書、一八頁。
(55)「神社境内一時便利ノ為休息所等取設ケ日々出稼差許差支無之場所ハ予メ絵図面ヲ以伺出候上三ヵ月以内ノ期限ヲ定メ貸渡相当借地料収入可致事」。
(56)前掲『東京市史稿』(遊園篇四)、七九二―七九三頁。

(57)前掲同書、八七二頁。

(58)前掲同書、八七八―八八一頁。

(59)前掲『社寺境内地ニ関スル沿革的法令集』、七五頁。

(60)前掲『東京市史稿』遊園篇四、八八六―八八八頁。

(61)前掲同書、八八八―八八九頁。

(62)他府県の公園で観光商業用地としての性格を有する者に京都府の円山公園がある。東京が近代的「盛り場」であるのに対し、円山公園は観光の面が強く、近代的景勝地の観がある。

第十章　近代神社林制度の変遷

一　はじめに

上古より山林は神が鎮まる場所として崇敬され、大神神社のように、山そのものを神体と仰ぐ神社もある。本殿を有する神社であっても森林が神社境内地の一部として重要視され、中近世を通じ諸侯より境内林の禁伐が命じられる等の特別の保護を受けてきた。現代においても一般に神社そのものを「鎮守の森」と称するように、神社と森林は密接不可分な関係であり続け、かつそこが神聖視されていることは異論がない。しかしながら神社境内若しくは社寺林を論じるに際しては、その神聖さのみを注視し、経済林としての側面や大きな変遷を辿った制度史を忘却してはその本質を見失う恐れがあると考える。

「神社林」(1)について見ると、明治四年上知令により封建的領土たる社寺領は解体され、地租改正を始めとする近代土地所有制度の下に神社境内は「祭典法用ニ必需」の土地として区画されたが、この時に山林は境内にほとんど含まれなかった。当時の政府の見解は社寺に山林は不要というものであり、それは山林を公共性の強い「財産」として見做し、社寺の山林管理に対する強い不信感を背景としていた(2)。上地事業は近代的土地所有制度の一環として進められたのであって、国土全域が対象となる。よって少なくとも土地所有の観点から見て、近世から今日までそのままの状態で存置された神社林というのはありえない。そうした状態に対し、神職や氏子による返還を求める活動が展開され、復旧を果たしたのである。その間、神社行政そのものにも見解の変化が見られ、山林に境内地の一部として保護すべき価値を見出していったことが窺える。

このような観点から本章では近代神社行政における神社林の制度的変遷をあとづけながら、当時の行政における神社林観について考察する。

二　明治初期（上地事業）

明治政府は、その発足当初より国土を把握すべく調査を実施しており、山林についても各地に報告を命じている。例えば、明治四年七月四日太政官達「神社禄制制定に付境内区別方ノ件」[3]では木の目通りや払代の相場を報告させており、また他の調査では木の種類や運搬方法などについても報告を命じていることから、政府の関心が材木としての財産価値にあったことは明らかである。

廃藩置県により封建制度が解体されると、社寺領に対しても上知令が出されることとなるが、これは「知行権」を召し上げることに止まらず、土地所有制度の整備に伴い、それに基づく近代的な境内地が形成されていくこととなる。[4]新境内形成の基準は、当初、「境内地ヲ不論本社及建物等現今ノ地形ニヨツテ相除其他総テ上地可致」（明治四年七月四日太政官達）[5]とあるように、全く定まっていなかったが、社寺行政の積み重ねにより明治八年六月二十九日地租改正事務局達乙第四号「社寺境内外区画取調規則」[6]において「第一条社寺境内ノ儀ハ祭典法用ニ必需ノ場所ヲ区画シ更ニ新境内ト定其余悉皆上知ノ積取調ヘキ事」と定められる。「祭典法用ニ必需」というのは社寺本来の活動に着目した定義であり、戦前の神社行政・宗教行政において一貫して用いられる定義で、現在の宗教法人法においても継承されている。

上地事業において神社林はほとんど上地されたのであるが、その根拠となった法令は明治六年八月八日太政官布告第二九一号である。[7]同法令は「神社境内地ノ儀ニ付キ去ル辛未七月中布告候処于今処分不申立或ハ猥リニ周囲ノ林木ヲ伐払候向モ有之趣ニ候聞不都合ノ事ニ候條兼テ相達候通境内外ノ区別速ニ取調旧境内ハ田畑ヲ除外平地山林共凡テ官有地ニ相定伐木払下等不相成候最今後取調候分ハ勿論既往処置済之分タリ共境内狭隘祭祀等ニ差支候分ハ更ニ改正之見込相立境内外ニ可引分反別等詳細取調絵図面相添至急大蔵省ヘ申立且処分済之上ハ教部省ヘ可届出此旨相達候事」と山林が原則官有地となることを明記している。その後の「社寺境内外区画取調規則」における境内外区画の報告書の雛形では区画前を「旧境内」とし、区画後の土地を「現境内」、「共有墓地」、「私墾地」、「(神官人民)居住地」、「山岳」、「林」、「竹林」と別けているが、「山岳」、「林」、「竹林」の後に「是者癸酉二百九十一号布告ニ依リ存置見込ノ分」として記載しており、実際にこの雛形の通り、各地で報告していることが史料[8]から確認できることから、同法令が少なくとも形式上は山林上地の根拠法令であることは間違いない。同法令では「存置」という言葉を用いているが、境内に残すという訳ではなく、官有地として上地される土地を指している。この時期は区画調査の途中であったが、この雛形によれば、行政においては明治六年八月八日時点で既に山林は一旦総てを官有地化し、所有権を立証できた箇所のみ社寺及び人民に付与するという形式で事業を推進したものと見える。そうすると法令上は二九一号の発効された時点において、区画中の竹木所有権が凍結されたことになるが、竹木伐採を制限する法令を沿革的に考察すると同法令は無断伐採を禁止する法令の一つに過ぎず、その後も伐採が相次いでいる。従って発令と同時に山林が官有地化されたという認識が周知徹底していた訳ではなく、結果的に法令上そのような形式にまとまったと理解するしかない。しかし「田畑ヲ除外平地山林共凡テ官有地ニ相定」という基準については、「社寺境内外区画取調規則」に山林を上地させる以外の方途が設定されていないことから極めて強い効力を有していた。

このように山林は原則上地という基準が示されたのであるが、ここで注目したいのは、本殿後方に位置する「背面林」、「背景林」までも上地されているという点である。山岳信仰に端を発し、山麓に本殿を構える神社において、この区域の山林は信仰上重要であることは、後年、上原敬二が神体林と共に強調し[9]、神社建築・造園学の分野で重要視されている通りである。この区域について、例えば京都府では松尾大社[10]、貴船神社が該当するがどちらも本殿ぎりぎりのところまで上地されてしまっている[11]。山林の境外地化が徹底された事例として第七章で述べたように松尾大社の事例が挙げられる。同社本殿背後の山中には旧鎮座地と呼ばれる神域があるが、ここは明治五年に区画の下調べを行った際の案では旧鎮座地を含めた背面林を境内に組み込む予定であった[12]。しかし最終的な区画を見ると、旧鎮座地は旧跡名区同様の官有地第三種として境外に区画されてしまっている。第三種と区画する理由として「明治八年三月達」と明記してあるが、これは号数未記載のため確定はできないものの、時期及び内容から古来の建築様式などの保存を求めた「賀茂御祖神社外十二社建造古制永存」のことであろうと思われる[13]。以上を総合して考えると、法令として旧鎮座地の保存が求められ、原案には境内地に一体として残す考えがあったにも拘わらず、旧鎮座地を境内と分断したということは、本殿と旧鎮座地との間に存在する山林の上地官林化を優先したとしか考えられない。この点から二九一号が如何に強固に機能したかが判る。

こうした中、大神神社では三輪山が「神体山」であることを主張し、認められている[14]。岡田米夫が指摘するようにそれまで山を神体とする言説は近世から述べられていたが、「神体山」という用語自体は上知令を発端とする大神神社と行政とのやり取りの中で初めて見られるものである[15]。同社が磐座だけではなく山そのものを神体山として保護することが実現した理由として、三輪山の信仰が周知されていたことや神職総代の熱心な働きかけ、奈良県の理解といったことの他、本殿がないという完全な「神体山」であったことが大きい。松尾大社や伏見稲荷大社といった山と密接な信仰をもつ神社ですら山林をほとんど上地されているということは、本殿があり、そちらに霊代が奉安されている以上は本殿が祭祀の中心であると当時の政府は認識し、森林との信仰的つながりは重視しない方針であったものと推測される。よって大神神社は二九一号の例外であったといえる。こうしたことから上地事業中の「祭典法用」とは具体的な祭典に現在進行形で用いられることが条件であり、それは戦前の境内地に関する税制において目的外に利用した場合免税措置がなくなることからも一貫した、政府の方針であったことがわかる。

このように神社林を悉く上地したのは、山林を公共性の高い「財産」と見做していたからであるが[16]、政府において神社の多様性に関する認識が不足していたことも大きく影響している。そもそも当時の神社は広大な封建的領土をもつ大社もあれば、山野路傍の祠堂に等しいものまで多種多様であり、それに比して政府が上知令を発するまでの調査期間はほとんどなく、見切り発車的に共通認識としてあった一般的な神社を想定して法令を出さざるを得なかった。恐らく当時の行政が想定した神社に近いのが、明治九年二月八日太政官達に付された「府県郷村社境内坪数並建物一取調図」[17]であろう。特殊な立地条件にある神社、例えば神体山である大神神社や海面に鎮座する広島県の厳島神社などは想定外であった他、朱印地除地についてもそれが一様に封建的領土との認識で上地事業を推進した。朱印地除地については後に中田薫[18]によって朱印地であっても社寺の所有地である得ることが指摘されている。これは戦前の神社行政に共通して言える問題であって、神社の多様性を行政実務から認識し、その蓄積により神社の本義を探りつつ、また一方で近代化など社会情勢と折り合いをつけながら、多様な「神社」を如何に近代神社行政に取り込むかという試行錯誤が続けられていた結果でもあった。そしてそれはいわゆる無格社整理の問題が最終的に解決に至らなかったように、未完のまま終戦を迎えたのである。境内地に関する制度も試行錯誤の繰り返しであって、上地事業中も追加法令がいくつも出され、区画中の山林については土地の取得理由が考慮され、民有の確証のあるものは下げ渡しを受けるようになる。[19]

三　風致林野

旧境内の土地所有は複雑であり、山林については総てが公的な財産ではなく、神職僧侶が自費にて植樹したものもあり、近隣住民の育成した箇所もあった。当然それだけではなく、開墾した田畑や居住地もある。それらは上地事業中より民有を立証することで各所有権者に下げ渡されることになるが、無制限に下げ渡しを認めた場合、社寺の「祭典法用」に支障が生じることもありうる。例えば神職が世襲の場合に、社務所兼自宅としていた神社も少なくはなかったが、明治四年五月の太政官布告以降、神職が精選補任されるようになると、社務所兼自宅がいくら自費建築だとしても神職の個人所有不動産として下げ渡すのは不都合である。よっていくつか歯止めをかける法令が出されることとなる。その中、山林や境内について周辺の俗化や過剰な山林の上地に歯止めをかけ、現境内に存置された樹木の伐採を防ぐための概念として「風致」というものが出てくる。例えば明治九年三月二十九日地租改正事務局指令「社寺境内地処分心得書」[20]第二章第五条では個人の自費栽培の樹木であっても境内にある以上は伐採禁止としている。これは同第三条に「尤社寺地ノ風致ヲ損スルカ又ハ祠堂ノ建続或ハ一宇ノ内ヲ区分シ居住セル等祭式方法用必需ノ場所ハ境内ニ据置クヘシ」とあって、「風致」の観点から境内に据え置いたと理解するのが妥当である。このように境内地に対する「風致」保全を命じた法令としては、明治八年四月十九日内務省達乙第四九号[21]「神社境内旧社人居屋敷処分方ノ件」が管見の限り最も古いものとなる。類似するものとしては、明治八年十一月二十八日教部省再伺[22]で修繕用材として間伐を行うことについて「樹林稠密ニテ風景ヲ不損様伐採」と「風景」という用語を用いている事例もある。法令上「風致」の意味について補足説明したものはないが、用例を見ると境内外区画による払下処分に散見され、境内外区画により新たに創出された境内周辺が俗化されるのを防止する意図で使用されている。同時期の政策から考察すると、この時期に景勝地や旧跡の保存を求める法令が出されている。例えば明治六年一月十五日太政官布告第一六号[23]に公園制度が設けられているが、これは丸山宏[24]が指摘する様に社寺境内地を始めとする景勝地の保存に主眼が置かれた政策であるし、先に述べた松尾大社の旧鎮座地の問題についても、その後明治八年九月十四日太政官達第一五九号[25]にて神社古来の制式の保存が改めて通達されている。従って急激な制度改正に伴う名所旧跡の破壊を防止しようと政府が考えていたのであり、その延長線上にこの時期の「風致」も位置づけられる。ここで留意したいのは、松尾大社の件や全国の大半の社寺林が上地された事実が証明するように、「風致」の規定は破壊を防止するための最小限のものであり、積極的に社寺境内を整備しようというものではなかったということである。

社寺の山林への態度を「禿尽」するものと政府は評したが、実際無断伐採などが横行したことは事実であり、それを防止する目的の法令が幾つか発令されている。伐採については、社寺が永年営繕用に植樹をしてきたことや経済林として営んできたこと、社寺領の解体による収入の変動などを考慮すれば上地事業そのものに過酷な面があったのであって、一概に社寺に問題ありとすることもできない。いずれにせよ社寺にとって決して満足できる規模ではないが、区画が完了する以上は、上地の趣旨を貫徹すべく政府として区画後の神社林を保護する制度を設ける必要がある。それまでの竹木に関する法令は区画中の制限や公私有の区別基準を示すもの、若しくは払下げなどに関するものであったが、明治十五年八月二日内務省達番外「社寺境内伐木取扱概則」[26]はむしろ区画後を見据えた規程である。この法令は「社寺境内ハ修繕用材培植之地ニ無之数百年来之古木一朝地ヲ払ヒ遂ニ風致ヲ毀損スル向モ不少候」とその趣旨を明記してあり、内容的には竹木の目通りを基準に四種（目通りにて一丈以上、五尺以上、一尺以上、一尺未満）、更に風致木（寸法限定せず）を加えて計五種に分類し、伐採について規定しているが、「風致」に関しては残念なことに詳細な基準がない。

上地の結果は到底社寺に受け入れられるものではなかった。信仰上の問題や永年育成してきた経済林の問題もあるが、「風致」の点について京都の事例を見てもあまりに狭く設定されており、神職や参詣者をして景観上問題ありと感じさせたものと容易に推測される。近隣の俗化について、東京赤坂の氷川神社境内がその全域を公園地化した結果、境内の露天商により神域が俗化したとして公園地の解除を願った例もあるが、この事例では参詣者から見える地域で洗濯物が干されていることなどが例示されている(27)。境内外区画によって近隣の払い下げられた人民居住地において氷川神社同様の事態が各地で生じた可能性は高い。山林管理の側面から見ても、松尾大社や貴船神社、石清水八幡宮など建造物付近ぎりぎりまで上地された神社境内では倒木などの危険も懸念された。人為を排除することで山林が最善の状態になると誤解している現代人も多いが、山林には適切な施業が必要であり、官有林となることで管理が行届かない事態が生じる。このように社寺にとって山林の上地は信仰、風致、経済と様々な面において不本意なものであり、全国神職会発足に際してその目的の一つに挙げられる等、活発な還付請求が展開されることになる。

この動きは政府、帝国議会と舞台を移し、審議されていくこととなるが、その背景と過程については山口輝臣が精緻な分析をしている(28)。政府、議会の性質的な問題もあるが、社寺林の返還が議論されたのは信仰又は「風致」向上を理由としたものではなく、法律と経済上の問題からであった。法案提出者である今井磯一郎や出水弥太郎の主張は大きく二つに大別でき、第一に上地事業そのものが不当な処分であったこと、第二に社寺の維持のために山林を還付するというものである。このうち第一について出水は「法要祭典ノ用ニ供スル必要ノ小部分ヲ、現境内ト称シテ従前ノ如ク除地ノ儘其社寺ノ用ニ供シ、其他ノ大部分ヲ境外林ト称シ、上地ノ処分ヲシタノハ、甚ダ穏カデナイ処置デアル(29)」と述べている。政府は上地事業の不当性については認めず、議会でも社寺の経済的な維持を図る中で社寺林還付の議論が進められていく。今井らは早期に社寺保存に重点を置く意見が大勢を占めることを認めつつも、[30]最後まで社寺領の特殊性と上地の不当性を主張している。この法案は何度か提出されることとなり、政府としても下げ戻し申請が永続することは国有林の運営に多大なる障害となることが懸念されることから一応の決着を図る必要があって、明治三十二年に次の三法令にて妥結することとなる。まず明治三十二年三月二十三日法律第八五号「国有林野法」[31]を制定し風致林野編入の途を確立し、四月十七日法律第九九号「国有土地森林原野下戻法」[32]にて下げ戻し申請を三十三年六月末日までに制限、更に「国有林野法」を受けて、八月二日勅令第三六一号「社寺保管林規則」[33]にて保管林制度を整備した。一連の議論の中において旧境内で上地された山林とは社寺を経済的に維持していくための資産、即ち経済林としての側面に重点が置かれていることが指摘できる。

保管林制度とは、上地林を社寺に管理させる代わりに林産物の一部を譲渡するというものである。[34]明治十七年十一月農商務省坤林第一八七号内達「社寺上地官林委託規則」を嚆矢とする。しかし本法令は自費にて風致林を保護管理させるようなものであり、経済林としての役割は期待できない内容であったため、明治二十四年四月八日農商務省令第五号「社寺上地官林委託規則」[35]により社寺に有利に改正された。「国有林野法」は「此今日種々錯綜シテ居ル法律ヲ一ト纏メニシマシテ、尚ホ今日現行ノ不備ナル所ヲ補フ精神」[36]に基づくものであり、同法第一七条により同年八月二日勅令第三六一号「社寺保管林規則」[37]が新たに定められたが、委託林同様に社寺の義務が重く、活用は少なかった。もう一つ「国有林野法」第三条により確立された制度が「風致林野」であり、「社寺上地ニシテ其ノ境内ニ必要ナル風致林野ハ区域ヲ画シテ社寺現境内ニ編入スルコトヲ得」とある。上地中に風致破壊の防止弁として「風致」に関する法令が出されたことは先述の通りであるが、それ以降「風致」を理由とした払下げの申請があり、官有境内地に準じた管理を条件に許可を受けた社寺もあった。[38]そうした前例を踏まえ、上地林の還付の代わりに編入制度として定着させたものと評価できる。

この風致林野についてもその趣旨を達成すべく保護策が打ち出されている。明治三十六年三月二十六日内務省令第二号[39]や明治四十四年二月二十四日通牒社第三三〇号[40]がそれである。前者の第三条には伐採の範囲として、

一、目通五尺以上一丈未満ノ樹木ハ其一割以内
一、目通一尺以上五尺未満ノ樹木ハ其二割以内

とあるが、この基準は戦後まで長く継承される[41]。

このようにして「風致」が境内地の要素としての地位を確立したのであるが、その意図は決して神社景観を荘厳にせしめようという点に重点を置くものではなかった。しかし一旦「風致林野」が法令に組み込まれた以上、以後の神社行政における「境内地」の定義に「風致」は必須の要素となってくる。立法の意図はどうあれ、明治六年二九一号布告の時点と比較して「背面林」を境内に編入することが確実になったという点は大きく、景観破壊の予防弁としての概念だった上地事業中と比較しても「風致」を積極的に付与しようとした政策である。この「風致」の規定は上地中と国有林野の二期に発達時期を分類できるが、前者は払下げの申請理由となり、後者はその後の神社境内の定義として定着し、現行の「宗教法人法」第三条四号にも残るなど、立法者の意図を遙かに上回る役割を果たしていく点に特徴がある。

四　境内地跡地の処分

神社行政において神社林をどのように認識していたかを示す政策、または神社行政の神社林に対する認識を大きく揺さぶった事件として神社整理の問題がある。神社整理とは明治末に実施された政策であり、小規模神社を合併・合祀・移転・廃祀させてその管理体制を整えさせるというのがその趣旨であった。これは直接合併を命じる法令がなく、県により基準が異なり、地域差が激しいという特徴がある。

第三章で述べた通り、本政策の意図については、明治三十九年八月九日勅令第二二〇号[42]により合併跡地の官有境内地が合併後の神社の基本財産に組み込まれることにより、神社運営体制を盤石たらしめることであったことは法令上明らかである。[43]更に内務省神社局では神社整理することで一定の基準を満たした各社に神饌幣帛料の供進を実現させようとした意図があり、[44]更に従来の村落の祭祀が神社行政体制に組み込まれる過程という側面もあった。[45]合祀は県知事の温度差もあり、地域差が激しかったが、政策の客体であるムラの社会構造も一様ではなく住民の対応も様々であった。[46]反対・抵抗運動については南方熊楠のものが著名であるが、地域でも従来の祭祀を復旧・継続させるなどの抵抗が行われた。これについては櫻井治男[47]が精緻な分析をすると共に「神社復祀」として次の四種類に整理している。

一、神社の復旧再建（神社復祀）
二、神社に「類似」した施設の設置（遥拝所等）
三、神社の代償的施設の存在（寺堂等）

四、伝統的祭礼の持続・盛況化・復興など

この中には合併された跡地で祭祀を続けた例も含まれる。合併跡地ということは、当然、神社行政上は祭祀空間と認められず、既に境内地ではなくなっている。本章で着目したいのはその跡地にどのような価値を見出すかという点である。

この点について行政の見解は明確である。そもそも神社整理の趣旨は跡地を合併後の基本財産に編入することによる神社管理体制の強化である。神社整理の盛んなる時期に刊行された『神社行政法講義』[48]においても、合祀された後の旧御神体への慎重な配慮は求めているが、跡地に対しては積極的に基本財産化を推奨している。祭祀が行われるからこその境内であり、祭祀空間でなくなったら一般の土地であるということは上地事業や税制など行政に一貫して見られる見解である。

神社整理に対して反対の意見も多く、その代表的な人物が南方熊楠である。南方は要路に働きかけ、反対運動を展開した。南方熊楠の反対理由は白井光太郎に宛てた「神社合祀に関する意見（原稿）」によれば次の通りである[49]。

一、神社合祀で敬神思想を高めたりとは、政府当局が地方官公吏の書上に瞞れおるの至りなり
二、神社合祀は民の和融を妨ぐ
三、合祀は地方を衰微せしむ
四、神社合祀は国民の慰安を奪い、人情を薄うし、風俗を害することおびただし
五、神社合祀は愛国心を損ずることおびただし

六、神社合祀は土地の治安と利益に大害あり
七、神社合祀は史蹟と古伝を滅却す
八、合祀は天然風景と天然記念物を滅亡す

このうち境内に関係するものは（七）と（八）である。（七）については名所旧跡の保存の動きが既に明治六年頃からあったのであるが、南方のいう史蹟には民俗学的見地から風俗的なものまで含めて用いている。（八）については「またわが国の神林には、その地固有の天然林を千年数百年来残存せるもの多し。これに加うるに、その地に珍しき諸植物は毎度毎度神に献ずるとて植え加えられたれば、珍草木を存すること多く、偉大の老樹や土地に特有の珍生物は必ず多く神林神池に存するなり。[50]」と述べている。この土地そのものに郷土史上や学術上の価値を認める南方の立場は行政の跡地に対する方針と相容れないものである。

神社整理について行政側では、祭祀空間でなくなった跡地には別段保護すべき価値を認めていなかった。対して合祀反対者には南方熊楠のように山林そのものに保護すべき価値を見いだす主張もあり、少なくない賛同者を得た。神社関係者については『全国神職会会報』寄稿者に同様の意見が多く見られる[51]も、神職が一枚岩で有ったわけではなく、山林伐採による神社財産造成を推進する者もあり意見は様々であった。行政政策として見た場合、神社整理そのものが中止された訳ではなく、跡地への特別な措置が講じられた訳ではないが、神社整理が反対によって当初の目的を完遂できなかったことは事実であり、内務省にとっても神社林について再考する機会になったと推測される。少なくとも神社整理が神社関係者をして議論を起こしたという点において、神社林にとって一つの契機となったことは間違いない。そうした中で藤田直子が指摘する様に神社の「背景」であった神社林に目を向けた南方熊楠、白井光太郎の影響は大きく[52]、後述する林学・造園学が神社行政に組み込まれる下地を醸成し

たともいえる。

五　明治神宮御造営の影響

風致林野の制度ができたとはいえ、京都府の官幣大社ですら山林のほとんどを一度は上地され、その後も無税地を増加させないために、境内地の坪数を制限されていたことを考慮すると、明治神宮の内・外苑の森の規模は例外的である。このような異例が認められたのは、明治天皇の御聖徳と申し上げるより他なく、国民の敬慕の念がそれまでの神社の規模では満足できなかったともいえる。明治神宮の御造営は、当時の技術の粋が結集された挙国一致の大事業であったが、境内地の歴史においてもまた画期となった。御造営には本多静六、上原敬二、本郷高徳、田阪美徳、大江新太郎、伊東忠太、角南隆など当時最高の専門家で、後年の神社林、神社建築の分野を牽引した人材が携わっている(53)。上原らは御造営前後に『神社協会雑誌』(54)等に神苑に関する記事を寄せているが、それは明治神宮御造営に関する実務と研究の成果であり、彼らは造園・建築の専門家の立場から「鎮守の森」を再評価していった(55)。即ち、林学、建築学の見地から神社境内はどうあるべきか、神社林の求める「美」とは何かという点について本格的に研究し、実現させたのが「代々木の森」である。彼らが神社境内に見出したのは、参詣者をして敬神の念を抱かせるような「神聖さ」である。例えば本多静六は「かくて此等森林は神霊によりて保護せられ、神社亦森林に依りて一段の尊厳を加ふ。げにや神社と森林は両々相俟つて離るべからざる関係を持するものといふべし(56)」、「要するに社寺境内の風致は荘厳神聖を主とするのであります(57)」と述べている。これに更に深化させたのが上原敬二であって、彼は私費にて各地の神社林を調査し、山林そのものが御神体と認められる神体林の信仰があることを明らかにしている。具体的事例として大神神社（奈良県）、諏訪大社（長野県）、金鑽神社（埼玉県）を挙げ、施業方法として神体林は原生林を保つのが望ましいと提唱する。またそれに準じる信仰について「神社境内林に於ては背面林の一部、又は背面、或は之れに近き高峰を以て祭神を祭る山なりと称し、所謂奥宮又は奥社と呼ぶ例は其数少からず。（中略）斯かる森林こそ「神の宿り」にして神体林の淵源も又此の精神に外ならず。[58]」として、実際には本殿と御神体を有するものの山林をして神体に準じる信仰を受ける神社が多数あることを認めている。そうした神社として金刀比羅宮、霧島神宮、砥鹿神社などを挙げているが、その中にかつて背面林を総て上地された京都府の貴船神社が含まれていることは興味深い。こうした研究の成果として、上原は神社林の価値を次のようにまとめている。[59]

一、神社風致林は郷土思想の根源なり。
二、神社境内林は神社の尊厳を維持す。
三、神社境内林は保安林の効果を有す。
四、神社境内林は学術上貴重なる参考場なり。

このうち一と四は神社合祀における南方熊楠の意見に近い考え方である。本郷高徳も「天然記念物たるべき植物類の所在は、もちろん一様ではないが、猥に手を触るゝことの許されなかつた神社境内、殊に其森林内は安全地帯の一つ[60]」と神社林が自然を守り伝えていることを指摘し、その保護の必要性を述べている。

このように上原らは「神聖さ」に伴う精神的影響や「自然保護」といった保護されるべき価値を神社林に見出していったが、価値が異なれば管理も変える必要がある。例えば「神聖さ」というものは当然本殿に近いほど高まるものであって、画一的な森林管理はできない。そこで上原は神社林を次のように分割して設計施業すべきと提案する。[61]

イ、「神社境内林」直接神社の風致に関係ある部分

ロ、「神社風致林」境内林に加ふるに直接ではないが間接には神社の風致に関係ある部分

ハ、「社有林」神社の所有する経済林

ニ、「外苑」境内にある場合には外域林の考を敷衍して設計すれば大過はないが、全然境外に在る場合には公園的設備、公園林施業等の必要なこともある

ホ、「神體林」境内林の一部又は風致林の一部を以て神座を安置する本殿に代はらしめるもの

こうした分割（ゾーニング）は明治神宮御造営以降の神社林や神社建築の分野で継承されていく。[62]『神社協会雑誌』そのものが内務省神社局の方針に沿ったものであり、連載されること自体、神社局がその理論を評価していた証拠であるといえる。更に彼らが内務省神社局に技術官僚として取り込まれていくことから、神社行政において造園建築の専門的知識の必要性が認められたことがわかる。[63]このように行政に受容されたのはそれまでの風致林野の保護は法令により伐採を制限するという必要最小限のものであり、具体的専門的な森林管理にまで至っておらず、明治神宮御造営で培われた技法はそれまでの不足点を補うものであった。かつ近代神社行政は境内外区画に代表されるように境内地をその用途や性質により分割し、運用してきたのであってゾーニング的な考え方は既に神社行政に内在していたことも受容しやすい環境的要因であったであろう。しかし彼らが訴えたものには専門的な林学の理論と技術だけではなく「神聖」、「保安林」、「貴重な生態系」などの従来の神社行政が見出し得なかった価値もあった。[64]

六　昭和期の神社行政における神社林観の変化

明治神宮御造営において培われた神社林に関する理論を継承した具体的政策として、京都府と滋賀県が管内神社林の維持管理について指導したものが残っている。この分割を見ると、

○京都府社寺課林苑係『社寺林苑計画並管理経営』昭和期

1、殿舎区域
2、参道及通路
3、祭庭、社頭及門前広場（馬場）
4、殿舎付近の樹林区域（本殿裏の森林）
5、社頭及堂前の植樹帯
6、境内森林
7、神苑、庭園
8、外苑
9、社寺有林及保管林

○滋賀県学務部社寺兵事課編『神社林苑提要』昭和十七年

・神聖区域（御敷地）、神厳区域（神聖区域の外周、内域）、清厳区域（神厳区域に連る区域）、清雅区域（神苑

等)、自由区域(外苑等)

両者とも内苑、外苑と明らかに明治神宮を想定してゾーニングを提唱している。特に滋賀県の区割は大江新太郎の用語をそのまま継承している。両史料からは分割だけではなく、林学が神社行政上適用されるようになったことが確認できる。では神社林に対する考え方まで継承されたかという問題については、京都府の『社寺林苑計画並管理経営』において「由来社寺の境内は世俗の巷とは懸絶した境域であらねばならぬ。身一度此内に入れば心身共に洗ひ浄められ敬虔の念湧き出る所の境地であるべきである。」、又「要之我国の社寺の林苑は観賞、享楽の地でなく常に崇厳清浄なる聖域であり、苟も浮華汚穢あるを許さず。可及的に複雑、華美を排し、単純、簡素の整美を旨とし郷土に特有なる森林景観を以て境内風致の主体たることを根本概念となるべきである。」と述べ、滋賀県の『神社林苑提要』でも「神社の森はその地域自体が神ながらであり、又神霊鎮座の厳粛なる聖域である」、「神社境内は古くより自然態を保持し来れるものなれば、学術上の資料の包蔵地である。」とあって、上原らの理論技法の土台である神社林そのものに対する考え方も両府県に継承されていることがわかる。尚、滋賀県の『神社林苑提要』には角南隆の「神社境内施設心得八則」[65]や遠藤安太郎の提唱した奉納という特殊理由を考慮し他と区別する「奉賽林」[66]を取り入れていることが見受けられる。

両書は府県にて編纂したものであり、特に『神社林苑提要』では「この書は昭和十七年六月本県主催県下神職に対する神社林苑講習会を開催するに際し、学務部社寺兵事課において編纂せるものにして、又広く神社関係者に対して神社林苑の正しき認識の高揚に資せしめんとするものなり。滋賀県」とあって、行政が神社林の具体的施業について指導・推奨した事実を示す貴重な史料である。上原らの理論が継承されていることは先述の通り確認できるが、その経緯については更なる史料の発掘と造園学者の人的関係の研究や内容に関する専門的見地からの検討を待ちたい。

京都府と滋賀県の施業案には共通項と共に差異も多く見られる。ここで全国的な神社行政が神社林の管理についてどのような認識をしていたかという疑問が生じるが、全国規模の神社行政による施業案は管見の限り見つかっていない。各地方に合わせた施業を推奨するのであれば府県レベルで作成するのが妥当であり、上原らの著書があることも併せ考えるならば全国的なものを敢えて作成する意味はなく、作成されなかった可能性もある。しかし昭和期に児玉九一[67]、岡田包義[68]という内務省神社局にて直接神社行政に携わった人間が境内地を説明するに当たり「神聖」という要素を用いていることは注目される[69]。特に岡田は神社合祀の解説において江木千之の「社殿モ朽チテ後ノ社殿ガ立派ニ出来ヌト云フ様ナ所デハ、森ノ中ニ七五三縄ヲ張ツテアツテ其ノ前ヲ通ル百姓ハ皆鉢巻ヲトツテ通ルト云フ様ナ訳デ、ソレデモヨイノデアル。」という発言を引用し、「流石にその識見の高邁なるに敬服する次第である。」と評した上で、「神社の整理合併は功罪相半ばするものと評すべく」との見解を述べている[70]。江木の意見は森林そのものに神威を認めるものであり、岡田が刊行当時に内務省神社局に在職していたことを考え合わせると、内務省内の空気は明治末年から大きく変化していることは明らかである。時期的に神社整理を反省する段階に入っていたこともあるが、上原や本郷が林学の見地から神社境内の在り方について論を展開しており[71]、そうした影響も否定できない。

このように限定的ではあるが、上原らの理論とその神社林に対する考え方が行政に反映されていたことが確認できる。ここで疑問なのが、学術的価値に基づく森林保護という点について南方熊楠と上原・本郷の言説は内容的な相違はほとんどないのであるが、行政側からの扱いは全く異なる。これは南方が外部からの批判だったのに対し、上原・本郷が内部からの提言であったことも大きいが、最大の理由は明治神宮という目に見える成果があったことがその理論の波及を実現させたのではないかと推測される。御造営以降、神社境内を論じる上で内苑外苑という言葉が一般的に使われるなど明治神宮の影響は大きい(72)。当時の造園建築の理論技術の粋を結集させた代々木の森に多くの神社関係者が理想の神社境内を見たことは想像に難くなく、明治神宮が一つのモデルとして神社林そのものに対する意識を変化させた可能性は高いであろう。

七　おわりに

上知令以降、終戦までの神社林の制度的変遷を主に行政の視点から概観したが、上地事業への対応からはっきりとわかるように神社行政の神社林への考え方と神職・氏子のそれとは一致していない。特に経済林として見た場合、保管林制度が不人気であったことが証明するように神社にとって有利な林政ではなく、風致林野編入についても払下げや買戻しを実施している神社があることが示す通り不十分な点もあった。

戦前の神社林に関する言説を総括し、神社を管理するという立場から見た場合、経済林と信仰・風致のための森林に大別が可能である。経済林とは神社を維持する為の資産としての山林である。信仰・風致のための森林は「祭典法用ニ必需ノ場所」や風致林野、上原らの説く「神体林」や「背面林」、砂防や防災上に必要な「保安林」が含まれる。両者の最大の違いは経済林が神社から切り離すことが可能であるのに対し、後者は切り離しが不可能若しくは切り離すことで神社本来の活動である「祭典」や信仰に多大なる障害を生じさせることである。明治政府にとって財政基盤の樹立が至急の課題であったように、社寺領を失った社寺にとっても経済基盤の確立は喫緊の課題であった。更に政策には予算が必要であり、政策的に論じる場合に経済面からの議論に重点が偏るのはやむを得ないという現実もある。そうした事情を差し引いても、神社行政は経済に重点を置いて神社林を取り扱っていた。それが次第に風致の必要性が認められてきたという意味において、戦前の神社行政における神社林の歴史は「風致」面の地位向上の歴史といっても過言ではない。また神社林のもつ多彩な性質の再確認の歴史であったともいえる。このように多様な効能をもつ山林を、それぞれの機能を最大限に活用しつつ、それでいて全体としての調和を図ろうとしたのが、上原敬二以降の神社林の造園であり、その具体的な技法がゾーニングであったと評価できる。

本章で筆者が述べたいのは神社林が上地され、歴史的に一旦断絶しているということではない。確かに行政の立場から制度として見た場合、神社林のほとんどが一旦上地されていることは間違いないが、その後の復旧を実現させた請願運動の原動力は永い神社林の歴史に他ならない。明治六年太政官布告第二九一号による神社林の上地を神職、氏子が諾として、官有地のまま、若しくは第三者に払い下げられて開発されていたら、「背面林」を含めた神社林そのものが消滅してしまっていたに違いない。それを明治十年代から二十年代にかけて熱心な下げ渡し、払下げの請願をしたからこそ、決して満足のいく規模ではないものの幾分か復旧した。復旧していたからこそ南方熊楠は神社整理に際し保護すべき価値を神社林に見出したのであり、上原敬二も神社林の調査をすることができたのである。そうすると明治期における神社林に関する営みがなければ明治神宮内苑もまた別の景観をもって設計されていた可能性すらある。このように神社林の今日があるのは先人のそれを守り伝えようとする努力と神社と森林との密接な歴史の重みがあるからであって、決して無作為、無条件に存在し続けてきたわけではない。

本章は戦前までの神社林の歴史に留まるが、終戦による国有境内地の処分、高度経済成長による開発など神社林をめぐる問題はそれ以降も継続して発生してきたのであり、その都度多くの神社関係者の努力により保護されてきた。今後も神社林の保護をめぐる問題は断続的に生じてくるであろうが、如何に時代が変化しようとも、神社と森との密接な関係に根本を置くと共に、今日までの歴史的変遷、特に制度的な変動の激しかった近代以降の神社林の歴史を踏まえることで解決の方途が見えてくると思われる。

註

(1)本章では神社境内林、神社有林などを含めた神社に属する山林総てをいう。

(2)国立公文書館所蔵。件名「社寺ノ資金ヲ以裁植セシ樹木ハ神官僧侶ニ下附セス」。太政類典・第二編・明治四年～明治十年・第二百五十三巻・教法四・神社二。【請求番号】本館-2A-009-00・太00476100【件名番号】034。大蔵省管財局編『社寺境内地処分誌』昭和二十九年、一三〇―一三一頁。本件において内務省は太政官に対し社寺に下付することで山林が材木として「禿尽」される懸念を述べている。

(3)大蔵省営繕管財局国有財産課『社寺境内地ニ関スル沿革的法令集』(以下、『法令集』と略す、大正十五年)、六―九頁。

(4)本書第七章参照。

(5)『法令集』、六―九頁。

(6)『法令集』、二一―二四頁。

(7)『法令集』、一三頁。

(8)前掲『社寺境内地処分誌』。

(9)上原敬二「神体林に就て」(『神社協会雑誌』第一六年一二号、大正六年)。

(10)当時の社格社号としては「官幣大社　松尾神社」であるが、現在の名称にて記載する。以下本章を通じ神社名記載は現在の名称を用いる。

(11)京都府総合資料館所蔵、『社寺境内外区別取調帳』、『社寺境内外区別図』、『社寺境内外区別図面』。以下京都府の境内外区画については右三史料を参照した。

(12)京都府総合資料館所蔵、『社寺境内外区別原図』。

(13)国立公文書館所蔵。太政類典・第二編・明治四年~明治十年・第二百五十五巻・教法六・神社四。【請求番号】本館-2A-009-00・太00478100【件名番号】019。
(14)大神神社史料編集委員会編『大神神社史料』第一巻史料篇(昭和四十三年)、八三〇頁。
(15)岡田米夫「三輪山の神体山信仰について」(大神神社史料編集委員会編『大神神社史料』第三巻研究論説篇、昭和四十六年、五五七—五六七頁)。初出は『神道史研究』第七巻第六号、昭和三十六年。
(16)本書第六章参照。
(17)『法令集』、三三—三六頁。
(18)中田薫「御朱印寺社領の性質」(『法制史論集』第二巻所収、岩波書店、昭和十三年、初出は『国家学会雑誌』二一巻一一・一二号、明治四十年)及び「徳川時代に於ける寺社境内の私法的性質」(前出『法制史論集』第二巻所収、初出は『国家学会雑誌』三〇巻一〇・一一号、大正五年)。
(19)前掲「上地事業における境内外区別」。
(20)『法令集』、三七—四〇頁。
(21)『法令集』、一八頁。
(22)文部省文化局宗務課監修『明治以後宗教関係法令類纂』(以下『法令類纂』と略す、第一法規出版、昭和四十三年)、三〇九頁。
(23)『法令集』、一二頁。
(24)丸山宏『近代公園史の研究』(思文閣出版、平成六年)、二八—三一頁。
(25)『法令類纂』、七三六頁。
(26)『法令類纂』、三〇九頁。
(27)日枝神社編『日枝神社史』(日枝神社御鎮座五百年奉賛会、昭和五十四年)、二五八 二五九頁。
(28)山口輝臣『明治国家と宗教』(東京大学出版会、平成十一年)。
(29)第一三回帝国議会衆議院国有林野法案外三件審査特別委員会速記録(第五号)、明治三十二年二月二十一日。本章では神社本庁総合研究所編『帝國議会（衆議院）委員會神社関係議事速記録』（近代神社行政叢書Ⅶ、平成二十二年）を参照した。

(30)『帝国議会衆議院議事速記録』七（東京大学出版会、昭和五十四年）、四四三頁。

(31)『法令集』、二六〇—二六二頁。

(32)『法令集』、二四三—二四四頁。

(33)『法令集』、二六二—二六四頁。

(34)福田淳『社寺と国有林—京都東山・嵐山の変遷と新たな連携—』（日本林業調査会、平成二十四年）参照。同書では保管林の歴史的変遷から現状の分析し、将来的に旧社寺林たる国有林を如何に地域・社寺・行政が連携して管理すべきか提言している。

(35)『法令集』、二三一—二三三頁。

(36)前掲『帝國議会（衆議院）委員會神社関係議事速記録』、八九頁。

(37)『法令集』、二六二—二六四頁。

(38)『法令集』、二三四—二三五頁。

(39)『法令集』、三三六—三三八頁。

(40)『法令集』、二三六—二三七頁。

(41)昭和二十五年九月二日神社本庁通達十号「神社の不動産管理に就いて」（神社本庁編『神社本庁規程類集』平成二十五年度版、神社新報社、平成二十五年、四二五頁）。

(42)『法令集』三四六頁。尚、本法令は「国有財産法施行令」により廃止され、その趣旨は「国有財産法」に継承されている。

(43)土岐昌訓「明治以降に於ける神社整理の問題—神社法令を中心とした其の経過に就いて—」（『神道宗教』第一七号、昭和三十三年）。

(44)森岡清美『近代の集落神社と国家統制—明治末期の神社整理—』（吉川弘文館、昭和六十二年）。

(45)米地實『村落祭祀と国家統制』（お茶の水書房、昭和五十二年）。
(46)各地域の研究としては喜多村理子『神社合祀とムラ社会』（岩田書院、平成十一年）などがある。
(47)櫻井治男『蘇るムラの神々』（大明堂、平成四年）。
(48)宮尾詮・稲村貞文『神社行政法講義』（集成堂、明治四十四年）。
(49)南方熊楠「神社合祀に関する意見（原稿）」（『南方熊楠全集』第七巻所収、平凡社、昭和四十六年、五三〇―五六五頁）。
(50)前掲同書、五五九頁。
(51)徳丸亜木「神社合祀政策における氏神・祖先・「森」の認識―『全国神職会会報』を中心として―」（『歴史人類』三三号所収、筑波大学大学院人文社会科学研究科歴史・人類学専攻、平成十七年）。
(52)藤田直子「鎮守の森の歴史と文化」（日本緑化センター編『グリーン・エイジ』四三四号所収、平成二十二年二月）。
(53)明治神宮社務所編『明治神宮創建を支えた心と叡智』（明治神宮社務所、平成二十三年）及び今泉宜子『明治神宮「伝統」を創った大プロジェクト』（新潮社、平成二十五年）、青井哲人「一九三〇年代湖畔以降の神社造営技術者とそのネットワーク―『江流会員名簿』・『江流会誌』を中心に―」（平成二十二～二十四年度科学研究費補助金（基盤研究（C））研究報告書『帝都東京における神社境内と「公共空間」に関する基礎的研究』所収、平成二十五年、研究番号二二五二〇〇六三、研究代表者　藤田大誠）参照。
(54)この他『大日本山林会報』や『庭園』などへの寄稿がある。
(55)畔上直樹「明治神宮内苑造営と「その後」―近代林学・造園学の「鎮守の森」論―」（明治神宮国際神道文化研究所『神園』第五号、平成二十三年）。
(56)本多静六「神社境内殖林に関する注意」（『神社協会雑誌』第一一年五号、大正元年）。
(57)本多静六「社寺境内の風致と日光街道並木の保存」（『神社協会雑誌』第一一年七号、大正元年）。
(58)前掲「神体林に就て」。

(59)上原敬二「神社と森林（承前）」（『神社協会雑誌』第一七年八号、大正七年）。
(60)本郷高徳「神社林の意義」（『神社協会雑誌』第二四年五号、大正十四年）。
(61)上原敬二「神社風致林の造成に就て」（『神社協会雑誌』第一八年七号、大正八年）。
(62)青井哲人『植民地神社と帝国日本』（吉川弘文館、平成十七年）。
(63)藤田大誠が「近代神苑の展開と明治神宮内外苑の造営―「公共空間」としての神社境内―（明治神宮国際神道文化研究所『神園』第五号、平成二十三年）にて指摘するように造営後、宮地直一ら考証官を採用することからも専門的な知識の必要性が認められたことがわかる。
(64)但し「財産」としての森林を全く否定した訳ではなく、本郷高徳は「神社と森林とに就て」（『庭園』第八巻一一号、昭和元年）において経済林の経営と境内林との分割の必要性と説いている。
(65)角南隆「速谷神社境内植樹の計画に就て」（『神社協会雑誌』第二四年三号、大正十四年、四二―五二頁）。
(66)上原敬二『日本森林の性格と資源』（大日本出版、昭和十九年）。
(67)児玉九一・有光次郎『神社行政　宗教行政』（常磐書房、昭和九年）。「狭義に於ては境内地とは神社の祭祀、参拝及び風致を維持し社頭の神聖を計り以て神社の尊厳を確保する為に必要なる場所として区画し、地方長官の許可を得て之を境内地を定め神社明細帳に登録せられたる土地を云ふ」。
(68)岡田包義『神祇制度大要』（政治教育協会、昭和十一年）。「境内とは神社の祭祀を行ひ公衆参拝の用に供し、風致を維持し、社頭の神聖を保持する等の為に供せらるゝ土地を謂ふ。」
(69)それ以前では中川友次郎が『神社法令講義』（神社協会、明治三十七年）において「聖境」という用語を用いている。
(70)前掲『神祇制度大要』、三一五―三一六頁。
(71)例えば本郷高徳は「神社林の話」（日本庭園協会編『造園五十題』雄山閣、昭和三年）で境内の枯損木の採取に地方長官の許可を要することについて、神社の尊厳維持の上からの規定であると論じると共に専門的な管理の必要性を説いている。

(72)上原敬二自身、明治神宮林苑造営を回顧して「実に神社造園の根本法則がこの実例を通じて確立されたわけである」（『造園と造林』昭和二十二年）と評している。

第十一章　神体山の制度的沿革

――「神体林」の神道史上の意義について――

一　はじめに

「神体山」[1]とは神の憑依する山として祭祀の対象となる山である。[2]山を神の鎮まりますところとして祭祀を営むこと自体は古い歴史を有するが、用語としては比較的新しいものである。明治四年の上知令その他諸法令により、封建制から近代的な土地所有制度へと移行していく中で、山林が原則官有林化されることとなった。そうした中で特殊な信仰を有する山を他の山林と区別し、神社境内地として維持すべく大神神社が三輪山につけた名称が「神体山」である。この主張は功を奏し、それまでそのような特殊な信仰形態があると認識していなかった神社行政の方針を改めるに至った。戦前の官国幣社においてそのような特殊な社殿、境内の様式をもつ神社として周知されていたのが、大神神社（奈良県）、諏訪大社[3]（長野県）、金鑽神社（埼玉県）の三社である。しかし戦前の神社行政において「神体山」という概念は存在したが、神社局総務課長であった児玉九一が「例へば原始的風習として自然の清浄なる山林や、特殊の霊石、樹木等に神霊の降下若くは宿在を認めて崇拝の対象とした。彼の大和の大神神社、武蔵の金鑽神社の如きは山林を以て神体としたる適例とする。[4]」と解説したように、「神体山」という用語そのものは用いていないことは注意を必要とする。山田浩之[5]が指摘する通り、「神体山」という用語が一般化するのは終戦時の岡田米夫の神社行政上・学術上の功績が大きい。岡田の問題意識が国有境内地処分にあったことは研究時期や業績により明らかである。「神体山」の初出が大神神社の行政文書であることを明らかにしたのも岡田の業績であって、実際に現地に調査に赴いていたことも社務日誌により確認できる。[6]では「神体山」とは上地事業において発明され、岡田が国有境内地処分において再発見し、一般に定着させたものなのであろうか。「神体山」によって大神神社が三輪山を境内地として保全することに成功したのは事実であるが、神社行政における「神体山」理解は「神体山」を有する神社の主張する特殊な信仰を十分に踏まえたものであったのか。実は明治から終戦までの神社行政における「神体山」の制度、理解がどのようなものであり、どのような変遷を辿ったものであるのかという点に関する研究は蓄積が少ないのである。

そのような視点から岡田米夫の「神体山」の定義を検証すると不自然な点に気付く。岡田[7]は「神体山」の条件について三輪山を例に、

一、山が神奈備のみもろ山をなしてゐて
二、そこは神の籠らせられる所であるといふ信仰の対象となり
三、又そこには神聖なところとして尊厳の神の座を持ち
四、神殿がなく
五、麓には拝殿、神門だけがあつて、そこを通して拝祭し
六、山は御留山或は禁足山として、その神聖の保持されてゐること

を挙げている。ここで着目すべきは条件四の「神殿がなく」という点である。後述するように神殿の有無が地租改正時における「神体山」認定の決定的判断基準になっている。しかし、もともと神体山信仰があり、若しくは磐境祭祀を行っていたが時代が下るにつれて社殿を構え、神霊代を設けるようになった神社も想定され得る。社殿の発達史を考えるに、むしろこちらの方が多いのではなかろうか。この点について岡田も「然しここで注意すべきことは、右のやうに神殿は設けられても、山の神秘的な姿から受ける神聖感といふものは、一朝にして失はれるといふものでなく、やはりその山全体が、元のやうに神聖なところ、神の宿りますところとしての信仰を、程度の差はあつても、今に持ちつづけてゐるところも少くないのである。かうした神社にあつて、自らの山を以て、神体山信仰の中に入る御山だと主張するもののあるのは、かうした意味において了解さるべきものである。然し元の姿をそのまま存してゐるものに比すれば、それは第二義的な神体山の範疇に入るものであることは言ふまでもない。(8)」と神殿を有する第二義的な神体山というべきものが存在することを指摘している。

今日、もともと神体山信仰があり、若しくは磐境祭祀を行っていたが時代が下るにつれて社殿を構え、霊代を設けるようになった神社を「神体山」と称することに抵抗を覚える人は少ないであろうし、実際「神体山」と称する神社も多い。それは歴史的にその神社の信仰が「神体山」と呼ばれるものであるからに他ならないからである。その点を考えると岡田がわざわざ「第二義的」と定義したことには事情があると考えるべきである。

本章では神社行政における「神体山」の制度的沿革を主に上地事業における判定基準、戦前期の神社行政上における「神体山」理解の変遷に重点を置き考察する。

二　上地事業の経緯と神体山

明治四年正月五日公布された上知令は「諸国社寺由緒ノ有無ニ不拘朱印地除地等従前之通被下置候処各藩版籍奉還之末社寺ノミ土地人民私有ノ姿ニ相成不相当ノ事ニ付今度社寺領現在ノ境内ヲ除ク外一般上知被仰付[9]（後略）」とあるように封建制解体を主眼に置いた政策である。社寺から文字通り知行権を取り上げる法令であって、本法令自体には社寺境内を引き裂く文言はなかった。それが境内外区画を伴う「上地事業」へと変化していったのは近代土地制度が整備される過程で上知令そのものの性質が変化していったに他ならない[10]。社寺領内の山林が社寺から切り離されたのは理論上二期に大別される。一つが上知、もう一つが上地事業によるものである。例えば、山麓に社殿があり、門前には社領としての農村が広がっている神社があるとする。更に農村には田畑と神社背後の山とは地理的に連続しない山林がある。この社領に上知令が施行されると農村の支配は府県となり、村内の山林は神社とは無関係なものになる。これが上知によるもので、神社背後の山林についてはこの時点では境内外区画は未確定である。そして地租改正が始まると神社背後の山について境内外区画のメスが入ることになるが、当時の法令により原則山林は官有化されてしまう。これが上地によるものである。現在でも明治初期に境内が引き裂かれ、強権的に山林が境外地化されたと主張する社寺は少なくないが、それは上地によるものを指している。

この上地事業は地租改正と共に進められたのであるが、その際ほとんどの神社林が上地された。厳密に言えば上地されるしか方途が残されていなかったのである[11]。第十章で述べたように、明治六年八月八日太政官布告第二九一号[12]と明治八年六月二十九日地租改正事務局達乙第四号「社寺境内外区画取調規則」[13]の二つの法令を遵守する限り、神社境内の山林は「祭典法用」の場所として「現境内」に組み込むか、境外官有地化される「山岳」・

「林」・「竹林」に区画するかの二択しかない。当時政府は社寺の山林管理に強い不信感を抱いており、[14]財政的にも社寺に山林を付与することは反対であった。そうした状況では山林を「祭典法用」の名目で境内に残すのは困難であり、実際の区画を見ると極限まで山林は削り取られ、「祭典法用」で境内に残された社寺林はごくわずかである。京都の事例を見ると石清水八幡宮や伏見稲荷大社は山中に本殿及び摂末社が鎮座するが、社殿と参道のみを残し可能な限り山林が上地されている。[15]次節以降では実際の境内外区画事例について考察する。

三　事例（一）　大神神社

大神神社こそが「神体山」という語の生みの親であり、以後の議論の基準となった神社である。[16]本神社の上地及び神体山神社としての成立過程については大神神社により所蔵史料が公開され、岡田米夫の他、山田浩之ら[17]によって既に詳細に考察されている。

明治四年三月五日大神神社総代西村忠實が奈良県に提出した口上書に「当三輪山麓廻り三里十八町　麓ヨリ頂迄二拾町五拾六間ト有之候　兼而申上居候通神代昔大國主大神御自ラ御魂ヲ当山ニ鎮奉給故爾神体山ト奉崇居候」[18]とあるのが「神体山」の初出であることは岡田米夫が指摘する通りである。次いで三輪村薬師堂戸長松田惣二郎が奈良県令に提出した文書[19]に「従往古三輪山ヲ以御神体と拝来候義ニテ拝殿神門斗御正殿無之神体山之義何レ迄境内とも除地とも難相分段」とあって、本殿がなく山全体が神体であるから上知対象である除地と境内との区画ができない事情が述べられている。大神神社が霊代及び本殿を構えない信仰をもっていたことは『垂加神道初重伝』[20]の「三諸山之伝」に「今ハ山ヲ神体ニスル」とあるように神社外でも認知されていたことである。[21]しかし「神体山」という用語はあくまで大神神社がその一社の神学に基づき、行政とのやりとりの中で生み出したものであることは山田が近世近代の用例を整理考察している。

奈良県の上地の方針は当初「社頭建物雨溜ヨリ三尺ヲ除之外悉皆上地之旨」であった為、神体喪失を危惧した大神神社では苦肉の策として従来なかった本殿一宇の建造を明治五年十月七日付で教部省へ願い出た[22]。ここで境内外について「雨溜ヨリ三尺」という基準が示されたとあるが、この時期全国的な区画基準は提示されておらず、府県により差異があり、奈良県のこの基準は過酷な部類に入る。奈良県は三輪山の処置について教部省に伺い出、これを受けて教部大輔宍戸璣は明治六年九月四日付で「大神神社之儀ハ振古格別之由緒モ有之事ニ付御諸山一山ヲ社地ト相定左右裏手共山ノ足曳ヲ以境界相立可申」と神体山を認める旨回答した[23]。同日、本殿創建についても同様に回答した上で「但正殿造営之儀者難被及御沙汰儀與可心得事」と指示している。

このように大神神社は上地事業においても神体山を保持し得たのであり、それは神社側が古来の「神体山」の信仰を強く主張したことが大きい。

四　事例（二）　諏訪大社

諏訪大社は上社本宮、上社前宮、下社春宮、下社秋宮に分かれるが、神体山とされるのは上社本宮の宮山である。上社本宮は「諏訪大明神画詞」[24]によれば社構は三壇に分かれるものと理解されていた。上ノ壇は「尊神の御在所」とされ現在の拝殿のある地域、中ノ壇は宝殿と経所、下ノ壇は神楽殿のある地域である。拝殿奥の「神居」と呼ばれる場所が神座であり、それを覆うような形で宮山が存在し、「宮山神林をもつて諏訪大神の鎮ります聖域と仰いで、父祖累代禁足の地として尊崇されて来た諏訪信仰の中心地であり、他の諸社寺の所有するただの山林とは根本からその意義を異にするものであつた[25]」という信仰を形成してきた。明確な神座が特定できるという点が大神神社とは異なる。従って諏訪大社の神体山は後述する神体林の第二階に近い性質のものである。

諏訪大社は明治四年社格が定められると上下合わせ一社とし、国幣中社に列する。上知令が達せられるや、高島藩では明治四年四月二十八日付で、諏訪大社の山林は社人が管理し「祭祀宮社造営等ノ材用ニ致シ来」たため、そのまま「社付」としたい旨弁官に伺い出ているが、これは受け入れられず一般山林の処分に従うよう回答を受けている。(26) 大神神社でもそうであるが、一般に神体山といっても全域が禁足ではなく、管理、または社殿用材として一定の制限の下で施業を行っていた。高島藩の伺は管理者が諏訪大社であり、用材目的であることを理由に山林の社有を願い出たものであるが、諏訪大社としては経済よりも信仰上の問題を懸念していたであろうことは想像に難くない。山林保全の願いにも拘わらず、明治四年五月社殿敷地等四四二三坪を残し、宮山の神林三一町二反八畝余歩については境外地とされてしまう。(27) この事態に諏訪大社では筑摩県に引き戻しを願い出る。(28) その結果、本宮については明治十五年に約二万坪、大正十年に約七万坪が境内地に編入されることで上地神林が復旧している。(29)

このように諏訪大社の事例では神林が一旦上地されてしまっているのであるが、その理由として次の三点が考えられる。第一に諏訪大社では明治四年に上知と上地を同時に確定しており、神社行政において「神体山」という概念が定着する前に区画している点。第二に神座が「神居」と特定できてしまう為、三輪山と比較して一般山林と誤認される可能性が高い点。第三に高階成章(30)が指摘するように宝殿と本殿を同一視するような誤った風潮があった点。特に第一の時期的な問題は大きく、行政が「神体山」という存在を理解していない状態で神林が一般山林同様に処分されてしまったものと思料される。

五　事例（三）　松尾大社・伏見稲荷大社

京都府の境内外区画は現存史料が豊富で、関係法令が厳格に適用されていることが確認できる[31]。また、京都府では明治五年頃に区画の下調べを実施し、更に地租改正に合わせて最終決定がなされていることも史料から確認できる[32]。明治五年は上地事業の基準が整備される前であり、両者の比較は境内外区画における行政官の判断を考える上で貴重である。

第七章で述べたように、京都府内の松尾大社の本殿背後の山中には旧鎮座地と呼ばれる神域があるが、ここは御祭神降臨の地であって、元々は神座として祭祀の対象であった。明治五年に区画の下調べを行った際の案では旧鎮座地を含めた地域を一括して境内に組み込む予定であった。これは山林の原則上地を定めた明治六年八月八日太政官布告第二九一号の出される以前の調査であり、山林上地よりも旧鎮座地保全を優先した結果となったものと推測される。しかし最終的な区画では、旧鎮座地は境内地には編入されずに、名所旧跡が分類される官有地第三種として境外に区画されてしまっている。史料には第三種に区画する理由として「是ハ明治八年三月御達ニ依リ官有地第三種旧跡之部ト組入保存之分[33]」と記してある。この達は時期及び内容から古来の建築様式などの保存を求めた「賀茂御祖神社外十二社建造古制永存[34]」のことと推測される。

この時期、社寺を取り巻く環境は徳川時代と比較して著しく変化していた。そのような中、社殿の修造を実施した場合、様々な要因、特に経済的事由により従来とは異なる建築様式が採られる懸念があった。先述した大神神社の本殿創建などもその類に入るだろう。そこで教部省では古式を保存すべく制限を課すべきと左院に伺い出た。左院では「建造古式ノ制ハ僅ニ神社ニ存在候ヘハ御造営ノ経費ニ関シ上代ノ典型湮滅ニ属候様成行候ハ可惜儀ニ有之候間」と考え、教部省及び関係する内務・大蔵両省へ古式を保存すべき旨通達したものである。松尾大社の事例はこの通達を根拠として旧鎮座地を「保存」すべきものと見做し、旧跡地扱いにしたものと思料される。尚、教部省伺には保存すべき事例として大神神社が「右一社本殿ハ当時無之候ヘトモ瑞籬正面鳥居及拝殿ノ体他社ト異リ有之候事」(35)と記載されている。

この旧鎮座地に関しては、行政側が相当配慮した形跡がある。松尾大社では「現境内」三町八反三畝二三歩の内に旧鎮座地が含まれていると認識していたが(36)、史料を確認すると「本社境内」三町五反五畝二五歩、境外摂末社(二社分)の敷地二反七畝二八歩の合計が「現境内」に合致するから旧鎮座地は境内に含まれていない。従って旧鎮座地は境外地に区画され、法律上は神社の意図に拘わらず行政が処分できる土地とされていた訳である。これは実際に境内が公園地とされた故に、神社の意志に反する運営がされた事例もあって保全の面では心許ないのであるが(37)、神社が境内地と認識していたということは全く他者の手が入らなかったということである。これは区画から考えて、京都府の担当官が山林上地の法令を遵守しつつも、旧鎮座地を官有地第三種とした上で神社の付属地扱いができるよう取り計らったものと思われる。

伏見稲荷大社の御鎮座は、和銅四年二月壬午の日に伊奈利三ヶ峰に顕坐した神を伊呂具秦公が勅命により祀ったという説や伊呂具秦公が餅を射たところ白鳥となって飛び去り山の峰に止まった所に稲が生じたという説もあるが、何れにせよ稲荷山を発祥とする。更に時代が下っても初午に杉の枝を持ち帰る信仰が続いており、同神社は本殿こそあれ稲荷山を神奈備とする信仰が連綿と続いていた。しかしながら同社の境内外区画は山麓の社殿と山中の社及びそれを結ぶ参道を残し、山林は悉く上地されてしまっている。規模にして一一九町歩のうち境内に残ったのは僅かに七町歩であり(38)、由緒に配慮した区画とは到底言えない。

六　事例（四）　金鑽神社

金鑽神社は『延喜式』で名神大社に列している式内社であり、その鎮座は日本武尊が伊勢神宮において倭姫命より賜った火鑽金を東国平定の帰路、御室に納めたことを創祀とする。この御室は奥宮と称され、拝殿より西南一一五間ほど山上に位置する石祠で、山も御室嶽と称し、濫りに立ち入らない禁足地となっていた。神社は中世以降、神仏習合となるも近代まで武蔵国二宮、児玉郡総鎮守として地元の崇敬を集めてきた。

金鑽神社の境内は明治八年に四町六反九畝五歩が境内として区画されている[39]。この中には御室が含まれていた。しかし明治十年五月四日に県による検査があり、修正として二町九反五畝二歩が上地される。この修正がなされたのは地租改正の制度によるものである。地租改正は迅速化と国民による反感を防ぐ為、基本的には国民各自が土地丈量をして官吏に届け出るという方式を採用し、必要に応じて官吏が出張検査を実施していた[40]。地元戸長の判断より厳しい区画がされた訳であるが、この二町九反五畝二歩の中に御室が含まれており、金鑽神社では明治十一年六月二十五日付で戸長連署にて復旧願書を埼玉県に提出[41]。更に明治十二年一月二十五日付で「金鑽神社奥宮取調書[42]」を提出し、御室嶽が神体であることを重ねて主張した。明治十一年の願書には

県社兼郷社金鑽神社

右社地境内古来無反別ニシテ改正反別四町六反八畝拾六歩（但巌石空山所謂不毛之地）別紙絵図面之通ニ候処昨十年五月四日御検査之節更ニ社内江境界相立反別弐町九反五畝弐歩上地被仰付候処此地所タルヤ該社奥宮ト称シ奉リ別紙由来記之通日本武尊東征御凱旋之日伊勢之大御鏡之欽所謂火打金ヲ奉埋地ニシテ御室嶽ト称

シ又当社ヲ金鑽神社ト奉称モ此所以ニシテ則大和三輪同石上信濃諏訪同様右御室嶽ヲ当社ノ神体ト奉斎来候ニ付常ニ禁足シテ例祭之外猥ニ不立入場所ニテ該社ニヲイテ最崇敬仕来御室嶽ノ麓些少ノ平地ニ現在造営有之宮居ハ拝殿ニシテ此奥宮タル社地上知被仰付候テハ恐多モ神体ヲ失奉ル次第ニ至リ慨歎ニ不堪此段奉愁訴候何卒出格之以御詮議右上地弐町九反五畝弐歩合テ四町六反八畝拾六歩従前之通社地境内ニ御差置被仰付度神官ハ勿論数千ノ氏子挙テ奉歎願候也

とあって大神神社、石上神宮、諏訪大社を例にひき、御室嶽が神体山であり、境内外区画の引き直しを求めている。これに対する県の回答は不明であるが、大正十三年に神社から埼玉県に提出した「金鑽神社建物工作物其他調査回答」[43]に境内総坪数一六、一四二坪と記載され、四町六反八畝拾六歩（約一万四千坪）を上回ることや明治十五年には官幣社への昇格運動を展開していることから早々に復旧されたものと思料される。[44]

七　上地事業における「神体山」の判定基準

上地事業及びその直後の神社行政における神体山の扱いから次のような特徴がわかる。

第一に、大神神社の事例から境内地に関する諸制度を設計するに際して「神体山」という祭祀形態があることは想定されていなかったことは明らかである。明治維新から十年あまりで地租改正を完了せしめたのは偉業と評価すべきであるが、反面制度設計のための十分な調査研究期間がなかった。教部省には古典に通暁した人材もいたはずであるが、地租改正は租税の面から大蔵省が主導的であり、多くの社寺にとって不本意な境内区画が断行された。

第二に、境内外区画における神体山の判定基準は神殿がないことであり、判定されることによる効果は「祭典法用ニ必需ノ場所」として境内地（民有郷村社地以外の場合は官有地第一種「神地」）に区画されることである。第三に松尾大社や伏見稲荷大社の事例からは「祭典法用ニ必需ノ場所」とは現行の祭典用地のみを対象とするのであって、旧鎮座地といった由緒や山に対する特殊な信仰は山林を現境内とする根拠として扱われなかったことがわかる。

この時点での行政における「神体山」には岡田のいう二義的な「神体山」は含まれていなかった。行政上の「神体山」とは上知令を始めとする近代境内地制度を前提として成立した概念で、神殿の有無を判定基準とし、それに相当するものとして境内地に区画した山林である。つまり「神体山」としての信仰があったとしても神殿がある以上「神体山」として保全されず、保管林及び境内付属地である場合や上地林を買戻しにて復旧したとしても行政上の「神体山」としては見做されない。実際の信仰と行政上の「神体山」の定義との間に乖離が生じているのである。行政がそのように判断した背景として政府が神社林を主として経済林として見ていたことが指摘できる。明治三十二年三月二十三日法律第八五号「国有林野法」(45)にて「風致林野」を境内に編入することができるようになったが、「風致」が施策として本格的に重要視されるようになるのは明治神宮御造営以降である(46)。こうした社寺林を主として経済林として見る傾向が原因となり実際の信仰より狭隘な「神体山」の設定となったと推測される。信仰の護持という観点から見た場合、この状況は神社側にとって不本意なものであり、多くの神山霊山の山林が神社から引き離され、その後各神社の自主的な努力により復旧を果たしている。

八 「神体山」に関する研究の深化

この状況を打開したのは神道史学と造園学における研究の深化である。前者を牽引したのが宮地直一であり、後者が上原敬二である。この他に南方熊楠なども「神社合祀に関する意見（原稿）」[47]において神社境内に史蹟や天然記念物の保全地などの価値があることを主張したが、行政への反映という点では研究者であると同時に実務者でもあった上原、宮地の影響は大きい。

宮地直一は東京帝国大学卒業後、内務省に入り神社考証を担当、大正四年には明治神宮造営局参事、同十三年には内務省神社局考証課長となる。又、昭和十三年に東京帝国大学の神道講座主任教授に就任した他、複数の大学で神祇史を教え、神道史学の創始者として活躍した。神社行政が古儀を重んじる以上、考証の権限は強く、また東京帝国大学をはじめとする講義により、宮地の神道史観を学んだ実務担当者が育成されることになるのであるから、宮地の見解は行政において相当な重みをもつ[48]。宮地の論じる社殿の発達史は、

神霊を一定の所に鎮めて祭祀するは神社の起源なり、神祇の祭祀に当つては必ずこの式によれり。その最も簡易にして原始的なるを神籬といふ、自然の清浄なる森林を神の在所となし、此処に神霊を降して建物の設けなきをいふ。これ古代に於ては最も普通に行はれし形式にして、今もなほその姿を留めたる神社なきに非ず[49]。

と古代は神籬祭祀が一般で、それから常設の社殿へと発展したというものであり、この論により「神体山」が神

道史上明確に位置づけられ、それが行政の公式見解に近いものとして普及していくこととなる。この発達史に従うならば、元々神体山であったが、現在は神殿を構え祭祀を営む神社は多数存在することとなる。宮地はそうした神社として松尾大社、伏見稲荷大社を例示し、その山が「本質的霊域」であり続けていることを指摘している。(50)

本殿の背面に接し、或は之に近く神聖区域の一廓又は標識を付帯する神社を求むるに、敢へてその数の乏しきに苦まないが、就中之を一社成立の根本要件とする限りに就いていはんに、その多くは、本殿の構を本位と立てながらも、尚ほ付近の一廓を本質的霊域として、之が神秘性を保持すると共に、永く相互の関係を失はないやうにと努める傾向の見えるのは、先づ注意を払ふべきところであらねばならぬ。

こうした学説により由緒から「神体山」を判定する素地が築かれていくこととなる。

他方、上原敬二は日本の造園学のパイオニアであり、本多静六、本郷高徳と共に明治神宮御造営に携わった。(51)彼らの学問は欧米の研究を取り入れたものであり、日本で応用するには気候風土に合わせると同時に神社林の本質について深く考究する必要があった。その結果、「かくて此等森林は神霊によりて保護せられ、神社亦森林に依りて一段の尊厳を加ふ。げにや神社と森林は両々相俟つて離るべからざる関係を持するものといふべし」(52)と神社林が神社の尊厳護持に機能していることを発見した。明治神宮御造営が転換点となり、社行政において「風致」面が重視されるようになる。(53)三人の内、上原は明治神宮御造営に携わる傍ら、私費にて官国幣社約四〇社の境内を調査している。この調査により学位論文をはじめとするその後の学問的基盤を築いたのであるが、その学術業績の中に「神体林に就て」(54)及び「神体林神社に就て」(55)という二本の論文がある。「神体林」とは基本的に「神体山」と同じ対象を指す用語であるが、「神体山」が山全体を一単位とするのに対し、「神体林」は造園学の

視点から山を分割して捉えるという点において異なっている。その中で上原[56]は

神社境内林に於ては背面林の一部、又は背面、或は之れに近き高峰を以て祭神を祭る山なりと称し、所謂奥宮又は奥社と呼ぶ例は其数少からず。御嶽、神山、上嶽等此の意味に外ならず、ささやかなる社殿を営みて山霊を鎮め祭る、大にしては国土保安、小にしては郷党鎮護の炳として現ありと称す。斯かる森林こそ「神の宿り」にして神体林の淵源も又此の精神に外ならず。

という神社林観を述べている。その後の神社設計では、特に本殿背後の山林「背面林」の神聖さが重要視されるが、これは森林美学の観点からの「神の宿り」としての森林の再発見といえる。

神道史学と造園学の理論には共通点があり、関連して発達している可能性が高い[57]。両者の「神体山」理解は神殿の有無ではなく、「由緒」と「神秘性の保持」をその基準としており、それは実際の信仰に沿った立場に他ならない。

九　「神体林」

明治神宮御造営以降、神社行政における建築・造園分野に対する関心は、格段に高まった。その中で明治神宮だけでなく、伊勢の神宮林の造林事業にも川瀬善太郎と共に携ったこともあって、上原敬二は指導的立場の一人であった。彼の神社林観は個人的な理想ではなく、神社行政の目標であったと評価すべきで、現に複数の県でその理論に基づいた神社林苑の施業管理が採用されていた。つまり「神体林」は神社行政上一定の地位を確立して

いたのであり、岡田米夫の「神体山」研究に先行するものとして注目する必要がある。

「神体林」の発明は神社行政に二つの影響を及ぼしていると評価できる。第一は「神体山」保全の具体的な理論技術の確立であり、第二は神社林の設計施業上の目標の一つとして「神体山」を定めたことである。

第一の「神体山」保全について、まず上原の学問が「神体山」を信仰面から捉えるべきという風潮を神社行政において醸成したことは前節で述べた通りである。しかし上原の造園学は単に「神体山」の神秘性を主張するのみに留まらず、具体的な施業方法を伴っていた。それまで神社林の管理は法令により伐採を制限に留まり、施業については具体的な方策がなく、神社一任に近かった。しかるに明治神宮御造営により神社林の理想像が模索され、それを実現するための理論と技術が培われたことにより、具体的に「風致」を論じる土台が構築され、行政として施業内容について指導することが可能となった。そうした議論の中心理論であり、明治神宮以降の境内地設計で活用された技法として分割（ゾーニング）がある。これは例えば、同じ境内林であっても本殿背後は「背面林」と呼び、より森厳さを求めて設計施業するというように、性質と用途により境内を区分して設計運営することである。上原は神体山に分割を適用させて、「神体林」という概念を設定し施業内容を立案している。本来「神体山」は全山が神座であるが、施業上全域を禁足としては却って管理上の不都合を生じさせるとの現実的判断に基づいている。上原の「神体林」は次の三段階から成る。第一階は「神体林中最も由緒深き一廓を第一階神体林と呼び、最も取扱に注意すべき森林にして永久に絶対禁足林として如何なる事由あるも入林を禁じ、森林の成否を一つに天然の原則に任して介意せざるものとす」、第二階は「第一階に隣る重要なる区域を第二階の神体林となす。それ自身にて既に神体林の実を有せしむる外、第一階林を保護する役目を有す。即ち入林を厳禁すると雖も不時の災害に処しては入山を許すの規定とす」、第三階は「之れに隣る外域にして、其取扱法は普通神社風致林の背面林よりも一層厳重なる取締を要す」というものである。[58] 当然、詳細な施業案は別途個別に検討されるものであるが、この三段階の分類により具体的な施業方針が明確されただけでも管理方法として画期的であった[59]。また「神体山」に分割が適用されることはその機能の地域分類ができたということであり、施業技術面だけではなく、「神体山」理解そのものを深化させることとなる。諏訪大社、金鑽神社のように神居や奥宮と拝礼対象が特定される「神体山」において、山林に保護機能があることが確認されたことは、両神社山林の上地が不当であったことを再確認することに繋がる。

第二の神社林苑への波及効果について、具体的な施業に関する史料は少ないのであるが、昭和期に京都府『社寺林苑計画並管理経営』[60]、滋賀県『神社林苑提要』[61]という管内社寺の林苑の設計施業について指導した資料がある。明治神宮御創建以降、林苑への関心が高まり模倣する神社も増加したが、造園学的に誤った設計をしている事例も多く、神社行政として適切な指導を実施する必要があった[62]。両書は正しい神社林苑を普及指導することを目的としているもので、上原らが主導した造園学が地方神社行政に採用されたことを明示する史料でもある。京都府では神社林の概念を解説するに当たり、次のように「神体林」について触れている。

神社に於ける林苑は森林それ自体が神体又は神霊鎮座の厳粛なる浄域であり、本邦神社の最初の形式の一である所謂磯城（いしき、いわさか）神籬、生諸木、日守木（ひもろぎ）の観念を有する。」森林を構成する、主要素を林地と林木であるとすれば、前者は磯城であり後者は神籬である、従つて神社境内は往古、斯る意味に於ける森林であつたとも考へられる、神社建築の発達した現代に於ても拝殿鳥居、其他の殿舎はあつても本殿なき神社が存在する即ち奈良県の官弊《ママ》大社大神神社（大三輪神社）は大三輪山を、埼玉県の官幣中社金鑽神社は御室嶽を何れも御神体として奉斎せられる、尚此の形式に属する神社としては長野県の官幣大社、諏訪神社上社、山形県の国幣小社、湯殿山神社、京都府の官幣大社、稲荷神社、境内摂社、大八島神社等があり共に無正殿である、即ち神社にとつて特別の由緒地たる昔ながらの森そのものを本殿に代へ神体林又は神座地と名づけてゐる、此の神体林にあつてはその意義は本殿と同様に考へらるべき最も森厳なるものであり、厳格なる意味に於て神代ながらの林相を永へに伝へらるべきものである、一般に現在に於ける神社境内は本殿に続く準神体林とも見らるべき本殿付近の森林と更に之を囲んで所謂、境内林が配置されてゐる、従つて境内林は最も神聖なる神体林の延長とも考へらるべく、清楚素朴にして然も森厳なる境域であらねばならぬ。

ここで大神神社、金鑽神社を神体山形式の神社とし、その類例として諏訪大社、湯殿山神社、伏見稲荷大社、大八島社を挙げている。上原の神体林論をそのまま引き継いだとはいえず、神体林の分類等に議論の余地があるが、京都府が由緒と神秘性の保持を基準に「神体山」を認め、神体林を理想とした神社造園の理論を普及させようとしていることが確認できる。上原や本郷は神社林に関しその森厳さについて度々言及しているが、永い歴史の中で自ずと人々の畏敬の対象となるような信仰・威容を築いてきた「神体山」に近い林苑を造園学によって造成しようとしていたのではなかろうか。今、その成果を明治神宮内苑に求めるに、都会の中で貴重な生態系を残している点が指摘できる。上原は神社林の価値の一つとして「神社境内林は学術上貴重なる参考場なり(63)」と述べ、本郷も「天然記念物たるべき植物類の所在は、勿論一様ではないが、猥に手を触るゝことの許されなかつた神社境内、殊に其森林内は安全地帯の一つ(64)」と神社林の機能を述べている。「代々木の森」は南方熊楠の「神林」や上原・本郷の理想を具現化しており、近代の「神体林」としての威容を有している。

十　神体山に対する特例措置（秋葉山の事例）

神道史学や造園学の影響を受けてそれまで認められなかった神殿のある神社が「神体山」として行政上認められた事例として、静岡県の秋葉山本宮秋葉神社がある[65]。同社は山岳信仰を起源とし、中世以降霊山と崇められてきたが、本殿を山頂付近に構えている。元々は一山総てを領していたが、上地により本殿周辺を除き御料林となり、それを明治から大正にかけて下渡しを受けて復旧してきた[66]。秋葉山に対する特例措置は昭和十八年山麓の鉱山から発生した山火事に端を発している。当時静岡県祭務官で実務に当たった杉谷房雄の陳述書から経緯を見ると、

秋葉神社御璽代奉遷所遥拝所造営の理由

秋葉神社仮宮造営ノ理由

昭和十八年三月十三日秋葉山大火ノ飛報ニ接シタノデ直ニ当時ノ静岡県社寺課伊藤県属ラ現地ニ出張セシメテ検分サセタ所其ノ報告ニヨルト意外ノ大火デ秋葉神社ノ蒙ツタ災禍モ甚大ナル事ヲ知ツテ当時ノ祭務官トシテ自分モ折返シ社寺課主任属ト共ニ現地ニ出張シテ仔細ニ実状ヲ調査シタ　即チ此ノ大火ハ隣郡ノ龍山村雲折地内ノ山林中ニテ鋼鉱試堀鉱夫ノ失火ニ原因シテ其ノ焼失面積千四百余町歩四ヶ町村ニ及ビ実ニ三日間ニ亘リ延焼シテ漸ク鎮火シタ程ノ全国ニモ稀ナ大火災デアツタ　秋葉神社ハ秋葉山ノ頂上ニ鎮座ノ為忽チ周囲カラ猛火ヲ受ケテ瞬時ニシテ遂ニ御本殿ヲ初メ社務所信徒参籠所宝物殿等千二百有余坪ノ建築物ヲ烏有ニ

帰シ御霊代ハ山麓ノ六所神社ヘ一時御避難セラレタノデアル　乃ヲ秋葉神社宮司及氏子崇敬者ノ総代等ハ直ニ其ノ復興ニ関シ監督官庁タル静岡県ノ指導ヲ乞フタノデ社寺課ニ於イテモ慎重ナ研究ヲ重ネテ即チ現状ヲ視察検分シ災禍ノ惨状ヲ見テ先ヅ復興ノ容易デ無イ事ヲ感ジタ此ガ平和時デアレバ或ハ問題デナイデアラウガ当時ハ諸種ノ障害ガ此ヲ拒ンデ居タ其ノ主ナル原因ハ秋葉神社ヲ中心トシテ其ノ周囲ニ林立シテ居タ数百年ノ境内木ヲ初メ此ニ続ク風致保安林更ニ連続シタ社有林及民有林等ノ焼損木ノ跡始末ニモ数年ヲ要スルデアラウシ又再建築ニ付イテモ完全ナ防火ノ対策ヲ要スル事ハ当然デアルガ一方当時ノ情勢ハ建築資材ヲ初メ食糧其ノ他ノ物資ニ至ル迠其ノ確保ハ日ヲ追ツテ困難トナリツツ有リ　殊ニ労力ノ不足ハ当時諸種ノ統制下ニ置レテ極度ニ壙シテ居タ　従ツテ山上ノ復興ニ要スルデアラウ膨大ナ労力ノ供給ト言フ事ハ極メテ難事デアルト思ツタ　而シテ元来秋葉神社ハ国史所載ノ古社デアルカラ更ニ神祇院ノ方針ニ従ツテ行ク必要モアツタノデ宮司及氏子崇敬者総代ヲ上京セシメテ災禍ノ実状ヲ詳細ニ報告セシメルト共ニ其ノ復興ニ関スル方針ニ付イテモ指導ヲ受ケサセタ結果復興ニ対シテ山上ノ境内地ニ社殿其ノ他ヲ再建スル事ハ動ス事ハ出来ヌ原則デアルガ災害ノ現状カラ推考シテ今直ニ此ヲ行フ事ハ困難ト思フカラ一時御霊代避難ノ地ニ仮宮ヲ造営シテ奉斎シ驪テ適当ナ時機ヲ見計ツテ山上境内ニ復興再建ヲスル事トシテ御霊代奉遷所トシテ仮宮ノ造営ヲ指示シタノデ県ニ於イテモ此ノ方針ニ基キ山麓ヘハ極メテ限ラレタ資材ト最小限度ノ規模ノ下ニ暫定的ナ御霊代奉遷所ヲ造営セシメタノデアル　而シテ秋葉神社ハ秋葉山ト言フ山自体ガ信仰ノ対象トナツテ居ル点即チ神体山デアルノデ山麓ヘ仮宮ヲ設ケルト同時ニ山上ノ尊厳維持ニ努メル様ニ指導スルト共ニ全国百万ヲ超ヘル信徒崇敬者ノ熱願ヲモ考慮シテ山上ヘモ御本殿跡ニ奥宮ヲ造営シテ此ノ秋葉神社遙拝所トシテ許可シ山上山麓両々相俟ツテ其ノ奉仕ニ遺憾ナキ様ニ指導シタノデアル
以上ガ秋葉神社御霊代奉遷所トシテノ仮宮造営ノ次第デアル

昭和廿参年拾月
元静岡県祭務官　杉谷房雄

というものであり、この仮宮建築については静岡県知事より、

御霊代奉遷所並遥拝所（境内仮宮）建築許可書

静岡県指令振第一三一四号
周智郡犬居町領家
県社　秋葉神社

昭和十八年八月廿五日願遥か拝所御霊代奉遷所並社務所其ノ他新築ノ件許可ス但シ竣功済ノ上ハ其ノ旨速ニ届出ヅベシ

昭和拾八年八月参拾壱日
静岡県知事　今松治郎　㊞

と許可書が発行されている。

静岡県の決定は当時の制度から考えると異例である。第一に仮殿を造営し、本殿再建の準備を進めるとあるが、その年限を定めていない。当時の制度は大正二年四月二十一日内務省令第六号第四〇条によれば「社殿亡失シタル後五年以内ニ再建セサル神社ハ廃止シタルモノト看做ス但シ特別ノ事由アルトキハ地方長官ハ年限ヲ延長スルコトヲ得」(67)とあるように、災害などで社殿が損壊すると神社そのものが廃止されることも有り得る厳しいもので

あった。この法令の趣旨から類推するに、山麓に仮宮を設けて山上復興が成らなかった場合、山上再興の意志無しと見做され、山麓へ移転したものとして処理されることも有り得る。政府としては無税地たる境内坪数を制限していたくらいで、財政上は山麓移転と処理した方が都合がよい。被災状況及び戦時下の物資状況から再建期限を延長するに足りる「特別の事由」ありと認められたのは現実的な判断であるが、仮宮を造営しつつ本殿再興に期限を課さないという措置には鎮座地は山上以外であってはならないという強い意志が感じられる。第二に仮宮に御霊代を奉斎しつつも山全体を神体山として遥拝するという特殊な祭祀形態が認められている。近代神社制度が構築される中で国家の宗祀たる神社と私的な祭祀の神祠が区別された。その中で邸内社を公衆に参拝させるなどの紛らわしいものに制限が課せられている。(69)明治九年十二月十五日教部省達第八号(70)によれば「神殿ヲ建築シ本社ノ分霊ヲ鎮祀致候者ヲ分社トシ拝所ノミヲ設テ遥拝式執行致候者ヲ遥拝所ト為相心得」とある。つまり神殿に霊代を奉安している遙拝所というのは制度上あり得ないのであるが、秋葉山の事例では仮宮を「御霊代奉遷所並遥拝所」として認めている。(71)このように秋葉山に対する処置は二重に特例であり、秋葉山そのものを神社と一体不離の存在として保全しようというものである。

秋葉山は上地では神体山として全山保全はされなかったが、昭和十八年の措置は神体山としての地位を認め、極めて厳重な保全策が採られている。何故このような特例が認められたか。まず災害復興という緊急事態であったことが前提としてある。その中で特例措置が講じられたのは杉谷祭務官の尽力もあるが、上原や宮地の功績により神体山の基準が拡大し、それは保護されるべきものであるという認識が行政組織内で共有されていなければここまで円滑な解決は図れなかったであろう。そして何より着目しなくてはならないのは、神社自身が神体山であるとの確固たる信念をもっていたことである。上地以降、神社は官林の払下げなど境内整備事業を推進してきたが、第三者が土地の所有権を不当に主張するなど困難を極めた。(72)そこで由緒を考究し、(73)神体山であるという信仰を確認して、その教化に努めた。その成果は終戦後の国有境内地の無償譲与において、昭和二十四年三月十八日税務署に提出した「秋葉神社境内地無償譲与申請に関する地元民請願」（約三五〇名）[74]をはじめとする全国の崇敬者多数から支援を得たことに現れている。当時、国有境内地問題解決を推進していた神社本庁においても岡田米夫調査課長（当時、のちに調査部長）を秋葉山に派遣している。この調査について岡田は「同山の信仰の実際面は神社信仰が中心をなして生きてゐる」[75]と報告し、後に『秋葉神社の研究』[76]として纏めた。先述した二義的な神体山に関する岡田の理論もこの調査に裏付けされたものであろう。「御霊代奉遷所並遙拝所」は現在の同社下社であり、戦後、河村實宮司と岡田調査部長の相談の上、新たに「遥斎殿」との名称が与えられることとなる。

十一　おわりに

地租改正は文字通り聖域まで及んだ。そうした中、大神神社が自社の信仰に「神体山」という名を与え、保全運動の狼煙を上げたのは、同様の信仰をもつ神社にとって助けとなった。かくして「神体山」は行政上認められたのであるが、それは境内に区画することを認めるという意味に留まり、実際の信仰上とは乖離していた為、由緒ある山林や磐境が境外に区画されるという事態に陥った。こうした信仰の護持にとって不安定な状況を一転させ、神体山の地位を向上せしめたのは造園学と神道史学の進展であり、前者が森林美学の観点から、後者が文献考証の観点から、神体山に保護すべき価値があることを確認した。両者に共通するのは「由緒」や「神秘性の保持」を基準に神体山を捉えたことである。この二つの学問が神社行政において採用されたことにより、従来神体山として行政上扱われなかった神社も神体山として扱われる途を開いた。これは神社林における風致重視への転換と軌を一にする。しかし、上原も宮地も本殿のない神体山と本殿のある神体山とは一線を画し論じ、岡田もまた戦後の論文で「第二義的な神体山」と留保しているように学問上及び行政上で神体山の基準が見直される傾向にあったにも拘わらず、行政上の「神体山」の定義を改めて実際の信仰と合致させるには至らなかった。これには幾つか原因が指摘できる。まず二義的な神体山には霊代が存在し、あくまでそちらが祭祀の対象であって、「神体山」を広く定義する場合、両者を全く同質なものと見做すか否か、神学・教学上の課題が存在する。また制度上でも、「神体山」の基準が拡大すれば財政上の問題や再区画の問題が懸念される。例えば、戦前の松尾大社では官有林のまま管理を社寺に委託する保管林という形で山林が復旧していたが[77]、これが神体山となると保管林としての関係を解消し、改めて境内地編入せねばならない。また秋葉山の事例は個別の緊急事態への対応であって、全ての「二義的な神体山」の再設定が行われたのではない。このように改善の機運が高まってはいたが全面的な制度改正に至らないまま神社行政が終焉してしまった。岡田の問題意識が国有境内地処分にある以上、制度史と信仰史を総合して「神体山」を定義せざるを得ず、その結果「二義的な神体山」という分類を設定しなくてはならなかったのではなかろうか。

それまでの神社行政上の定義を完全に覆すには至らなかったが、神道史学と造園学が神体山を含む山岳信仰の護持に果たした役割は大きい。宮地と上原は共に伊勢神宮・明治神宮に関する事業に参画したが、同宮が古来の信仰を如何に調査して造営されたかがこの点から窺える。しかしながら「神体山」の護持という点について、学問の進展が後押ししたことは事実であるが、「神体山」の最終的な保全責任者、功績者は各神社であったことは失念してはならない。そもそも境内外区画が文字通り聖域にまで及んだことが示すように、行政が「神体山」の庇護者でなかったのは明らかである。「神体山」上地の危機の中、大神神社が先駆けて「神体山」を主張し、護持の狼煙を上げ、諏訪大社、金鑽神社も自助にて保全を図っている。秋葉山の事例についても行政のなかで「由緒」と「神秘性の保持」を基準として神体山を捉える素地ができていたのは確かだが、同社が由緒を考究し信仰の護持に努めていなければ「遥斎殿」という特例は認められなかった。このように「神体山」を含め、信仰の場、若しくは対象としての山林は無作為に存在するのではなく、各神社の祭祀、由緒考証、営林といった努力の結果であることは神道史上看過してはならない点である。

註

(1)史料その他では旧字体で「神體山」と記載されるが、本章では「神体山」にて統一する。以下、引用箇所も含め固有名詞を除くほか旧字体は常用漢字に改める。
(2)國學院大學日本文化研究所『縮刷版　神道事典』(弘文堂、平成十一年)、一八一頁。
(3)本章における社号については現行のものを使用する。
(4)児玉九一・有光次郎『神社行政　宗教行政』(常磐書房、昭和九年)、四一頁。
(5)第六七回神道宗教学会学術大会発表、「岡田米夫と神体山―普通名詞「神体山」の成立過程―」、平成二十五年十二月八日。
(6)前掲、山田浩之発表。
(7)岡田米夫「三輪山の神体山信仰について」(大神神社史料編集委員会編『大神神社史料』第三巻研究論説篇、昭和四十六年、五五七―五六七頁)。初出は『神道史研究』第九巻第六号(昭和三十六年)。
(8)前掲『大神神社史料』、五六三頁。
(9)大蔵省営繕管財局国有財産課編『社寺境内地ニ関スル沿革的法令集』(以下、『法令集』と略す、大蔵省営繕管財局、大正十五年)、四―五頁。
(10)本書第七章参照。
(11)本書第六章参照。
(12)『法令集』、一三頁。

(13)『法令集』、二一―二四頁。
(14)国立公文書館所蔵。件名「社寺ノ資金ヲ以栽植セシ樹木ハ神官僧侶ニ下附セス」。太政類典・第二編・明治四年～明治十年・第二百五十三巻・教法四・神社二。【請求番号】本館 -2A-009-00・太00476100。【件名番号】034。大蔵省管財局編『社寺境内地処分誌』昭和二十九年、一三〇―一三一頁。本件において内務省は太政官に対し社寺に下付することで山林が材木として「禿尽」される懸念を述べている。
(15)京都府総合資料館所蔵、『社寺境内外区別取調帳』、『社寺境内外区別図』、『社寺境内外区別図面』。以下、京都府の境内外区画については右三史料を参照した。
(16)前掲論文の他に「大神神社の神体山信仰」(『神道史学』第四輯、(昭和二十八年) がある。前掲『大神神社史料』第三巻、三八八―四〇四頁に所収。
(17)山田浩之「「神体山」の成立―近世三輪山観の展開―」(『神道宗教』第一五一号、神道宗教学会、平成五年)。
(18)「神体山面積に関する口上書」(大神神社史料編集委員会編『大神神社史料』第一巻、昭和四十二年、八三〇頁)。
(19)前掲『大神神社史料』第一巻、八三四頁
(20)村岡典嗣編『垂加翁神説・垂加神道初重伝』(岩波書店、昭和十三年)。
(21)前掲「三輪山の神体山信仰について」。
(22)前掲『大神神社史料』第一巻、九〇一―九〇二頁。
(23)前掲同書、八五八頁。
(24)神道体系編纂会『神道体系』神社編三十(神道体系編纂会、昭和五十七年)所収。
(25)宮坂清通「諏訪神社の歴史」(『下諏訪町誌』下巻所収、昭和三十八年)。本章では下諏訪町誌増補版編纂審議会編『増訂版 下諏訪町誌』上巻(甲陽書房、昭和六十年、一一四五頁)を参照した。
(26)国立公文書館所蔵。件名「高島藩管下信州諏訪神社山林上地」。太政類典・第一編・慶応三年～明治四年・第百七十九巻・理財・禄制十八。【請求番号】本館 -2A-009-00・太00179100【件名番号】043。
(27)諏訪大社社務所『諏訪大社復興記』(諏訪大社、昭和三十八年)、一四八―一四九頁。

(28)前掲「諏訪神社の歴史」。
(29)前掲『諏訪大社復興記』。
(30)高階成章「諏訪神社の磐坐と宝殿について」(神社協会編『神社協会雑誌』第三三年第一二号、大正九年、一一―一三頁)。
(31)前掲「上地事業における境内外区別」。
(32)京都府総合資料館所蔵、『社寺境内外区別原図』。
(33)前出『社寺境内外区別取調帳』。
(34)国立公文書館所蔵。太政類典・第二編・明治四年~明治十年・第二百五十五巻・教法六・神社四。【請求番号】本館 -2A-009-00・太00478100【件名番号】019。
(35)「トモ」は合字。
(36)河田晴夫『松尾大社境内整備誌』(松尾大社、昭和四十六年)、四五頁。
(37)本書第八章参照。
(38)竹林忠男「京都府における地租改正ならびに地籍編纂事業」(京都府立総合資料館『資料館紀要』第二八号所収、平成九年)。
(39)神川町・神川町教育委員会編集発行『神川町誌』(平成元年)、九〇八頁。
(40)大蔵省管財局『社寺境内地処分誌』(大蔵財務協会、昭和二十九年)、七〇頁。
(41)神川町・神川町教育委員会編集発行『神川町誌―資料編―』(平成四年)、五六二―五六四頁。
(42)前掲同書、五六五―五六六頁。
(43)前掲『神川町誌―資料編―』、六七〇―六七二頁。
(44)前掲『神川町誌』、九百八―九百九頁。
(45)『法令集』、二六〇―二六二頁。
(46)本書第十章参照。

(47)南方熊楠「神社合祀に関する意見（原稿）」（『南方熊楠全集』第七巻所収、平凡社、昭和四十六年、五三〇―五六五頁）。
(48)遠藤潤「宮地直一おける神道研究と神社行政の接点―今後の研究のために―」（國學院大學伝統文化リサーチセンター『國學院大學伝統文化リサーチセンター研究紀要』第一号、平成二十一年）。
(49)宮地直一『神祇史綱要』（明治書院、大正八年）、一〇―一一頁。尚、本書は大正七年四月に東京帝国大学における公開講義案を元にしている。又、最近の磐座神籬に関する研究としては、笹生衛「神の籬と神の宮―考古学から見た神籬の実態―」（『神道宗教』第二三八号所収、平成二十七年）、吉永博彰「祭具としての神籬―古典解釈にみたその用例―」（『神道宗教』第二三八号所収）がある。
(50)宮地直一『諏訪神社の研究』後篇（上諏訪町、昭和十二年）。本章では『諏訪大社の研究（下）』（宮地直一論集二、蒼洋社、昭和六十年）、一六三頁を参照した。
(51)明治神宮社務所編『明治神宮創建を支えた心と叡智』（明治神宮社務所、平成二十三年）及び今泉宜子『明治神宮「伝統」を創った大プロジェクト』（新潮社、平成二十五年）、青井哲人「「一九三〇年代湖畔以降の神社造営技術者とそのネットワーク―『江流会員名簿』・『江流会誌』を中心に―」（前掲『帝都東京における神社境内と「公共空間」に関する基礎的研究』所収）参照。
(52)本多静六「神社境内殖林に関する注意」（『神社協会雑誌』第一一年五号、大正元年）。
(53)畔上直樹「戦前日本における神社風致論の構造転換と「村の鎮守」明治神宮造営局林苑課構成員にみる近代造園の系譜」（前掲『帝都東京における神社境内と「公共空間」に関する基礎的研究』所収）、本書第十章参照。
(54)上原敬二「神体林に就て」（『神社協会雑誌』第一六年一二号、大正六年）。
(55)上原敬二「神体林神社に就て」（大日本山林会『大日本山林会会報』四二〇号、大正六年）。
(56)前掲「神体林に就て」。
(57)宮地は「神聖区域」という用語を用いているが、神社林苑設計で用いられる概念であり、造園学等を参照していることが窺える。

(58)前掲「神体林に就て」。
(59)より具体的な施業については上原敬二「神體林神社に就て」(大日本山林会『大日本山林会報』四二〇号、大正六年)に見える。
(60)京都府社寺課林苑係『社寺林苑計画並管理経営』昭和期。
(61)滋賀県学務部社寺兵事課編『神社林苑提要』昭和十七年。
(62)前掲「近代神社行政における神社境内の公園的性格」。
(63)上原敬二「神社と森林(承前)」(『神社協会雑誌』第一七年八号、大正七年)。
(64)本郷高徳「神社林の意義」(『神社協会雑誌』第二四年五号、大正十四年)。
(65)秋葉山の境内地沿革については、秋葉神社社務所編『秋葉神社境内地沿革調書』(同社務所、昭和二十年頃)を参照した。本節の引用は注記の無い場合本書による。
(66)特に社司河村儀平次(寿一郎)が境内整備に尽力し、そうした功績を賞され、県社社司で奏任官待遇を受けている。
(67)阪本健一編『明治以降神社関係法令史料』神社本庁、昭和四十三年、一九一頁。
(68)明治九年二月二十八日太政官達。『法令集』三三―三六頁。
(69)本書第五章参照。
(70)国立公文書館所蔵。件名「分社遥拝所建設出願方・二条」。太政類典・第二編・明治四年~明治十年・第二百五十九巻・教法十・神社八【請求番号】本館 -2A-009-00・太00482100【件名番号】030。
(71)類例として東京大神宮の前身たる「皇大神宮遥拝殿」がある。藤本頼生「帝都東京の枢要部における宗教性と公共性―神宮司庁東京出張所遥拝殿の設立をめぐって―」(前掲『帝都東京における神社境内と「公共空間」に関する基礎的研究』所収)参照。
(72)前掲『社寺境内地処分誌』、九〇―九六頁。
(73)井上頼圀『秋葉神社由緒考』など。

(74)昭和二十四年四月十一日付『神社新報』二面参照。
(75)昭和二十四年四月二十五日付『神社新報』二面。
(76)岡田米夫述、河村礼儀筆記『秋葉神社の研究』昭和二十五年。筆記者の河村礼儀は宮司河村實の号と思われる。河村實は社司河村儀平次の長男で、京都帝国大学を卒業後、神職となり、戦中戦後の境内保全に尽力した。他に『秋葉神社由緒』(秋葉神社社務所、戦後)『秋葉神社神仏分離並ニ上地沿革概要』(静岡県立中央図書館所蔵)などを執筆している。尚、儀右衛門、儀平治は河村家の通称。
(77)福田淳『社寺と国有林―京都東山・嵐山の変遷と新たな連携―』(日本林業調査会、平成二十四年)参照。

終章　近現代神道史研究の課題と展望

一　はじめに

明治維新から神祇院解体までの近代神道史の最大の特色は、神社に関する事項が国家行政の一部門として扱われた点にある。神社が国家の営造物法人であり、神職が待遇とはいえ官吏となっていたため、他の時代と比較して法制度が神社神道のあらゆる面の前提となり信仰・思想・言論にまで強い影響を及ぼした。そのため、近現代神道史研究の基盤研究として法制度研究を充実させる必要があるが、戦後宗教法人制度へと移行したことにより失効した神社関係法令に対する関心は決して高くなく、所謂「国家神道」に関する議論も前提となる制度研究が不十分のまま当時の主観的な回顧やイメージに基づいて進行している感がある。

また、現代の神道の出発点は戦前の営造物法人から宗教法人への移行にあり、かつ第三章で論証した通り、一見戦後に起因するように見える問題でも、その遠因が明治維新期にまでさかのぼる問題も存在するため、現代神道史を検討するに際して近代神道史は前史として必須となる。宗教法人の境内への非課税についても戦前期からの地租免租から分析していかねば、その本質に辿り着くことはできない。現在の神社が宗教法人法に基づき運営されている以上、現代神道史研究においても法制度の研究は必要となる。

このように近現代神道史を研究する上で法制度の研究は基盤研究として位置付けられ、行政文書に基づき法令と行政措置の実証的研究は蓄積されているのであるが、それでもなお全容解明には至っていないのが現状である。本書は神社に関する諸制度のなかでも、特に重要な公認神社と境内地の二つについて論考したものであり、本章では本書全体を総括し、法制度を基軸にした近現代神道史研究の課題と展望について考察したい。

二 「国家ノ宗祀」の研究と課題

「国家ノ宗祀」として営造物法人化された神社を公認神社という。その根本法令は、明治四年五月十四日太政官布告第二三四であり、更に明治九年十二月十五日教部省達三件により公認神社とそれ以外の神社（非公認神社）が区別された。明治四年布告第二三四は同日付の太政官布告第二三五「官社以下定額、神官職制等に関する件」の社格制度と職員規則と連動していて、ここでいう「国家ノ宗祀」とは神社の社殿・境内などの建造物及び財産（物的設備）と神職（人的設備）の任免権が国家に帰属することを表明したものである。この他に「国家ノ宗祀」という用語を用いた法令としては、明治二十四年八月十四日内務省訓令第一七号「官国幣社神職奉務規則」、明治二十八年四月十六日社甲依命通牒第一七号「官国幣社宮司職務の曠廃を戒むるの件」、明治三十五年二月十日勅令第二七号「官国幣社職制」、大正二年四月二十一日内務省訓令第九号「官国幣社以下神社神職奉務規則」がある。これらは奉務規則であって任免権を補完するものと解するのが妥当であろう。法令を見る限り神社神道に国教的・特別な地位を認める文言は存在しない。物的・人的設備が国家に帰属する状態を行政官吏では営造物法人として理解されていたが、これは法学における法人概念一般と同時に海外から輸入されたもので、市村光恵、織田萬、美濃部達吉、水野錬太郎、中川友次郎、清水澄、佐々木惣一が神社を営造物法人と解する学説を発表している。筆者が確認した限りにおいて市村が先駆であるが、他が市村の追認とは限らず独自研究も見受けられる。営造物法人に関する議論については営造物法人概念の輸入元や各学説間における概念の差違などの検討課題が残されている。神社が営造物法人であるという説は、神社制度調査会をはじめ行政上の公の議論で採用され、児玉九一をはじめとする神社行政の概説書においても掲載されていたのであるが、論者の一人で神社行政に深く関わった水野錬太郎は「私見」と表現し、営造物法人であるか否かという議論は「学者ノ説」に任せたらいいと述べており、神社は営造物法人であるという考えは行政上確固たる地位を有していたのではなく、極めて有力な学説若しくは通説に過ぎなかったのである。

「国家ノ宗祀」の意味と法制度上の範囲については、昭和四年から内務大臣の諮問機関として活動した神社制度調査会において「神社の本質」問題として議論が進められる。この際に無格社まで「国家ノ宗祀」に含めるかという疑義が呈されるが、神社行政として統一された見解は示されていない。そもそも無格社という社格は、制度上想定されておらず、明治十年頃の制度草創期において社格未定のまま公認神社として認定された神社であり、そのほとんどが小規模神社であって神社整理の対象とされた。行政上、公認神社としての地位は確立していたが、地租が賦課されていた他、村社以上の公認神社と比較して国家の保護は薄かった。このように制度的な差違があるため「国家ノ宗祀」の制度上の範囲、法律的な定義について疑義が生じたのであるが、神社制度調査会の議論を見る限り内務省神社局において明確な定義は存在しなかった。阪本是丸が指摘しているように、塚本清治の「大学等で法律を学んだ者は小さい所に入り込んでしまつて居るが、あゝいふ達観が必要ですな」という言葉が神社行政に携わった内務官僚の率直な意識を示しているものと思われる。要するに「国家ノ宗祀」に関して内務省の公式見解、若しくは神社局業務を進める上での明確な定義はなく、神社の物的人的設備が国家に帰属するという関係を表現した美称と評するのが歴史的に見て妥当ではなかろうか。

このように内務省としての明確な見解が存在せず、また法令上も神社が国家に帰属したこと以上の意味を持たなかったが、全国神職会の会報である『全国神職会会報』や『皇国』を見る限り「国家ノ宗祀」という語に神職としての指針、精神的規範を求めるような用例も見受けられる。神職が「国家ノ宗祀」をどのように受容し活動理念として用いたかについては今後の研究課題である。

三　神社明細帳

神社行政の基本は神社明細帳にある。神社明細帳とは公認神社の戸籍と呼ぶべき台帳で神社名、御祭神、社格、境内、摂末社等が記載される。帳簿を用いて管理するという発想は現代において珍しくはないが、近世期まで全国の神社を網羅的に帳簿管理した組織は存在せず、江戸時代の吉田家ですら全てを把握していた訳ではないから神道史上画期的な発明である。封建制では各領主の意向もあるから近代国家樹立によってはじめて作成可能となった代物ともいえる。この神社明細帳は内務省（正本）、府県（副本、郡役所が担った時期もある）の二冊及び神社の申請原本が存在し、記載事項の異動については上申しなくてはならなかった。つまり内務省神社局・神祇院としては神社明細帳を通じて公認神社を管理していたのである。戦前期の明細帳は戦時中・戦後に喪失したものもあるから、神社本庁では設立時に改めて『神社明細書』と名称形式を変更して作成し直し、それが現在まで運用されている。

神社明細帳の記載事項には御祭神も含まれる。すなわち御祭神の変更、増減、改称は全て行政府の許可を要するのである。本書では別格官幣社の配祀神の合祀事例を検証し、官国幣社の御祭神の変更は法令の定めるところによれば内務大臣の許可で済むのであるが、実際には天皇への上奏裁可を要するという慣例が存在したことを確認した。同時に行政官衙としては、合祀の決定、祭式次第、祝詞までは指示し得るが、合祀方法については指示が出されていないことも判明した。そのため殉難戦没の将士の合祀を許可された別格官幣社の間で「殉難戦没之将士」として合祀する場合と各将士の名で合祀する場合というように神職の裁量による差が存在し、かつ御霊代を主祭神と別にするのか否かという点についても行政文書には記載されていない。これは合祀祭という神事は神職に専任していたと見るべきであり、神社整理を研究する上でも参考になる事例である。神社明細帳は公の台帳であり、そこに記載された祭神名が公式名称として行政上見なされる。また神社護持の面から見れば神職・総代だけではなく行政という監督者を設けることで恣意独断による祭神変更を防止できるという利点がある。逆に明細帳発明以前の状況は公式名称を確認する制度的根拠が存在せず、社家によって異説が唱えられたり、神職の認識と氏子の認識が異なっていたり（東京府の鎮火社）、記紀に別名や異なる漢字表記のある場合に統一されていなかったりしたのであり、明細帳作成によって名称の統一という効果をもたらし、それは今日当然のように一般に受容されている。しかし祭神を行政で扱ったことに対しては批判的な評価も存在する。例えば中山太郎は本居宣長・平田篤胤の「理智神道」を基にした「神祇官流の神道」（「官僚神道」）が主流となり民間信仰（土俗神道）を排斥していると主張した[1]。御祭神が記載される過程において記紀に準拠するという傾向が強く、民間信仰の神や民間信仰に依拠した神学が採用されなかったというのである。例えば「山神」とのみ伝わる神社を明細帳に記載する際に大山祇神としての信仰・伝承がないにもかかわらず大山祇神を採用し、或は龍神として信仰されていたものを水波能売命として記載された例は近世期の地誌と明細帳とを比較して確認される。他にも社号から類推して祭神名を確定したり、著名神社の社号を冒称したことを中山は指摘している。そもそも神社の御祭神が唯一無二に確定している事例は稀で異説があったり、不詳である方が多い[2]。それを明細帳作成時に確定したのであるが、龍神や天狗が採用された例はほとんどない。現実的に現存する神社の御祭神名は記紀に準拠したものがほとんどであり、神仏判然や明細帳作成時に記紀記載の祭神への統一する傾向があったのは確かである。信仰的にみても明細帳作成以前の漠然な祭神名であれば各社家や信仰者ごとの多様な神学解釈が許されたが、記紀に準拠して公式名称が確定されることで神学的にも記紀を基準に信仰を樹てる必要が生じる。例えば龍神だと信仰されていた神社が明細帳で水波能売命記載されることで記紀から祭神の性格を考えるようになる。この点について「国家神道」による記紀神話強制と断定するのは早計であって住民が龍神と認識していても神職は近世以前から水波能売命として奉斎していた可能性もある。実際に秋葉原の語源となった東京府の鎮火社では延喜式の鎮火祭に準拠した御祭神であったが、住民は秋葉神社からの勧請であると認識しているなどの認識の齟齬があった例はある。そのため明細帳作成時の祭神決定の過程は現在の神社神道を考える上で大きな意義をもつ。

また「官僚神道」の実態も解明されておらず、今後の研究課題である。児玉九一や岡田包義などの著書や神社制度調査会の議論では公認神社の御祭神について「帝国ノ神祇」であることを条件としている。狐狸天狗などを祭神として祀るのは不適当だというのであり、行政において御祭神の適否を判断しようとする傾向とその基準が存在したことは事実である。しかし内務官僚に共通して見られる記紀尊重が行政措置にどれ程反映されたのかについて検証はなされていない。本書第一章で指摘したように、神社制度調査会の議論を見る限りにおいて「官僚神道」と呼ぶ程度まで体系化されたものは見受けられない。第二章で指摘した通り行政措置において政府は合祀の祭祀、特に御神体について言及しておらず、奉仕神職に一任されていた可能性が高い。「官僚神道」と神職の信仰・神学の同一性・連動性についても検証する必要がある。児玉や岡田は行政措置として「帝国ノ神祇」に不適格な祭神を「廃祀」する制度を想定していたが、そこで解説しているのは明細帳からの削除の方法であって祭祀方法については言及がない。信仰・祭祀面から見れば明細帳からの削除よりも「御祭神から外す祭祀をどうするか」が重要なのであって、その点について一切説明がなく、また実例も見られないから「廃祀」は明細帳しか見ていない官僚による机上の空論と評価せざるを得ない。ここに内務官僚と神職との視座の違いは明確に存在した。中山太郎が提示した土俗神道を排斥し官僚神道による記紀に準拠した祭神への切り替えが行われたという史観は「国家神道」をめぐる議論における神観念や神仏判然の歴史的評価にもかかわってくるが、「官僚神道」を神職がそのまま受容したかという点については検証が必要で、また記紀に準拠するという考え方も一種の信仰だという観点が欠けている。行政官に指導されるまでもなく、記紀は神職や知識層にある程度普及していたのであり、神職のなかで国学と共に記紀に基づく信仰が形成されていた。また氏子信徒も行政官・神職の決定を一方的に受容する弱者ではなく自己の信仰と主張を有し神社・宗教行政に関与していたのであり、その信仰感情に基づく支持が得られなくては公認神社の祭祀が成立しない。そのため個別的事例を丹念に調査して法令や祭神決定の結果だけではなく、そこに至る意志形成過程や信仰の実態がともなっていたかどうかまで含めて検証せねば正確な歴史的評価は下せない。現時点において国家による民間信仰の排斥と記紀神話の強制を証明する史料は存在しない。信仰が伴っていなければ神社祭祀の継続は難しく、指導的人間の活躍はあったかもしれないが、当時の神職氏子の信仰感情に基づき記紀に準拠するという意志決定がなされた可能性の方が高いと思料する。このように祭神に関する行政措置については近現代神道史において重要な研究課題であるが、基本的に明治十年の明細帳作成までに考証が完了しており、かつ少ない行政文書には結論部分だけが掲載される傾向にあるため実態解明に必要な史料の発見が待たれる。

神社明細帳の制度は、明治十年頃までに蓄積された行政措置に基づきその構想が出来上がって来たものと思われるが、重要なのは明治九年十二月十五日付の教部省達三件である。この通達については米地実が着目し精緻な分析を行っているが、第三六号が神社明細帳の構想を表明し、第三七号が山野路傍の神祠仏堂を公認神社・仏堂に切り替えること、第三八号が邸内祠堂は不特定多数の参拝ができないように区別することを命じており、公認

神社制度の基盤をなす法令である。ここで昭和十四年宗教団体法までの行政による祭祀施設の区分を整理すると

神社・・・・・・国家の営造物法人。行政上「公認神社」と称する。
寺院・・・・・・各宗派に属し僧侶が奉仕する法人
社寺の境内社・・法人格を持たず各社寺の管理に属する
仏堂・・・・・・宗派に属さず受持ち僧侶が定められた法人
邸内祠堂・・・・個人の信仰対象であり、法令上は神棚仏壇と同様の扱いとし、公衆参拝の用に供することはできない。条件を満たして公認神社・寺院・仏堂として明細帳に記載することも可能であるが、そのまま法人格を取得することはできない。邸内社は行政用語として「私祭神祠」と表現される。
祠宇・・・・・・教派神道において主として葬儀を執行するための施設。衆庶参拝が許され法人格を有する。

近代制度によりこのように分類されたが、公認神社も境内社も邸内祠堂も神祇を奉斎するという点からすれば「神社」である。そのため法制度上の「神社」(公認神社)と一般的感覚の「神社」(境内社や私祭神祠、山野路傍の神祠まで)は時として合致しないことがある。明治末期の神社整理に対する歴史的評価を検討するに際しては、この不一致を踏まえて議論しなくてはならない。

組織の歴史をその経済面から検討することで解明できる点は多く、それは社寺についても例外ではない。この点については、神社整理が合併跡地の無償譲与を定めた明治三十九年八月九日勅令第二二〇号「社寺合併並合併跡地譲与ニ関スル件」(以下「勅令二二〇号」と略す)[4]を基本法令としているのが好例であろう。国家財政上における神社行政の位置を見ると近代において個別神社の経済を国家が磐石ならしめようという計画は存在したが、現実的に神社経済は行政から独立し社格に応じてその経済状況を官庁に報告していたのみである。そのため個別神社の経営と神社行政の財政(以下「神社財政」)は別に考えなくてはならない。

神社制度調査会の議論には財源に苦慮する場面が散見される。議事録を見る限り、神社財政が優先されていた形跡は見受けられない。少なくとも予算を認められていたのではないことは明らかである。当然だが予算がなければ政策は実現できず、管見の限り神社行政の諸施策は議会の承認と法律制定、予算確保という手続きは他部門と同様にきちんと踏まれている。政策決定と財政から見て神社行政は行政部門の一つとして他の部門を超越する権限はなかった。神社財政に関して本書第一章で神社制度調査会議事録を主たる史料として論及したが、より多くの史料を用いて広範な事例ついて実証的な研究を蓄積させていく必要がある。

公認神社全体を見た場合にその維持基盤が決して磐石ではなかったことは、本書第三章で論及した通り無格社整理が実施されたことから明らかである。神社整理は「国家神道」時代を代表する政策として一般にも広く認知されているが、実態についてはあまり知られていない。そもそも合祀を命じた法令はなく、あるのは合併後の跡地を無償譲与する勅令二二〇号だけである。当然のことながら境内末社として合併された場合は合祀を伴わないから神社整理という表現は学術研究として適切ではなく、行為を「神社合併」、政策としては「神社整理」として表現するのが妥当であろう。「合祀」は本殿へ「合併」する場合に伴う神事である。勅令二二〇号は国有境内地の状態を前提としており、官有地上の甲社が乙社に合併された場合の甲社跡地は合併後の乙社の所有地とはならないところを勅令により無償譲与するというものである。第六章、第七章で述べた上知令と地租改正、営造物法人の法的性質を含めて考察しないと内務省の意図したところは理解しがたい。内務大臣の訓示には明瞭に合併したら跡地を特別に譲与するので、それで経済基盤を固めなさいという趣旨が説明してあって、神社整理が神社経済の基盤強化のための政策であることは明らかである。

神社整理は合併を強制するものではなく、合併によって生じる跡地の無償譲与による経済基盤確立のための方途を提供するもので、その採否は神職・総代に委ねられていた。しかし地方局と地方官が強く「一村一社」を志向し合併までの地域の意志統一が性急だったので住民の不満を生じ、あたかも強制があったかのような証言へと結びついていく。神職としても内務省の意向と説明した方が簡易であって、それが「一村一社の制」という言説を生んだものと思料する。従って神社整理は各地域における合併過程を丹念に調査していく必要がある。明治末期の神社整理が挫折したのは、南方熊楠の反対運動によるところが大きいが、南方の主張は当時の神社経済の状況と行政が想定する公認神社と一般の信仰感情における「神社」との認識の相違を踏まえて考察せねば的確な歴史的評価は下せない。明治末期に合併された公認神社の大半は無格社であり、その実態は第三章で詳述したように一坪ほどの本殿があれば上等の部類に分類されるような状況で神木のみ、石碑のみ、極端な事例では明細帳に記載されるものの実態がないものまであった。公認神社に執行が求められる公祭についても実施されていない神社が少なくなく、また執行しようにも規程通りの作法ができる設備がなかった。見方を変えれば、内務省が神社整理で目指した「神社」とは神職が常駐し神社祭式通りの作法で祭典が斎行できる公認神社であり、これに対し南方熊楠の想定し保護しようとした「神社」は公認神社だけではなく御神木や石碑や小祠をも含めた近世的な神社である。両者の「神社」概念は一致していない。神社整理は功罪両面があると評されるが、公認神社化を促進し神社の施設と境内を整備したのが功績であり、もしも神社整理がなかったら神職不在で拝殿のない小規模神社が十万社以上も乱立していたであろう。神職が常駐し、拝殿に参拝者が昇殿することが可能な神社が一般化するのは神社整理の結果といえるだろう。対して第三、四章で紹介した「氏子祭」など地域主体の信仰行事や民間信仰が衰退したのは短所であった。しかしその短所も逆に言えば神職が主導する神社神道へと切り替わったと評することができる。このように戦前期の神社の実態は現代とは大いに異なり、現代人が想定する「神社」概念（近代において公認神社となり、本殿・拝殿・社務所・手水舎・鳥居等が完備され、戦後宗教法人として登記されたもの）の感覚に基づき神社整理を評価すると歴史的事実との間に齟齬を生じる。近代初頭における神社の実態は小規模神祠であり今日の神社観とは多いに異なる。現時点において筆者は制度史及び行政史の観点から営造物法人としての公認神社化と神社整理による設備の整備、更に戦後の高度経済成長によって発生した経済的余力が設備拡充へと働き、現代的「神社」概念を形成したとの仮説を立てているが、この説については向後検討を重ねたい。

五　私祭神祠の問題

私祭神祠とは第四章で述べたように、行政上は主として「邸内社」「屋敷神」を想定していたが、信仰上、私祭神祠と邸内社・屋敷神を同一視するのは不都合である。転居に当たり遷座させる、またはそのまま存置させ後の住人が奉斎するという屋敷神に関する慣習は神社行政では取り込まれず、有馬家の水天宮など衆庶参拝を認めた屋敷神が存在したという事実に反して近代の私祭神祠は不特定多数の参拝を否定しているため両者には信仰面で一致しない点が多い。発生の経緯から考えて「私祭神祠」はあくまで公認神社と区別するために新しく設定された概念で主として邸内社が含まれたと解釈するのが適切だろう。「国家ノ宗祀」としての公祭に対応する概念としての私祭の領域に属する「神社」であり、行政用語としての「私祭神祠」は公認神社ではない個人管理の神祇を奉斎する施設という以上の意味は持たない。

そもそも公祭・私祭は近現代神道史を紐解く上で基礎概念である。公認神社の祭典が全て公祭とは認められず、祈祷や祈願祭は私祭に含まれる。「公祭」の概念も論者により差違があり詳細な比較検討が必要だが、総じて公認神社という立場で公共のための祈願を公衆参列可能な状況で執行するのが公祭だと仮定できる。この「公祭」の理念は戦後の神社本庁においても「本庁幣」という形で継承しているため、公認神社と私祭神祠を行政官や神職、氏子がどのように認識していたかを検証する意義は近現代を通じて大きい。かつ私祭神祠の設定もその後の神社整理に深く関わっている。公認神社に含まれない神社としての私祭神祠の制度設定するときに教部省は邸内社のみを対象とし山野路傍の神祠は公認神社にしてしまった。明治九年十二月十五日教部省達第三七、三八号である。公認神社と差別化するために不特定多数が自由に参拝することができないという制約を課したことは邸内社だけであれば的確な制度であったが、氏子祭だけを目的とし祭祀集団に公祭という意識のない山野路傍の神祠も多数存在し、そちらが意識変革を伴わないまま明細帳に記載し無格社という地位だけ与えられた場合に神社行政の理念から見て問題有りとせざるを得ない。公祭という使命を帯びながらそれを果たさず、免租の恩典だけ享受するのは不都合であると行政官が考えるのは当然で、神社整理にはその改善の意味もあったと筆者は思料する。また神社整理の過程で生じた信仰感情のもつれも住民側の氏子祭で充分という認識と神社行政側の公祭が必須という認識の差から発生した事例もあったと推測される。

仮に明治九年時点で「仏堂」の制度のように山野路傍の神祠を分類する制度若しくは山野路傍の神祠をも想定

した私祭神祠の制度設計が出来ていれば、神社整理を必要とした状況は緩和されたはずである。神祇院の無格社整理において議論された私祭神祠はまだ漠然としたものであったが、まさしく制度の再設定の萌芽を期待させるものであった。これが具体的な指針を示さないままに終戦を迎えたことは神道史上の損失だといえる。公祭私祭の区分は「国家ノ宗祀」体制を前提としたものであるが、祭祀の理念としては現代に生き続けている。「本庁幣」制度の意義は「国家ノ宗祀」体制解体後の祭祀における公祭の意義であって現代における神道教学の課題であろう。

社格制度における無格社の法的性質、「国家ノ宗祀」の範囲、私祭神祠の制度設計など「公認神社とは何か」という近代神社制度の根幹をなす議論は神社制度調査会において「神社の本質」問題として論じられた。この議論は戦前期に決着しておらず、また内務省神社局としての明確な見解は存在しなかったが、神道史学としても神道教学としても今後考究していかねばならない問題である。

六　近代的神職

近世以前からその神社に奉仕する家系（俗に「社家」と称される）があるため、神職の在り方は近代で変容しなかったものと一般に誤認しがちであるが、吾人の神職像はむしろ近代制度により形成された。維新前の神社に奉仕する者（仮に「神社奉仕者」と呼称する）には吉田家から裁許状を受けた神職だけではなく、社僧や修験、または宮守、鍵取など様々であった。社会的身分も武家相応の待遇を藩から受けた社家もあれば、平素は庄屋をしていた者もある。吉田家の触頭を通じた交流は存在したが社僧や修験などはそこに含まれないのであり、吉田家が全国神社に通達を出し、或は全国の神社奉仕者が藩の枠を超えて連合を組んで動くということはなかった。それが神宮及び官国幣社と府県社以下で役職名や待遇に差は存在したものの多様な神社奉仕者を「神職」として統一させたのは近代制度の成果に他ならず、全国神職会を組織して共通問題に対し運動するというような意識を醸成した。古代から本山末寺のような組織の存在しない神社神道において全国神職会の結成は歴史的画期といえる。

今日でも「社家」と称される家系は存在するが、江戸時代からの社家がそのまま特権的地位を近代において認められたのではない。むしろ明治四年第二三四布告によって世襲制が廃止され(5)、精選補任制に切り替わっている。それにより祀職を離れる家系、累代奉仕の神社から離れた社家も少なくなく、結果として神社と社家の組織と経済を分断し特殊神事などの祭祀形態にまで影響を及ぼした。今日「社家」と称される家系は、制度によるものではなく氏子崇敬者からの社会的承認によるもので、それは御祭神及び神社との特別な関係或は累代の実績に依拠したものである。第一章で詳述したように、神社を法人として考えた場合にその構成要素を物的施設と人的施設に分類することができる。神社が公法人、簡単に言えば国営化された以上、人的施設である神職の人事権も国家が掌握するのは当然のことである。従って政府の命令により累代奉仕の神社から異動を命じられることは法理論として全く瑕疵はない。しかしそれまで民間として護持運営してきた神社の神職の立場からしてみれば、一方的に神社が国営化され自身も解雇された形であって、無条件に歓迎できる内容ではない。明治四年の太政官布告第二三五に明記されているように、幕藩体制時代の祀職のまま据え置かれることは稀で、官国幣社をはじめ中規模以上の神社では千年以上奉仕する神社から外れて近隣他社への奉仕を命じられたり、降格されて官選の宮司の指示に従ったりせねばならなかった。本布告により神社が「国家ノ宗祀」としての地位を認められたが、社家は先祖代々の地位を喪失したのである。武家同様に社会的身分が自己のアイデンティティを形成していた社家が何故粛々と世襲制廃止の命に従ったかという疑問が残る。この点については山本金木と大久保春野の意見が当時の神職の意識を知る上で参考になるかと思われる(6)。遠州報国隊は戊辰戦争で官軍に従った神職を中心にした義勇兵であり、上野寛永寺で功績を挙げて帰郷するも徳川家が転封されて静岡藩となったことで旧幕臣との間で緊張関係が生じた。隊士に対する襲撃事件も発生し、大村益次郎が東京招魂社への採用を打診したところ、それに応じる者と郷里に残る者に分かれた。山本金木は暗殺されても御祭神（「主神」と表現）から離れる訳にはいかないと主張し、大久保春野は国家に奉仕する道と神社に奉仕する道の大義は通底していると主張し、両者はそれぞれの道を歩んだ。制度的保証が喪失したことで確実に神職の自己意識には変化が生じているのであり、それは国学の勃興や維新への神職の評価なども関連しているものと思われる。また近代以降も待遇の変化や思想言説の流行により神職の自己意識は変化しているであろう。

今日において神社には兼務も含め神職がいるというのは当然のように認識されているが、近世以前には社僧・鍵取の場合もあり、神職不在の神社は昭和前期においても多かった。「神社の本質」問題を含め一般の想定する神社概念も変容している。そのため一般の考える神職像も変化しているであろうことは想像に難くない。「国家ノ宗祀」の理念の受容も含め、神職の意識変化及び一般人の神職像の変遷について時代ごとに史料に基づき今後さらに考察していく必要がある。

七　近代境内の形成

明治四年の上知令は封建制を解体し、社寺が社寺領に対して保有する知行権とそれに付随する諸権利を政府に帰属させるという趣旨しか本文から見受けられず、その点では「上知」という名称は適切である。しかし封建的領土を有しない神社もあり、同じ「朱印地」でも封建的領土の場合と社寺所有地が免租された場合があって多種多様な境内状況のなかで上知令を徹底するためには境内外の区別が不可避であった。その包含される「区別」が地租改正の過程で区画として実施され、社寺所有地として認められず他に所有権が移る土地が発生した。そのため知行地の上知と旧境内の上地の二種類が存在する。

上知令の公布から地租改正の完了まで約十年の歳月を要したが、これは近代的な境内地について発令時に完成図がなく施行錯誤の末に区画基準を策定し全国実地調査をした結果であって、むしろ短期間に成し遂げたと評価するのが妥当であろう。しかし山林を原則上地にするなど社寺の実情や信仰感情へ充分な配慮がなされておらず、後の返還運動へと繫がっていく。境内外区別の基準について京都府の事例を検討すると社寺の間で法令適用の差は存在しない。塀で囲んであれば境内として所有権を主張しやすいため、上地率としては塀を用いた寺院が低い傾向にあり、逆に塀や堀を持たず山林に囲まれた貴船神社などは境内地を大幅に縮小された。法令と実際の適用状況の確認は考証において必須の作業であり、第七章でも法令としては内務省官員の京都派遣を企画しつつも実際には中止されていたことを確認した。京都府は古社寺が多く官員派遣が企画された位であるから基準例と仮定してよいと思われるが、神体山である大神神社、諏訪大社、金鑽神社のような特殊事例もあり、担当行政官による差違も想定されるため、今後さらに各府県の史料調査と分析を蓄積する必要がある。

境内外区画によって境外となった土地は官有地されるか、他の民間所有者に帰属するのであるが、民有の証拠のない社寺境内も官有地として扱われ、後に国有地を無償で貸与しているとの法的根拠を与えられた。そのため上地事業中の官有地は社寺に帰属するか、社寺の管理から切り離されるかという境内外の区別を確認しなくてはならない。しかも神社境内の場合は営造物法人として社格によって官国幣社、府県社は官有地となり、郷村社以下は官有地と民有地の場合が存在した。第三章で論及した通り社格による境内地の取り扱い、特に地租に関する差違も最終的には「神社の本質」問題へと結びつく。そのため営造物法人と社格、境内地制度と租税は関連事項として考察を進める必要がある。

地租改正までに区画基準が設定できなかったように境内の立地条件は千差万別であり、そこで境内を維持管理していく方法も異なる。例えば大神神社では山林の施業方法が検討され、宮島の厳島神社では海水に対する対策が求められる。神社行政下にあっても松尾大社のように、上地された旧境内地を購入し境内整備に努めた事例もあり、同様の整備事業は各地で実施されたと思料されるが、その場合に府県社以上であれば制度上は官有地への編入の手続きを進めることになるが、編入が許可されず民有境内地に据え置かれる可能性や購入を差し止める行政指導の可能性も想定されるため、法制度と共に境内地管理の実態について個別事例研究の更なる蓄積が求められる。

八　神社林をめぐる議論

上地において最も衝撃的だったのが山林原則上地であり、全国神職会発足の契機にもなっているが、官有林化の法理論については不詳であった。沿革的に法令を考察すると明治六年八月八日太政官布告第二九一号に山林を官有地にする旨定められ、その後の明治八年六月二十九日地租改正事務局達乙第四号「社寺境内外区画取調規則」(8)の雛形に「山岳」・「林」・「竹林」は「是者癸酉二百九十一号布告ニ依リ存置見込ノ分」と定めてあることから、第二九一号と「社寺境内外区画取調規則」が連動して山林は上地して官有林化するより方途がなかったことがわかる。当時における行政文書の報告書「雛形」の影響力は強かったものと推定でき、例えば東京府の鎮火社は神社明細帳作成以降、「鎮火神社」と称している。これは時期及び経緯から明細帳雛形に「〇〇神社」とあることの影響であると推測できる。(9)攻府における山林上地の方針は山林を財産と見なして社寺に帰属させるべきではないという判断の結果であって明治十年頃までは社寺の無断伐採を禁止し、伐採そのものにも制限を課す法令が連続して出されている。山林を財産と見る姿勢は維新直後から見受けられ、境内外区画では立木の本数まできちんと調査報告していることが京都府の事例でも確認できる。神社境内の立木は財産であり、伐採処分に所定の手続きを要することは戦前期を通じて行われ神社本庁でも継承されている。(10)

山林上地から明治三十二年風致林野の編入の途が開かれるまで、全国神職会を中心に、要路に働きかけるという努力があったのであり、鎮守の森の「悠久」、または永続に関する言説は当然のことながら山林上地と風致林野編入という歴史を踏まえて語られねばならない。「風致」と「祭典法要ニ必需」は共に近代境内地の要件として扱われた。どちらも行政措置の蓄積の中で誕生したものであるが、「風致」については当初から境内地の要件に組み込まれたものではなくて、明治三十二年以降のものである。明治十年頃の法制度に用いられる「風致」とは境外に区画された土地（神社周辺地）の無軌道な開発や俗化を制限するための防止弁としてであって、明治三十二年の風致林野の制度は社寺の景観や実情によって上地官林を編入する還元と、「風致」によって齎される効果が異なる。制度だけみれば景観を尊重する方向へと進んでいるのであるが、帝国議会における審議は主として財政面で議論がなされており、神社行政が明治三十二年に風致重視の方針に完全に切り替わったとは言い難い。また明治三十二年以降も具体的に風致を作興するための施業方法に関する全国的な法令・通達・指導はなされていない。

神社行政において山林の「風致」、景観が強く認識されるようになった契機は明治神宮御創建によってであり、本多静六、上原敬二、本郷高徳、角南隆らテクノクラートが神社行政に参画するようになって専門的な見地からの指導が実施されるようになる。神社局における考証官の設置も同時期であり、国家事業として明治神宮を設計、建築する過程において専門的知識の重要性が再確認されたものと思われる。その後の神社行政において考証・建築・造園の専門官が常設され、施策に影響を及ぼしたことを考えれば明治神宮御創建は神社行政上の画期であったといえる。造園・建築分野の専門的知見は西洋発祥の学問をそのまま導入したのではなく「神社」を考究し工夫されたものである。そのため上原敬二は各社の社有林を調査し「神体林」という概念を提唱するに至った。神社に関する造園・建築学の進歩は神社の神聖性や尊厳護持を空間において保護、表現することを課題とし広く波及した。筆者の紹介した滋賀県の事例[11]はその実態を示す史料であるが長く埋没されていた。近年の明治神宮史研究の進展を通じて多くの史料が発掘・再評価され、各分野の専門的視座から人物関係や技術論について検証が進められている。[12]当時の造園・建築の理論は科学的・技術的面において今日では時代遅れの部分もあろうが、設計・施業において神社の尊厳護持に重点をおいた基本理念は色あせるものではなく、神社行政に具体的な造園・建築の方針と理論を導入し、また近代化や西洋化が進展していた時期にあって日本古来の神聖性重視の基本姿勢を確認したという点において明治神宮御造営に携わった専門家の業績の歴史的意義は大きい。

上原敬二は「神体林」という山林そのものを神体と崇める祭祀形態の存在を指摘し、その例として大神神社を挙げた。今日一般に言われる「神体山」のことである。第十一章で述べた通り山を神体として仰ぐという祭祀形態は上代から存在していたが、「神体山」という用語は上地事業の中で発生したものである。上原敬二が「神体林」という用語を用いた理由は二つ想定でき、一つは「神体山」という用語が今日ほど定着していなかったこと、もう一つは造園理論上の概念として提唱したことである。戦前期に「神体山」という用例は見られるが、その普及の程度は検証されておらず、戦後の国有境内地処分に際し「神体山」保全の必要性が神社本庁（岡田米夫）により主張された経緯を考えると「神体山」という用語が一般に定着するのは戦後の可能性も高い。次に上原敬二は境内地の中でも本殿の後背を神聖な部分として「神体林」に近づけることを理想として掲げており、「神体山」を踏まえつつ林学・造園学上の新概念として神体林を定義した可能性もある。更なる史料を発掘しその理論の全体を精緻に分析せねばならないが、後者の場合だと「神体山」と「神体林」は同じ山林を指しているものの、その定義は同一ではないということになる。

戦前期の議論から神社が所有する山林を管理者の視点で分類すると「経済林」と「神社固有の森林」に大別できる。この分類は現代でも有用であろう。経済林とは神社を維持するための資産としての山林であり、「神社固有の森林」とは広義の「風致林」と呼ぶべきもので、神社が尊厳を保つために必要不可欠な森林である。行政上は「祭典法用ニ必需」として新境内に区画されたか、「風致」のために編入された山林である。「神社固有の森林」は更に信仰上の理由から保護すべき「神体林」や「背面林」、美しい景観を保つための「風致林」(狭義)、砂防や防災上に必要な「保安林」に分類できる。両者の最大の違いは経済林が神社から切り離すことが可能であるのに対し、神社固有の森林は切り離しが不可能、若しくは切り離すことで神社本来の活動である「祭典」や信仰に多大なる障害を生じさせることである。神社行政としては経済重視から「神社固有の森林」の再評価という歴史を辿ったが、研究上は信仰面や景観に重点が置かれ経済林への言及は少ない。「神体林」を主張した上原敬二ですら経済林を想定し信仰・風致のための山林との区画方法や施業についても検討している。神社関係者からは不人気であったとはいえ制度的に保管林も継続している。経済林の活動は言及されないだけで戦前期を通じて行われていたのである。個別神社の財務に関する情報のため研究には史料的課題が多いが、経済林が存在していたという点は看過できない史実である。

境内地にとって近代は大きな変化の時代であった。上知令や地租改正によって封建的土地制度に立脚した旧境内が解体され、近代的土地所有制度に根差した新境内が形成された。区画史料が示す通り景観に大きな変化があったことは歴然たる事実であり、それは人々の境内地に対する意識も変容させたものと推測される。全国神職会の返還運動から神職において境内地の持つ信仰・風致面の重要性が再確認されたものと推測され、また一般における境内観の変化については畔上直樹(13)や平山昇(14)らによって研究が進められているが、多方面から考察すべき内容であるため未だ近代における境内観の全容解明には至っていない。境内地に対する神社行政は全体として山林を財産としか見ていなかった状態から信仰・風致重視へと方針転換していったが、財政的な制約や保管林という経済林との均衡、指針と実態との合致については不明な点も多く残されており実際の管理・施業事例の検証を更に蓄積させていく必要がある。

九　神社の公共性

現行の宗教法人の固定資産税非課税は、戦前期の社寺の地租免租まで遡ってその根拠を明確にする必要がある。しかし制度的な変遷があり、維新当初から一貫した法的・理論的根拠があった訳ではなく、また神社・寺院・教会による区別や官民有の別という複雑な条件が存在した。

宗教法人の非課税特権が近世期までの朱印地・黒印地・除地の免租の慣例を引き継いだというのは誤りである。朱印・黒印・除地などに指定されない社寺境内は多数あり、かつ社寺の耕作地に免租の恩典を朱印・黒印状で付与した場合は地租改正時に社寺の民有地として所有権を認められる代わりに地租を賦課される（神社の場合は無格社であればという条件が加えられる）。初期に社寺境内の免租は主として官有地に対して行われる。戦前期の神社は営造物法人（公法人）であり、境内は営造物であるから官有地上の神社境内は公有地として地租が賦課されない。寺院にも官民有があり、民有寺院は地租が課税されるが、官有寺院境内は賦課されない。では官民地であることが免租の根拠かというとそうでもなく、民有郷村社地は神社境内として使用されている間は免租とされた。同じく明細帳に記載される民有無格社地に対しては免租の恩典はない。これは神社の本質問題と絡んでくるが、郷村社という社格を認定された法人が果たす公の祭祀に対して恩典が付与され、氏子祭に象徴される地域限定、私的な性格の強さ故に無格社は免租とはならなかったと解釈できる。[15] 各教宗派は、昭和十四年四月八日法律第七七号宗教団体法[16]により宗教団体となる方途が出来、第二二条第二項によって地租免租が明記された。宗教団体法により境内地や建物の管理制度が確立され、それにより第一次境内地処分が実施されることになる。従前より教会の礼拝施設の家屋税免除が定められ、宗教団体法に基づく地租免租が「教義ノ宣布若ハ儀式ノ執行又ハ之ニ付随スル行為[17]」などの条件が課せられたことを考えると、宗教団体の地租免租は宗教活動（教義の宣布、儀式、公衆参拝）に租税上の恩典を付与するだけの価値があると認められたものである。こうした歴史的経緯から考察するに、神社、寺院、教会、宗教団体への免租の恩典の根拠は祭祀・宗教活動の公益性に対して与えられたものと推定するのが妥当であるが、教会所や仏堂など宗教団体法により自動的に法人格を付与されなかった団体の認定状況や宗教団体法の想定する宗教結社の実態など考証すべき課題は残されている。

社寺境内地の公共性及び活動の公益性については、本書にて取り扱った神社公園とそれを巡る議論の他、内務省における「神社中心論」、『皇国』などの論説、世論など多角的に検証する必要がある。そのなかで神社公園の存在は「神社とは何か」を考える上で大いに参考になる事象である。戦前期において営造物の公共空間として両者は同じものであるが、日枝神社の公園指定解除運動が示すように神社は祭祀空間であって公園とは趣旨が異なる。公園の概念も変遷していくが、日本の場合は神社・寺院との関係が強いことが特徴として指摘できよう。明治初期は近世的盛り場を公園指定して、その借地料で財政収入を得た東京府の事例があり、明治二十年代からは今日吾人が想像するような近代的な公園の概念が定着していったが、東京府としては依然として用地が不足し社寺境内を公園とする方針で議論が進み、かつ財政上の理由から社寺公園を指定解除する方向へは進展しなかった。また神社側でも明治神宮の影響を受け、「神苑」が各地で造営された。その中には外苑を表面的に模倣し、全体的な空間調和を図らず境内地の一部に遊具を設置したものが多くあって本郷高徳などによって批判されている。

このことは大正十年頃から昭和にかけて神社境内地に神苑を造営するだけの経済的余力のあった神社が多数あったことも示唆している。

大正十年頃には、かかる状況を背景に「神社開放論」という議論が提議された。史料に乏しいが、神社の公益性を考える上では貴重な議論であり、社寺に対し公益事業を追加的に求める東京市社会局に対し内務省神社局は祭祀空間としての尊厳護持を主張した。この点については多種多様な史料から当時の社寺に関する世論も考証せねばならないが、政府としては公益事業の必須化には方向転換しておらず、その後の宗教団体への地租免租に至っているのであるから公的祭祀・宗教活動のみにて国政上期待される公益を満たしていると評価してされていたものと思料する。

十　神道教学上の検討課題

本書の神道史研究の成果から神道教学上の課題について少し考察を試みたい。神社本庁において昭和五十八年より毎年神道教学研究大会が開催されるように、神道教学は現在、神職間ではごく普通に用いられる名称であるが、その定義について統一見解は示されていない。他宗教において教学とは護教学とも言われ教宗派の立場からの学問を指すことから、筆者は学術研究成果を土台として神社神道の立場から「神社神道としてどのように考えるべきか」を理論的に検討するのが神道教学であり、史料を公正中立に扱い客観的立場から史実を実証的に研究する学問が神道史学であって両者は学問としての目的と視座が異なるため一線を画すべきであると思料する。史実を無視して「神社神道とは何か」を論じても空理空論に過ぎない。そのため神道史学によって実証された確固たる史実を前提に神道教学の理論を組み立てる必要がある。要するに神道史学の成果を材料にして神道教学を構築するのである。そこで本書における近現代神道史研究の成果から神道教学として検討すべき課題について、いくつか指摘を試みたい。

本書第三章、第四章は戦前期の神社合併、神社整理の史実を考証したものである。経済的基盤が盤石ではなく、本来の祭祀・宗教活動が充分に実施されず護持に問題のある小規模神社・寺院は全国に少なくなく、各教団内での問題意識(18)や社会的関心も高まり、神社本庁においても不活動神社対策を展開している。一般に不活動神社の原因として過疎・少子高齢化といった現代的要因が挙げられるが、戦前期において大がかりな神社整理が二回実施され、それが完遂されなかった歴史的事実と考え合わせるならば、そもそも公認神社の数は日本の人口比率にしては多いことが指摘できる。現行の約八万社よりも遥かに多い約二十万社の公認神社が明治末期に護持されてきた要因はそのほとんどが無格社、それも小規模の無格社であったことにある。小規模の無格社はほとんど小祠の状態で神職が常駐せず、本殿は一坪程、拝殿・社務所・手水舎・鳥居などの祭祀施設を完備せず、祭典は「氏子祭」形式であった。本殿を有せず神木・石碑・山林を社と見立てる事例も記録される。この祭祀形態であれば祭典費・修繕費・俸給といった費用は最小限に抑えられ、祭典費や神饌などは必要に応じて祭祀集団内で募金する方式が採られる。これに対して内務省が志向した公認神社は神職が常駐し、神社祭式が実施できる拝殿・社務所・鳥居などを完備した神社であり、氏子祭形態の小祠と比較して修繕費などは格段に上昇する。内務省の基準で神社を護持すれば氏子一軒当たりの負担は増額するため人口比率的に維持に支障が生じるのは必然である。現代における護持困難な神社にあって、その本殿を石碑や御神木とした場合に修繕費の負担は削減されるが、果たしてその祭祀形態で神社神道の尊厳まで護持できるかどうか、今日における一般崇敬者の信仰感情を見据えて教学的に検討をしなくてはならない。内務省の公認神社の方針について、中山太郎のように「土俗神道」の排斥という批判も存在するが、社寺祠堂を公認・非公認で区分し、神職を精選補任とし公認神社の施設を充実せしめたことは確実に神社神道の社会的地位を向上せしめたのであり、その功績を踏まえた上で慎重審議をせねばならない。

神社護持の問題において、合併は極めて合理的な方法であるが、教学的には慎重に検討すべき点も多い。例えば延喜式内社が吸収合併された場合、合併後の神社に延喜式内社の地位は認められないというのが戦前期における神社行政の方針であり、それが今日の神道教学においても有効がどうか。また稲荷神社同士の合併の時に御祭神を二座二柱とするか「合霊」して一座一柱にするかという問題も存在する。更に「背面林」や本殿跡地を合併後も神聖な土地と考えるのは信仰感情から考えて当然の帰結であり、合併跡地の用途について十分に検討しなくては明治末期の神社局の二の舞になる。このように神社合併は宗教法人合併に止まらない教学上の問題が伴うのである。

神社の由緒と形態は千差万別であって、画一的な法制度で律するのは不可能であり、強制的に法令を適用すれば必ず信仰上の問題を生じる。例えば第十一章で紹介したように、大神神社や諏訪大社、金鑽神社、秋葉山本宮秋葉神社の境内地は神体山という特別な由緒が認められ特例的に護持されたという歴史的経緯がある。この時に行政が神体山という特殊事情を鑑みなかったら神体山が消失するという信仰破壊が発生していたであろう。戦前期の神社行政のみならず現行の宗教法人法による神社管理においても、各神社の由緒と信仰の実態を踏まえて措置を決しなくては信仰上の大きな損失を生じさせる危険性を孕んでいる。そのため神祇院においては維新以来の行政措置の蓄積から調査・研究の必要性を認め考証課・調査課を設置し、地方祭務官を任命することで個別事例の実態調査と考証を丹念に行う体制を整えつつあった。調査課の系譜は岡田米夫らにより神社本庁に継承され、御祭神の変更などの信仰に関する事案については宗教法人法上の手続きに先んじ調査部にて考証・調査するという事務処理の慣例が存在した。神社の運営管理には個別神社の実態を慎重に調査し、神道教学の見地から充分に検討するという過程が尊厳護持のために不可欠である。

十一　おわりに

「国家ノ宗祀」という特殊事情により、近現代神道史を考察するにあたっては法制度の理解が第一の前提となる。しかし近現代史そのものへの関心の高さに比較して法制度研究は決して充分な段階になく、「国家神道」を巡る議論は基礎研究が不十分な状態のまま展開してきた面もある。本書では「国家ノ宗祀」の根幹をなす、公認神社制度と境内地問題を中心に近代神社制度の実態の一端を解明した。本研究はあくまで基盤研究であり、向後神社神道に関する思想や言論、また他宗教の制度・思想・言論などとの比較を含めて総合的に近現代神道史の実像を描いていく必要がある。近い時代ではあるが故に主観的な記憶により語られる部分が多い分、却って客観的な史料に基づく実証的な研究が求められるのである。

本書において上地事業や社格制度、神社明細帳作成が各神社の祭祀や管理の形態、境内景観を変容させたことを指摘したが、信仰とは生きており、各時代の神職や氏子、崇敬者の思想信条、社会環境の変化の影響を受け、時代に適合していくものである。「天地悠久の大道」のいう「悠久」とは形骸化された祭祀形態や信仰を指すものではなく、不易流行の中で文化のなかに人々の生活の中に息づいていくものを指すのである。かつ神社の変容を国家からの「強制」と解釈する言説が散見されるが、これは神職・氏子・崇敬者を過小評価したものであり、適切ではない。全国神職会や氏子や崇敬者は行政に従属するだけの存在ではなく、行政に異見を主張し神社運営に主体的に参画する存在であった。そのため神社行政だけが近代神道史を動かしていた要素ではない。かかる史観のもと近代において発生した諸変化を直視し、公正に評価していく態度が史学的にも教学的にも求められる。

近現代神道史の中心となり、多大なる影響を及ぼした神社行政は、制度自体の青写真もなく、施行錯誤を繰り返しながら、遂にその完成を見ずして終焉を迎えた。無格社を巡る行政の対応がその点を端的に示している。全ての神社が異なる由緒、立地によって御鎮座するのであって、多様性を保ちつつ画一的に統制する制度を樹立するのは極めて困難であり、試行錯誤は必然であった。そして多様性に対応すべく神社行政が考証官・調査官・技師・祭務官を設置する方向へ転じたのも歴史的必然だったと言える。専門的見地から個別神社の実態に即して措置を決定せねば信仰に配慮した管理は難しい。近代と一括りにしても維新から終戦までの神社制度は変遷しており、通史的に考察せねば実像は解明できない。明治初年の制をもって昭和前期を論じることも、昭和前期の制で明治期を論じることも不可である。本章で述べた通り、近現代神道史には検討すべき課題が山積しており、またその基盤研究に位置付けられる法制度だけでも未着手の分野はまだ多く、更に制度に対する神職・官吏・一般人の意識など多角的な検証の可能性も残されている。それら課題は史料の実証的研究の蓄積によってのみ解決していくものであり、本書が近現代神道史の実態解明のための蓄積の一つとして更なる研究の発展深化に多少なりとも資することができればと切に願う。

註

(1)中山太郎「神道毒語」(『皇国』第二九〇号(大正十二年一月)及び同第二九二号(大正十二年三月)所収)。尚、本文にて既出の出典については解説上必要な場合を除き重複を避け省略した。

(2)「祭神不詳」として記載する例は現在でもあり、戦前期には由緒を考証することで祭神名を特定する「決定」するという手続きを制度的に想定していた。戦後の神社本庁でも「不詳」の例は存在する。「祭神不詳」であっても信仰、祭祀が成立してきたという歴史的事実は神社の信仰と祭祀を考える上で重要な点である。

(3)田村貞雄『秋葉信仰の新研究』(岩田書院、平成二十六年)。

(4)大蔵省営繕管財局国有財産課『社寺境内地ニ関スル沿革的法令集』(以下、『法令集』と略す、大正十五年)、三四六頁。

(5)「世襲禁止」と表現されることも多いが、第一章で詳述するように同一家系から連続して祀職が輩出することを禁止したのではなく、神職の地位を特定の家系が独占する制度を廃止したと解釈するのが適切である。

(6)静岡県神社庁編『明治維新静岡県勤皇義団事歴』(静岡県神社庁、昭和四十八年)参照。

(7)大蔵省営繕管財局国有財産課『社寺境内地ニ関スル沿革的法令集』(以下、『法令集』と略す、大正十五年)、一三頁。

(8)『法令集』、二二一―二二四頁。

(9)近代以降「〇〇神社」が圧倒的に多い。近現代の社号が明細帳雛形の影響下にあるとするならば「〇〇神社」と「〇〇社」を神学的に区別している訳ではなく、上代文学における「神ノ社」という解釈を現行の社号にそのまま適用することができない。また雛形に対し神職・氏子が「準拠すべき」という志向性を抱くことと法令などで強制するのは別問題であるということも注意して検討せねばならない。

(10)神社本庁編『新編　神社実務提要』(神社新報社、平成二十五年)では伐採が財産処分に当たるか否か法的議論があることを認めつつも神社本庁としては財産処分と断定し、被包括神社の境内立木伐採に際して財産処分として処理することを定めている。本書で述べる通り無軌道な伐採は制限されるべきだが、材木の価格が下落し伐採費用の方が高額になっている現状では立木を財産として見なすのは実情に合致せず、規程の再考もしくは山林保護の教学的な根拠を補強する必要があろう。

(11)滋賀県学務部社寺兵事課編『神社林苑提要』昭和十七年。

(12)藤田大誠・青井哲人・畔上直樹・今泉宜子編『明治神宮以前・以後―近代神社をめぐる環境形成の構造転換―』所収、鹿島出版会、平成二十七年)。

(13)畔上直樹「戦前日本における「鎮守の森」論」(前掲『明治神宮以前・以後―近代神社をめぐる環境形成の構造

転換―』所収)。
(14)平山昇『初詣の社会史―鉄道が生んだ娯楽とナショナリズム―』(東京大学出版会、平成二十七年)。
(15)この点については明細帳に記載される寺院・祠宇がそのまま宗教団体として認められ、仏堂や説教所が認められなかったことと合せ考察をしていく必要があろう。
(16)文部省文化局宗務課監修『明治以降宗教関係法令類纂』(第一法規出版、昭和四十三年)、七三八頁。
(17)前掲『明治以降宗教関係法令類纂』、八〇四頁。
(18)鵜飼秀徳『寺院消滅』(日経ＢＰ社、平成二十七年)。

あとがき

畏くも朝廷より秋葉大神に対し神階正一位が授与された慶応三年より百五十年目の節目に当たる本年に近現代神道史に関する研究を一書にまとめ、御神前に奉献することができたことは、神職として無上の喜びであり、お世話になった皆様に謹んで御礼申し上げる。

御由緒を知らずして充分な神明奉仕は不可能であり、行（信仰の実践）と学は一体不離の関係にあることを理想とする。これを「行学の一致」という。しかし、現任神職が神社神道を学問として考察するに際しては、神職の視点ではなく、中立・客観的な視座に自己を置くことも要求される。例えば歴史研究は史料を中立な立場で客観的に考証し、公正に扱うという姿勢を徹底するからこそ学問たり得るのであり、自身の主張に都合のよい史料だけを採用し事実を歪曲して述べた言説は如何に耳目を集めようとも学問とは呼べない。だからこそ序説で述べたように、神道史学は史学として客観的な視座から歴史考証に徹する必要があり、その成果は厳然たる史実を淡々と述べるのみであって神道人としての当為を示すことを目的としない。

これに対して神道人としてかく在るべきという当為を目的とする学問を神道教学といい、それは神道史学や祭祀学などの神道学の学問的成果を基盤に置きつつ、信仰者としての視座と問題意識をもって熟慮することで構築していくものである。このように神道史学と神道教学の相違は存在と当為にあり、両者を分離させることで学問的廉直を確保するという研究上の利点があると思料する。また、いかに堅固な信心と豊富な経験に裏付けされた素晴らしい教説であっても、反証可能性がなく、体系化されていなければ教学とはいい難い。以上が、自身が専攻する学問である神道史学と神道教学に対する現時点の筆者なりの理解である。

　神職として学問に取り組めているのは、國學院大學大学院時代より御指導を賜る阪本是丸先生の御蔭である。顧みるに、大学院に進学した頃の筆者は読書好きの神職子弟の域を超えておらず、視野狭隘で牽強付会な思考に陥っていた。研究者として神道史に真摯に向き合う契機となったのは、大学院進学直後の「神社の由緒と異なる史料を見つけたらどうするか」という先生の問いかけであり、爾来、御教導を賜りながら筆者なりに神職としての自己と、研究者としての自己の在り方、学問とは何かを真剣に考え研鑽を重ねてきた。先生には本書の名付け親になって戴いた他、國學院大學文学部における父の同期ということもあって、御恩は学問だけに留まらず公私にわたっている。筆者は良師に恵まれたが、同時に様々な場所で多くの先学より学恩を賜る機会にも恵まれた。まず神社本庁総合研究所在職中に教学顧問・教学委員の方々から広範かつ深淵な御教示を頂戴したことは自身の大きな糧となっている。また、藤本頼生國學院大學准教授と藤田大誠國學院大學准教授に研究の機会と懇切な御叱正を戴かなければ、修士論文の段階から研究を深化させることはとてもできなかったであろう。この他にも國學院大學や皇學館大学をはじめ各学会、研究会で多くの方から学恩を賜った。

　また石清水八幡宮奉職中に私の研究を評価して下さり、研究所への道を開いて下さった田中恆清宮司をはじめ石清水八幡宮職員の方々、全国の先輩神職の方々、研究課の上司であった嶋津宣史氏と浅山雅司氏をはじめ神社本庁・神社新報社・日本建築工芸設計事務所の方々、神道青年会の友垣、秋葉山本宮秋葉神社河村基夫宮司をはじめ役職員と氏子崇敬者の方々、そして家族、多くの方のご支援があってこそ本書の刊行まで辿り着くことが出来た。特に一般財団法人神道文化会からは、歴史と名誉ある神道文化叢書の一書として研究成果を世に送り出す機会を賜った。筆者は神社本庁在職中に神道文化会事務局員として神道文化叢書の編集に携わっていたが、その時に共に仕事をさせて戴いた事務局の阪本和子氏、弘文堂の三徳洋一氏に本書を御担当戴いたことは感慨深いものがある。全ての方に改めて感謝申し上げる。

本書は近現代神道史を法制の視点から考究した既出論文を加筆修正し整理したもので、各章の初出は左記の通りである。

【初出一覧】

序　説　近現代神道史における法制度の重要性（書き下ろし）

第一編　国家の宗祀と公認神社

第一章　「神社行政における「国家ノ宗祀」」（國學院大學研究開発推進センター編・阪本是丸監修『昭和前期の神道と社会』所収、弘文堂、平成二十八年）

第二章　「御祭神に関する神社制度　別格官幣社配祀神　殉難戦没之将士を例として」（『國學院大學研究開発推進センター研究紀要』第一〇号、平成二十八年）

第三章　「無格社の法的性質及び実態について」（書き下ろし）

第四章　「私祭神祠の法的性質」（書き下ろし）

第五章　補論「邸内社の法的性質　現代の政教問題を論じる上での近代神社行政研究の意義」（原題「邸内社の法的性格」、『神道研究集録』第二〇輯所収、國學院大學大学院神道学専攻学生会、平成十八年）

第二編　鎮守の森の近代化

第六章　「近代神社境内地の形成―上知令・山林・租税・公園―」（原題「法令から見た境内地の公共性」、『帝都東京における神社境内と「公共空間」に関する基礎的研究』所収（平成二十二〜二十四年度　科学研究費補助金（基盤研究（C））研究成果報告書（研究課題番号：二二五二〇〇六三　研究代表者　藤田大誠國學院大學准教授、平成二十五年）

第七章　「上地事業における境内外区別」（阪本是丸編『国家神道再考　祭政一致国家の形成と展開』所収、弘文堂、平成十八年。修士論文を基に作成）

第八章　「神社境内の公園的性格」（原題「近代神社行政における神社境内の公園的性格」、『明治聖徳記念学会紀要』復刊第四九号所収、平成二十四年）

第九章　「東京府における太政官公園と神社公園の成立」（原題「東京府における太政官公園の成立と近代社寺境内の形成」、『神道文化』第二五号所収、一般財団法人神道文化会、平成二十五年）

第十章　「近代神社林制度の変遷」（『神道宗教』第二三三号所収、神道宗教学会、平成二十六年）

第十一章　「神体山の制度的沿革―「神体林」の神道史上の意義について」（『神園』第一二号、明治神宮国際神道文化研究所、平成二十六年）

終　章　近現代神道史研究の課題と展望（書き下ろし）

終章で詳述したように、近現代神道史にはまだ課題が残されている。今後も学問に真摯に取り組むことがお世話になった方々へ研究者として為すべき報恩であり、また学問的成果から筆者なりの神道教学を構築して、斯界で熟議し、日々実践して神社神道の発展に少しなりとも資するように努力することが筆者に課せられた神職としての使命であると考える。本書を御覧戴いた全ての方に御批正をお願い申し上げ、甚だ粗辞にて感謝の意を尽せないが御礼の挨拶とさせて戴きたい。

平成二十九年一月二十八日

父祖の敬神に思いを馳せて

河村忠伸　拝

ヤ行

タ行

ナ行

ハ行

マ行

索　引

ア行

カ行

サ行

河村忠伸（かわむら・ただのぶ）

秋葉山本宮秋葉神社権禰宜。國學院大學研究開発推進機構研究開発推進センター共同研究員。専攻は近現代神道史。
昭和56年、河村基夫（現、秋葉山本宮秋葉神社宮司）の長男として生まれる。家伝によれば河村家は守矢氏を称し、秋葉大神に随従して秋葉山を開いたという。県立浜松西高等学校を卒業後、関西学院大学法学部政治学科、國學院大學大学院文学研究科博士課程前期神道学専攻に進学。平成18年より22年まで京都府八幡市鎮座の石清水八幡宮に奉職。平成22年に神社本庁に転任し、教化部教化課、総合研究部研究課（研修課兼務）録事、神道文化会事務局、全国神社保育団体連合会事務局書記を務める。平成26年7月より現職。

近現代神道の法制的研究

2017（平成29）年3月30日　初版1刷発行

著　者　河村　忠伸
発行者　鯉渕　友南
発行所　株式会社　弘文堂　101-0062　東京都千代田区神田駿河台1の7
TEL 03(3294)4801　振替 00120-6-53909
http://www.koubundou.co.jp

装　丁　松村大輔
組　版　堀江制作
印　刷　港北出版印刷
製　本　井上製本所

©2017 Tadanobu Kawamura. Printed in Japan.

JCOPY ＜（社）出版者著作権管理機構 委託出版物＞
本書の無断複写は著作権法上での例外を除き禁じられています。複写される場合は、そのつど事前に、（社）出版者著作権管理機構（電話 03-3513-6969、FAX 03-3513-6979、e-mail: info@jcopy.or.jp）の許諾を得てください。
また本書を代行業者等の第三者に依頼してスキャンやデジタル化することは、たとえ個人や家庭内での利用であっても一切認められておりません。

ISBN 978-4-335-16085-1

——神道文化叢書・弘文堂刊——

伊勢御師と旦那 伊勢信仰の開拓者たち（オンデマンド版）
●久田松和則　本体6000円

神仏と村景観の考古学（オンデマンド版）
地域環境の変化と信仰の視点から
●笹生衛　本体6000円

祝詞の研究
●本澤雅史　本体4000円

修験と神道のあいだ 木曽御嶽信仰の近世・近代
●中山郁　本体4800円

垂加神道の人々と日本書紀
●松本丘　本体4400円

国学者の神信仰 神道神学に基づく考察
●中野裕三　本体4400円

日本の護符文化
●千々和到編　本体4800円

ささえあいの神道文化
●板井正斉　本体4000円

近代祭式と六人部是香
●星野光樹　本体4000円

明治初期の教化と神道
●戸浪裕之　本体4800円

悠久の森 神宮の祭祀と歴史
●音羽悟　本体4800円

三条教則と教育勅語 宗教者の世俗倫理へのアプローチ
●三宅守常　本体5000円

千古の流れ 近世神宮考証学
●吉川竜実　本体7500円

本体価格（税抜）は平成29年3月現在のものです。